校企合作经济管理精品教材
互联网+教育改革新理念教材

国际货运代理实务

主　编　尹华灵　唐艳红　朱　杰
副主编　汪春霞　汤　婷　李丽杰
　　　　刘敏瑜　莫　柳　夏丽丽

中国商业出版社

图书在版编目（CIP）数据

国际货运代理实务 / 尹华灵，唐艳红，朱杰主编.
北京 : 中国商业出版社，2025. 6. -- ISBN 978-7-5208-3453-7

Ⅰ. F511.41

中国国家版本馆 CIP 数据核字第 2025J6Z041 号

责任编辑：黄世嘉

中国商业出版社出版发行
（www.zgsycb.com 100053 北京广安门内报国寺 1 号）
总编室：010-63180647 编辑室：010-63033100
发行部：010-83120835/8286
新华书店经销
河北昌联印刷有限公司印刷
*
787 毫米 ×1092 毫米 16 开 16 印张 393 千字
2025 年 6 月第 1 版 2025 年 6 月第 1 次印刷
定价：49.80 元
* * * *
（如有印装质量问题可更换）

前　言

随着全球经济一体化的深入发展，国际贸易规模持续扩大，国际货运代理行业作为连接全球供应链的重要纽带，正发挥着越来越重要的作用。无论是跨国企业的全球化布局，还是中小企业的跨境贸易，都离不开高效、专业的国际货运代理服务。因此，掌握国际货运代理业务的理论知识与操作技能，已成为物流、贸易及相关行业从业者的必备素质。

《国际货运代理实务》教材的编写，旨在为读者提供系统、全面的国际货运代理知识体系，帮助其深入理解行业运作模式，掌握实际操作技能。本教材紧密结合行业发展趋势和实际需求，内容涵盖国际货运代理的基本概念、业务流程、操作技能、法律法规、单证操作、风险防控以及新兴技术的应用等方面，力求理论与实践相结合，为读者提供实用性强、操作性强的学习资源。

本教材的特点如下。

1. 系统性强。从基础知识到实际操作，层层递进，帮助读者构建完整的知识框架。

2. 实用性强。结合大量实际案例和操作流程，贴近行业实际，便于读者学以致用。

3. 前瞻性强。融入数字化、智能化等新兴技术在国际货运代理中的应用，反映行业最新发展趋势。

4. 适用性广。本书立足"岗课赛证创"深度融合，重构教材内容，将知识技能进行细化，课堂实训项目与岗位工作内容相融合。

5. 国际化视角。注重国际规则与惯例的介绍，帮助读者适应全球化业务需求。

本书由尹华灵、唐艳红、朱杰担任主编；汪春霞、汤婷、李丽杰、刘敏瑜、莫柳、夏丽丽担任副主编；具体编写分工如下：尹华灵负责编写项目三、项目四；唐艳红负责编写项目一、朱杰负责编写项目二；项目五、项目六、项目七由汪春霞、汤婷、李丽杰、刘敏瑜、莫柳、夏丽丽共同负责编写。全书由尹华灵总纂并统稿。

本教材适合作为高等院校物流管理、国际贸易、交通运输等相关专业的教材，也可作为国际货运代理从业人员的培训用书和参考手册。无论是初学者还是行业从业者，都能从本教材中获取有价值的知识与技能。为方便教学，本书还配有教学资料包，可联系 bhhwbook@163.com。

在编写过程中，我们参考了国内外大量的文献资料、行业案例和实际操作经验，力求内容准确、实用。同时，衷心感谢行业专家、学者以及从业者提供的宝贵建议和支持。

作 者

2025 年 3 月

前言

目　录

项目一

认识国际货运代理

➡任务目标

◇ 知识目标	1. 了解国际货运代理的概念； 2. 熟悉国际货代企业的设立、备案等手续； 3. 熟悉国际货代企业的组织结构及主要岗位； 4. 了解国内外主要的国际货代企业； 5. 掌握国际货代业务的基本流程。
◇ 能力目标	1. 能够明确区分国际货运代理与物流的关系，以及与船代、航空公司、港口码头、车队、报关行、贸易公司等主体的联系； 2. 掌握国际货运代理企业的成立标准及操作要求。
◇ 思政目标	1. 培养货运代理知识的学习热情、树立正确的职业道德观； 2. 能够针对国际时事热点，分析国际货代行业的管理方向。

➡任务情景

中国外运股份有限公司（以下简称“中国外运”）是招商局集团物流业务统一运营平台和统一品牌。根据 Armstrong & Associates, Inc. 发布的 2020 年榜单，中国外运货运代理服务居全球第三，全球第三方物流居全球第七。中国外运于 2003 年 2 月 13 日在香港联合交易所有限公司上市，2019 年 1 月 18 日在上海证券交易所有限公司上市，是“A+H”两地上市公司（股票代码：00598.HK，601598.SH）。

在国内，中国外运强大的服务网络覆盖中国所有省份及地区，海外网络覆盖亚洲、非洲、美洲、欧洲等区域和地区。中国外运以海、陆、空国际货运代理业务为主，集海上运输、航空运输、航空快递、铁路运输、国际多式联运、汽车运输、仓储、船舶经营和管理、船舶租赁、船务代理、综合物流于一体的国际化大型现代综合物流企业集团，原系国务院国有资产监督管理委员会直属管理的中央企业集团之一。

中国外运以打造世界一流智慧物流平台企业为愿景，聚焦客户需求和深层次的商业压力与挑战，以最佳的解决方案和服务持续创造商业价值和社会价值，形成了以专业物流、代理及相关业务、电商业务为主的三大业务板块，为客户提供端到端的全程供应链方案和服务。

➡任务驱动

根据以上任务情景，完成以下任务。

1. 调研中国外运的业务种类有哪些？
2. 调研你所在的省份都有哪些国际货代企业？

➡相关知识

任务一　认识国际货运代理

海洋运输又称“国际海洋货物运输”，是国际物流中最主要的运输方式。它是指使用船舶通过海上航道在不同国家和地区的港口之间运送货物的一种方式，在国际货物运输中使用最广泛。国际贸易总运量的 2/3 以上，中国进出口货运总量约 90% 都是利用海上运输。海洋运输对世界的改变是巨大的，而海洋运输的经营方式主要有班轮运输和租船运输两大类。

一、班轮运输

（一）班轮运输的概念

班轮运输（Liner Shipping），又称定期船运输，是指船公司将船舶在特定航线的各既定挂靠港口之间，按事先公布的船期表和运费率往返航行，从事客货运输业务的一种运输方式。班轮运输适合于货流稳定、货种多、批量小的杂货运输。

最早的班轮运输是杂货班轮运输。杂货班轮运输的货物以杂件货为主，也运输一些散货、重大件等特殊货物。20 世纪 60 年代后期，随着集装箱运输的发展，班轮运输中出现了以集装箱为运输单元的集装箱班轮运输方式。由于集装箱运输具有运送速度快、装卸方便、机械化程度高、作业效率高、便于开展联运等优点，到了 20 世纪 90 年代，集装箱班轮运输已经逐渐取代了传统的杂货班轮运输。

（二）班轮运输的特点

（1）具有“四固定”的特点，即固定航线、固定港口、固定船期和相对固定的费率。这是班轮运输最基本的特征。

（2）班轮运价内包含装卸费用，即货物由承运人负责配载装卸，承托双方不计滞期费和速遣费。

（3）承运人对货物负责的时段是从货物装上船起，到货物卸下船止，即“船舷至船舷”（Rail to Rail）或“钩至钩”（Tackle to Tackle）。

（4）承托双方的权利义务和责任豁免以签发的提单为依据，并受国际公约的制约。

（三）班轮运输的优势

（1）有利于一般杂货和不足整船的小额贸易货物的运输。

班轮只要有舱位，不论数量大小、挂港多少，直运或转运都可接受承运。

（2）由于“四固定”的特点，时间有保证。

班轮运输运价固定，为贸易双方洽谈价格和装运条件提供了方便，有利于开展国际贸易。

（3）班轮运输长期在固定航线上航行，有固定设备和人员，能够提供专门的、优质的服务。

（4）由于事先公布船期、运价费率，有利于贸易双方达成交易，减少磋商内容。

（5）手续简单，货主方便。

由于承运人负责装卸和理舱，托运人只要把货物交给承运人即可，省心省力。

二、租船运输

（一）租船运输的概念

租船运输（Charter Transport），又称不定期船运输，是指租船人向船东租赁船舶用于货物运输的一种方式，通常适用于大宗货物运输。有关航线和港口、运输货物的种类以及航行的时间等，都按照承租人的要求，由船舶所有人确认。租船人与出租人之间的权利义务以双方签订的租船合同确定。

（二）租船运输的特点

（1）租船运输是根据租船合同组织运输的，租船合同条款由船东和租方双方共同商定。

（2）一般由船东与租方通过各自或共同的租船经纪人洽谈成交租船业务。

（3）不定航线，不定船期。船东对于船舶的航线、航行时间和货载种类等按照租船人的要求来确定，提供相应的船舶，经租船人同意进行调度安排。

（4）租金率或运费率是根据租船市场行情来决定。

（5）船舶营运中有关费用的支出，取决于不同的租船方式由船东和租方分担，并在合同条款中订明。例如，在装卸费用条款中，FIO表示租船人负责装卸费；若写明 Liner Term，则表示船东负责装卸费。

（6）租船运输适宜大宗货物运输。

（7）各种租船合同均有相应的标准合同格式。

（三）租船运输的优势

（1）相对于班轮运输，租船运输具有“四不固定”的特点，即不固定航线、不固定船期、不固定价格、不固定挂靠的港口。船东对于船舶的航线、航行时间和货载种类等按照租船人的要求来确定，提供相应的船舶，经租船人同意进行调度安排，较为灵活。

（2）大宗货物运输使用租船运输，单位成本相较于班轮运输较低。

思考：班轮运输与租船运输的区别？

三、认识国际货运代理

（一）国际货运代理的概念

“国际货运代理”一词源于英文“Freight Forwarder”和“Forwartding Agent”两个词组。因各国际货运代理行业的历史发展、管理体系和文化各不相同，各国对“货运代理”的定义也有所不同。

在我国，根据 1995 年 6 月 6 日国务院批准的《中华人民共和国国际货物运输代理业管理规定》，国际货运代理是指接受进出口货物收货人、发货人的委托，以委托人名义或者以自己的名义，为委托人办理国际货物运输及相关业务并收取服务报酬的行业。

国际货运代理人（International Freight Forwarders）是收货方和发货方以外的第三方主体，即中间型企业。它经营的产品是“运输服务”，起到一座桥梁的作用：首先从承运人、机场、车队、仓库、口岸、码头、堆场等多方市场主体处预订（购买）到低价格的运输服务，再把这些服务销售给货主，从而解决不同国度间收货人和发货人的远程运输难题。

（二）国际货运代理的作用

国际货运代理人精通各种运输业务，熟悉不同国家的法律法规，业务关系广泛、信息来源准确、及时，与各种承运人、仓储经营人、港口、机场、银行等相关主体，以及中华人民共和国海关总署、国家市场监督管理总局、国家外汇管理局等政府部门有着良好的业务联系，是进出口货物的收货人、发货人与承运人，以及港口、机场、车站、仓库经营人之间重要的桥梁和纽带。因此，国际货运代理促进了国际贸易和国际运输业的发展，对于本国国民经济发展和世界经济的全球化都有重要的作用。具体体现在以下几个方面。

1. 组织协调作用

国际货运代理人被称为“国际运输的设计师”，凭借其拥有的运输相关知识，组织运输活动，设计运输路线，选择运输方式和承运人，帮助货主及承运人协调好与港口、机场、车站、堆场、中华人民共和国海关总署、国家市场监督管理总局、国家外汇管理局等有关单位的关系。

2. 专业服务作用

国际货运代理人的本职工作是利用自身的专业知识和经验，为委托人提供货物的承揽、交运、拼装、集运、交付等服务，接受委托人的委托，办理货物的保险、报关、报检等手续。国际货运代理人通过向委托人提供各种专业服务，可以使委托人不必在自己不熟悉的业务领域花费过多的精力，使委托人不擅长办理的事项得到恰当、高效的处理，有助于提高委托人的工作效率。

3. 沟通控制作用

国际货运代理人拥有广泛的业务关系、发达的服务网络和先进的信息技术手段，可以随时保持货物运输关系人之间，以及货物运输关系人与其他有关企业、部门之间的有效沟通；可以对货物运输的全过程进行准确跟踪和控制，保证货物安全、及时运抵目的地；能够顺利办理相关手续并将其准确送达收货人；可以应委托人的要求提供全过程的信息服务及其他相关服务。

4. 咨询顾问作用

国际货运代理人通晓国际贸易环节，精通各种运输业务，熟悉有关法律法规，信息来源准确、及时，可以就货物的包装、储存、装卸和保管，货物的运输方式、运输路线和运输费用，货物的进出口单证的办理、保险、价款的结算，海关、检验检疫、进出口管制等方面向委托人提出明确、具体的咨询意见，协助委托人设计、选择适当的处理方案，减少或避免不必要的浪费和风险。

5. 降低成本作用

国际货运代理人掌握货物的运输、仓储、装卸、保险市场行情，与货物的托运人、承运人、港口、机场、车站、堆场经营人、保险人等有着长期、密切的友好合作关系，拥有专业的知识和业务经验以及娴熟的谈判技巧。通过国际货运代理人，委托人可以选择货物的最佳运输路线、运输方式以及最佳的仓储保管人、装卸作业人和保险人，并争取公平、合理的费率，从而降低货物运输相关关系人的业务成本。

（三）货运代理业务范围

按照《中华人民共和国国际货物运输代理业管理规定》第十七条和《国际货运代理作业规范》，经过审批与授权，国际货代不仅可以以代理人或当事人（契约承运人）的身份，开展签发运输单证、履行国际运输合同等有关业务，而且可以根据这些条件，从事与运输合同有关的活动。具体来说，包括下列部分或者全部业务。

（1）揽货、接运、向承运人订舱（含租船，包机、包板、包舱）、向承运人交货、托运、配载、换单；

（2）合并运输、集装箱拼装拆箱；

（3）代理报关、报检、报验、保险；

（4）货物的监装并监督离港、货物装卸及清关；

（5）单证缮制与签发；

（6）国际多式联运、国际快递；

（7）综合物流服务以及包装、装卸、标记、仓储、分拨；

（8）运费、杂费收付及结算；

（9）向客户提供有关服务的信息和咨询等有偿服务。

可见，货代企业几乎可以经营运输过程中的所有日常服务和一揽子服务，在第三方物流（TPL）运营中将担任充分重要的角色，但是面对不同的服务对象及需求，国际货代的工作内容又是不同的。

（四）货运代理人的责任

国际货运代理人首先是代理人，其次它代理的业务是国际间的货物运输。

知识拓展

代理是指代理人在代理权范围内，以被代理人的名义独立于第三人的法律行为。在代理制度中以他人名义为他人实施法律行为的人，称为“代理人”；其名义被对方所使用，被他人代为实施法律行为的人称为“被代理人”。

根据《中华人民共和国民法典》第一百六十二条的规定："代理人在代理权限内，以被代理人名义实施的民事法律行为，对被代理人发生效力。"但是在三种情况下，由代理人承担责任：无代理权的代理、超越代理权的代理和超越时限的代理。在国际货运代理业务中，货代公司是代理人，货主是被代理人。国际货运代理关系如图 1-1 所示。

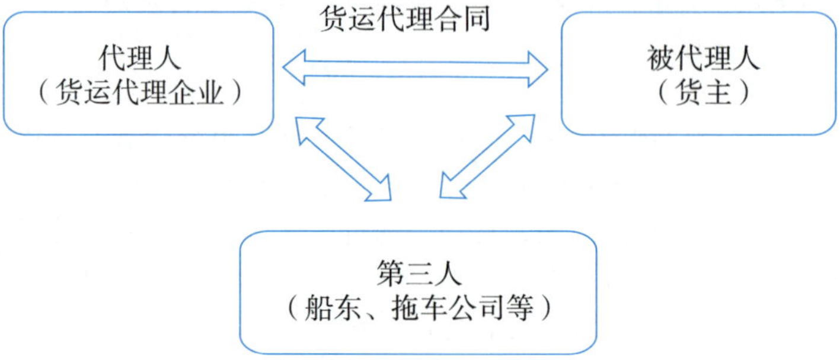

图 1-1　国际货运代理关系图

依据与货主的约定，货代公司可能以货主的名义开展业务，也可能以自己的名义开展业务。两种情况下，货代公司的权利和所承担的风险与责任是不同的。

1. 作为代理人的责任

当货代公司是纯粹的代理人时，它以货主的名义开展业务，向货主收取的是代理手续费。此时通常遵循过错原则，对其本人及其雇员的过错承担责任，主要有以下几个方面：未按指示交付货物；尽管得到指示，在办理过程中仍出现疏忽；报关有误，运往错误的目的地；未能按必要的程序取得再出口或再进口货物退税；未取得收货人的货款而交付货物；在经营过程中，由于自身过错造成第三人财产灭失，或损坏，或人身伤亡的责任等。

2. 作为当事人的责任

当货代公司扮演当事人时，它是独立的合同当事人，以自己的名义承担责任。此时，它不仅要承担自身及自己雇员过错造成的责任与风险，还要对因履行国际货运代理合同而雇用的承运人和分货运代理人的"行为"或"不行为"负责。

此时，他与货主接洽的是服务的价格，而不是收取代理手续费。

特别是国际货运代理人以当事人的身份提供多式联运服务时，其合同义务受他所签发的多式联运提单条款的制约，即使此时国际货运代理人本人并不拥有船舶或其他运输工具，也将作为多式联运经营人对全程负责，承担如同承运人的全部责任。

3. 责任的免除

可以在标准交易条件中或者双方的货代合同中约定以下免责条款。

客户（货主）的疏忽或过失所致；客户（货主）或其代理人在搬运、装卸、仓储和其他处理中所致；货物的自然特性或潜在缺陷所致，如由于破损、泄漏、自燃、腐烂、生锈、发酵、蒸发或由于对冷、热、潮湿的特别敏感性；货物的包装不牢固、缺乏或不当包装所致；货物的标志或地址的错误或不清楚、不完整所致；货物的内容申报不清楚或不完整所致；在向客户（货主）征询业务或处理意见时，客户（货主）未能及时给予指示、无明确的指示或者指示不当所致；不可抗力所致，如战争、海啸、飓风等灾害造成的货物的灭失等。

特别说明：尽管有上述条款约定，国际货运代理人仍须对因自己的过失或疏忽所造成的货物灭失、短少和损坏负责。

知识拓展

国际货运代理行业协会

1.国际货运代理协会联合会

国际货运代理协会联合会（Federation of International Freight Forwarders Associations，FIATA），简称“菲亚塔”，FIATA被用作该联合会的标志。FIATA是根据《瑞士民法典》（ZGB）第60条的规定，由16个国家的国际货运代理协会于1926年5月31日在奥地利维也纳成立的，总部设在瑞士苏黎世，并分别在欧洲、美洲和太平洋、非洲、中东四个区域设立了地区办事处，任命有地区主席。其中，亚洲和太平洋地区秘书处设在印度孟买。

FIATA是一个非营利性的国际货运代理行业组织。该联合会的宗旨是保障和提高国际货运代理在全球的利益，工作目标是团结全世界的货运代理行业；以顾问或专家身份参加国际性组织，处理运输业务，代表、促进和保护运输业的利益；通过发布信息，分发出版物等方式，使贸易界、工业界和公众熟悉货运代理人提供的服务；制定和推广统一货运代理单据、标准交易条件，改进和提高货运代理的服务质量，协助货运代理人进行职业培训，处理责任保险问题，提供电子商务工具。

2.中国国际货运代理协会

中国国际货运代理协会（China International Freight Forwarders Association，CIFA）（以下简称中货协）是我国国际货运代理行业的全国性社会组织，2000年在北京成立，会员涵盖全国各省市国际货运代理行业组织、国际货代物流企业以及与货代物流相关的企事业单位，亦吸纳在中国货代物流领域有较高威望和影响的个人会员。目前，中货协拥有会员近600家，其中理事及以上单位95家，各省市货运代理行业组织21家。全国国际货运代理企业在会数量达6000多家。CIFA被用作中货协的标志，如图1–2所示。

图1–2　CIFA标志

中货协的业务指导部门是商务部。作为连接政府与会员之间的纽带和桥梁，中货协本着“反映诉求、提供服务、规范行为”的主旨，立志“依法办会、专业立会、务实兴会、创新强会”，积极开展各项工作：协助政府部门加强对我国国际货代物流行业的管理；维护国际货代物流业的经营秩序；推动会员企业的交流合作；依法维护本行业利益；保护会员企业的合法权益；促进对外贸易和国际货代物流业健康发展；为行业培训现代货代物流人才，提升行业人员素质，增强行业企业的国际竞争力；以民间形式代表中国货代物流业参与国际经贸运输事务并开展国际商务往来。

中货协是国际货运代理协会联合会（FIATA）的协会级会员，代表我国国际货代物流行业权益在国际组织发声，中货协副会长兼秘书长为现任FIATA亚太区域副主席，中货协多名领导曾在FIATA担任重要管理职务，积极参与FIATA行业管理事务。同时，中货协广泛与各国货代行业组织开展合作，为我国国际货代物流企业“走出去”争取更多发展机遇。

资料来源：中国国际货运代理协会官网http://www.cifa-china.com/.

任务二　国际货代企业认知

商务部于2004年1月1日颁布并实施《中华人民共和国国际货物运输代理业管理规定实施细则（试行）》（以下简称《实施细则》）。《实施细则》第2条对国际货物运输代理企业作出界定："国际货物运输代理企业（以下简称'国际货代企业'）可以作为进出口货物收货人、发货人的代理人，也可以作为独立经营人，从事国际货运代理业务。"

《实施细则》还规定，国际货代企业必须依法取得中华人民共和国企业法人资格，其名称、标志应当符合国家有关规定，与其业务相符合，并能表明行业特点，其名称应当含有"货运代理""运输服务""集运""物流"等相关字样。

一、货运代理企业的设立与备案

（一）申请人资格

2004年8月6日，国务院发布《国务院关于第三批取消和调整行政审批项目的决定》，取消国际货代企业经营资格审批以后，我国境内的投资者申请设立国际货代企业、从事国际货代业务，不再受原先规定的资格条件限制。但是，向工商行政管理机关申请登记注册国际货代企业、请求工商行政管理机关核准国际货代业务经营项目的境内投资者，仍然应当遵守《中华人民共和国公司法》及有关法律法规规定的资格条件限制。

根据现行有关法律法规和政策，下列单位或个人不得投资设立国际货代企业：（1）各级党、政、军、审判、检察机关；（2）法律法规禁止从事营利性活动的自然人；（3）会计师事务所、审计事务所、律师事务所和资产评估机构；（4）尚未取得投资资格证明的外商投资企业；（5）尚未缴清全部注册资本的非投资类内资企业；（6）尚未完成财产转移手续的以非货币出资登记注册的企业；（7）不具备投资主体资格的法人分支机构；（8）基金会不得投资举办有限责任公司；（9）有限责任公司不得对非公司制企业投资；（10）法律法规禁止投资举办企业的其他单位和个人。

（二）设立的条件

1. 注册资金要求

国际货代企业注册资金的最低限额见表1-1。

表1-1　国际货代企业注册资金的最低限额

业务类别	注册资本最低限额	说明
海上国际货代业务	500万元人民币	每设立一个从事国际货代业务的分支机构，应增加注册资本50万元人民币
航空国际货代业务	300万元人民币	
陆路或国际快递业务	200万元人民币	
经营两项以上业务	按最高一项的限额	

2. 申请设立国际货代企业应该具备的营业条件

《实施细则》规定，申请设立国际货代企业可由企业法人、自然人或其他经济组织组成。与进出口贸易或国际货物运输有关，并拥有稳定货源的企业法人应当为大股东，且应在国际货代企业中控股。企业法人以外的股东不得在国际货代企业中控股。国际货代企业应当取得中华人民共和国企业法人资格。企业组织形式为有限责任公司或股份有限公司。禁止具有行政垄断职能的单位申请投资经营国际货代业务。承运人以及其他可能对国际货代行业构成不公平竞争的企业不得申请经营国际货代业务。

申请设立国际货代企业应具备的营业条件见表 1–2。

表 1–2　申请设立国际货代企业应具备的营业条件

营业条件	说明
人员要求	至少 5 名从事国际货代业务 3 年的业务人员（业务人员资格由业务人员原所在企业证明，或者取得商务部颁发的资格证书）
营业场所要求	有固定的营业场所（自有房屋、场地，须提供产权证明；租赁房屋、场地，须提供租赁合同）
营业设施要求	有必要的营业设施（包括一定数量的电话、传真机、计算机、短途运输工具、装卸搬运设备、包装设备等）
货源市场要求	有稳定的进出口货源市场（本地区进出口货物运量较大，货代行业具备进一步发展的条件和潜力，并且申报企业能够揽收足够的货源）

企业申请的国际货代业务经营范围中如包括国际多式联运业务，除应当具备上述规定的条件外，还应当具备下列条件：从事《实施细则》第 32 条中有关业务 3 年以上；具有相应的国内外代理网络；拥有在商务部登记备案的国际货运代理提单。

3. 设立国际货代企业的备案程序

为了加强对国际货代企业的管理，根据《中华人民共和国对外贸易法》（以下简称《外贸法》）和《中华人民共和国国际货物运输代理业管理规定》的有关规定，商务部制定了《国际货运代理企业备案（暂行）办法》（以下简称《办法》），自 2005 年 4 月 1 日起施行。《办法》规定，凡经国家工商行政管理部门依法注册登记的国际货代企业及其分支机构，应当向商务部或商务部委托的机构办理备案。商务部是全国国际货代企业备案工作的主管部门。国际货代企业备案工作实行全国联网和属地化管理。

国际货代企业备案程序如下。

（1）领取"国际货运代理企业备案表"（以下简称"备案表"）。国际货代企业可以通过商务部政府网站（http://www.mofcom.gov.cn）下载，或到所在地备案机关领取"备案表"。

（2）填写"备案表"。国际货代企业应按"备案表"要求认真填写所有事项的信息，并确保所填写内容完整、准确和真实；同时认真阅读"备案表"背面的条款，并由法定代表人签字、盖章。

（3）向备案机关提交备案材料。备案材料包括"备案表"、营业执照复印件、组织机构代码证书复印件等。

备案机关应自收到国际货代企业提交的上述材料之日起 5 日内办理备案手续，在“备案表”上加盖备案印章。备案机关在完成备案手续的同时，应当完整准确地记录和保存国际货代企业的备案信息材料，依法建立备案档案。国际货代企业应凭加盖备案印章的“备案表”在 30 日内到有关部门办理开展国际货代业务所需的有关手续。从事有关业务，依照有关法律、行政法规的规定，须经有关主管机关注册的，还应当向有关主管机关注册。“备案表”上的任何信息发生变更时，国际货代企业应比照上述国际货代企业备案程序，在 30 日内办理“备案表”的变更手续，逾期未办理变更手续的，其“备案表”自动失效。备案机关收到国际货代企业提交的书面材料后，应当即时办理变更手续。

二、国际货代企业部门设置与岗位

（一）国际货代企业的主要部门设置

国际货运代理公司内部往往实行流程型管理，以减少管理层级，打破部门间的界限，建立以业务流程为中心的、扁平化的“流程团队”。一般按市场部、销售部、操作部、客户服务部和报关报检部来设置。常见的主要部门及组织结构如图 1–3 所示。

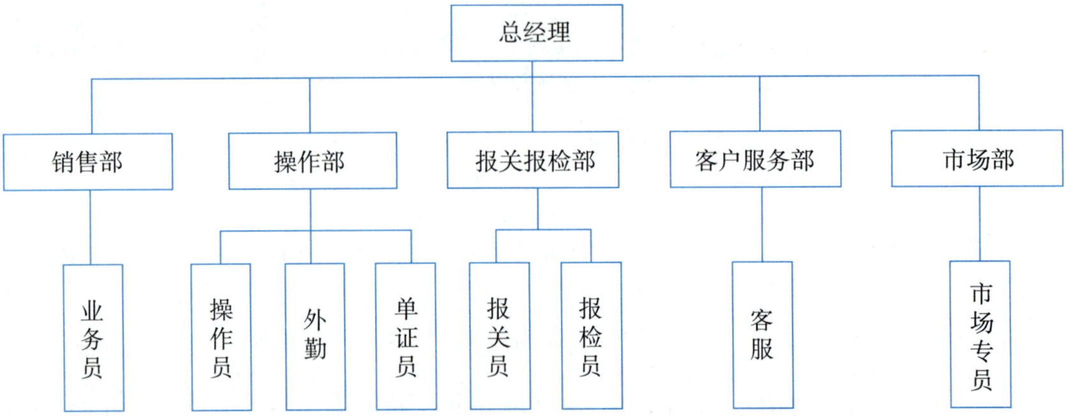

图 1–3 国际货代企业常见的主要部门及组织结构

在扁平化的流程结构下，各个部门处于不同的工作流程的节点上，在工作中都有可能直接面对顾客，对公司总体目标负责，对整个流程和规章制度负责。同时每个部门的业务重心有所不同。

1. 市场部

市场部是公司的“采购部门”，主要负责公司的供应（采购）管理，即市场开拓和管理工作，货代公司依靠市场部构建较低的服务成本体系。

2. 销售部

销售部（SALES）负责开拓业务，即“揽货”——按照高于成本的价格向海内外货主销售货代服务，形成自己稳定的客户资源网络。

3. 操作部

简单地说，操作部（OP）就是直接面对客户，为客户提供各类服务。可以具体分解为单证、航线、海外、地面操作（现场）等岗位，按照业务流程操办代理运输的各项工作，圆满履行货代协议。

4.客户服务部

客户服务部主要负责客户的各种业务咨询与投诉。首先，客服人员必须精通各类业务、综合能力相当强。不但要求英语好，更重要的是必须精通货代流程和海、陆、空运，拖车，多式联运等知识。其次，客服人员要有耐心，能够仔细地处理各种问题，知识和性格同等重要。一般来说，客服人员都是在操作或业务部门工作数年后方能提拔。

5.报关报检部

报关报检部主要是根据操作部提供的单证和客户要求，依照报关报检操作流程，通过与操作部及客服部的紧密合作，达到顺利报检报关、单证顺利流转及归档的部门。

知识拓展

每家国际货运代理企业的部门及岗位设置不尽相同，以中国外轮代理钦州分公司为例，其设置四个部门，具体如下。

1.货运部

主要办理外贸、内贸货物的港口作业、运输的相关代理业务，即代理顾客办理货物通过铁路、公路、水路集港或者疏港的相关手续。简单地说，就是代理货物所有人办理货物装卸船、码头接发货及承接货物的水路、铁路、公路运输等各种港口作业及运输业务。

2.货代部

在代理报关报检方面，主要是以代理进出口货主向检验检疫部门、海关申请办理商品进出口通关手续的部门。

3.租船部

接受进出口收、发货人的委托，代为向船舶承租人或船舶所有人，程租或者期租船舶的业务，安排港口相关事宜。

4.集装箱部

办理外贸、内贸集装箱船舶及货物的代理业务，即代理船方或者货主办理船舶及货物进出港向联检部门和港口等相关部门申报的手续，代理货主办理货物租箱、订舱等业务。向船方提供物料供应，代办结算、代签提单、进口换单；提供港口、码头、航道信息业务咨询。

（二）国际货代企业的主要岗位及其工作职责

1.业务员

其主要职责是了解市场货源信息，拓展新客户等。

2.操作员

其主要职责是处理托运、订舱、排载等相关业务，联系拖车、报关，以及审核单证等，可以理解为国际货代业务的总调度。

3.单证员

其主要职责是根据客户的托运单等资料制作提单、海运关单、空运入仓单等相关单证。

4.外勤

其主要职责是取送单证、上门提货、办理机场货运站货物入库手续等。

5. 客服

其主要职责是查询运输信息、跟踪反馈、处理运输过程异常状况、处理业务费用对账、催收业务费用及单证核退等。

6. 报关员

其主要职责是办理代理报关相关手续。

7. 报检员

其主要职责是办理代理报检相关手续。

8. 市场专员

其主要职责是收集市场运价信息，负责管理运价及VIP客户等。

小型国际货代企业多数没有设立市场专员和客服两个岗位，而是将他们的职能合并到了操作员等岗位上。

三、国内外著名国际货运代理企业

（一）中国外运股份有限公司

中国外运股份有限公司（以下简称“中国外运”）成立于2002年11月20日，并于2003年2月13日在中国香港成功上市，是招商局集团控股的二级子公司和物流业务的统一运营平台及统一品牌。它注入了集团在香港、广东、福建、上海、浙江、江苏、湖北、重庆、江西、安徽、山东、天津、辽宁等国内发展迅速的沿海、沿江地区和其他战略性地区的核心业务、优良资产和专业化的员工队伍。中国外运的产品和服务包括海运、空运、公路和铁路运输、船务代理、仓储及配送、码头服务等。

（二）中远海运国际货运有限公司

中远海运国际货运有限公司成立于1995年10月，是中远海运控股股份有限公司的成员企业之一，是中远集装箱运输有限公司直属的大型国际货运及班轮代理公司。公司经营范围包括国际、国内海上集装箱货运代理，国际、国内集装箱及其他船舶代理，沿海货物运输、拼箱、项目运输、多式联运、报关、货运保险等业务。

中远海运国际货运有限公司在中国各地设立了200多家网点分公司及子公司，形成了以北京为中心，以大连、天津、青岛、武汉、上海、厦门等城市为龙头，以全国主要城镇货运网点为依托的货运综合服务网络体系。中远海运国际货运有限公司在国际货运、集装箱船舶代理、多式联运、拼箱、项目开发等方面，业务规模和综合实力均位居国内同业前列。

（三）中铁国际多式联运有限公司

中铁国际多式联运有限公司（CRIMT）是中铁集装箱运输有限责任公司（CRCTC）下属的全资子公司。其前身中铁国际货运代理有限责任公司（CRIF）成立于1996年，是中国最早一批从事国际货运代理业务的企业，具有多年的国际货运代理行业经验。中铁国际多式联运有限公司是中国国际货运代理协会（CIFA）理事单位、中国船舶代理及无船承运人协会（CASA）、口岸协会常务理事单位，并于2006年通过ISO 9001国际质量体系认证。

中铁国际多式联运有限公司具有国际货代权，具备报关资质，拥有多式联运经营权和道路运输许可证，可以向客户提供全方位的代理服务。其下设8个子公司，17个分公司，5个口岸经营部以及若干个驻外国代表处，经营网络遍及全国主要城市、周边国家如俄罗斯、蒙古、韩国、日本等，中亚以及欧洲、北美地区。

公司的业务基本上由三大部分组成，即国内物流业务、国际（海铁）联运业务和互使箱业务。国际（海铁）联运业务主要涉及国际联运、海铁联运、大陆桥运输、过境运输及物流服务、特色服务如危险品运输等。国内物流主要包括牛奶班列、铝锭班列、柳汽班列、拼箱业务以及大红门物流基地双层班列业务。互使箱业务主要是指俄铁箱（RZDU、TKRU）、哈铁箱（KTZU）在中国境内的互换使用业务和管理以及中铁箱（TBJU）在俄罗斯、哈萨克斯坦境内的经营业务，可以办理危险品过境中国和出口业务。

（四）中集世联达物流科技（集团）股份有限公司

中集世联达物流科技（集团）股份有限公司（以下简称中集世联达），为中集集团控股子公司，旗下拥有成员企业百余家，全球员工数量超6000人。中集世联达致力为全球客户提供端到端的多式联运物流解决方案。依托全球化网络布局，以数智化及物流装备科技赋能，打造“江、海、陆、铁、空”一体化多式联运产品矩阵，持续探索为全球客户提供高效、低碳、可视化的“端到端”的物流服务，并针对特定行业客户提供专业化、个性化的物流解决方案。

中集世联达主营业务为“一体化”多式联运解决方案、专业物流、场站及增值服务三个板块。聚焦多式联运赛道，是目前国内同行业中少数拥有“江、海、陆、铁、空”等多种运输方式能力的企业，并在各种运输方式上位于行业前列，是一家高质量的、多式联运企业。2022年营业收入近300亿元人民币。

（五）全球捷运物流有限公司

全球捷运物流有限公司（以下简称全球捷运），是2021年中国国际货运代理物流百强企业。全球捷运是跨境物流行业领先的数智化物流科技公司和地面综合物流服务赋能平台，成立于2007年，致力于可持续发展的跨境物流生态圈的赋能和建设。通过地面综合物流核心节点的数智化升级，赋能物流企业，重构伙伴关系，为全球客户提供细分行业端到端的物流服务。

全球捷运专注于全球海港空港配套物流、仓储、关务和低碳运输的数字化，物流设备智能化和网络运营全球化。拥有超过2000名行业专家和专业人员组成的团队，在全球20多个国家和地区，运营超过70家核心节点物流实体，通过地面综合物流服务平台，赋能超过1000家跨境物流伙伴，服务超过27000家客户，初步形成数智化跨境物流生态圈。

（六）德迅公司

德迅公司（Kuehne+Nagel）的发源地为德国，本部设在瑞士的Schindellegi，是全球最大的货运代理公司之一，世界上最大的无船经营的公共承运人。该公司向全世界提供高价值的综合物流服务，主要从事海运、空运、第三方物流，公司在全球100多个国家和地区拥有1000多个分支机构。进入中国市场从事运输业也已有20多年的历史，业务种类齐全，网点遍布全国、全球。德迅（中国）货运代理有限公司总部设在上海，在全国很多大中城市和港口城市拥有分支机构，如大连、天津、北京、青岛、宁波、厦门、广州、深圳、成都、重庆等。2022 年 6 月，随着俄乌冲突持续，全球第一大海运货代德迅，已于 6 月 3 日签署协议，将其在俄罗斯的业务出售给当地的管理层。

（七）DHL

DHL（中外运敦豪）创立于美国，目前为德国邮政集团 100% 持股的快递货运公司，是目前世界上最大的航空快递货运公司之一。是全球快递、洲际运输和航空货运的领导者，也是全球第一的海运和合同物流提供商。主要为客户提供从文件到供应链管理的全系列的物流解决方案。 DHL 在中国大陆因其与中国对外贸易运输集团（中外运）的合作伙伴关系被称为中外运敦豪，日常使用DHL。

（八）德铁信可

德铁信可，别名全球国际货运，是德国铁路集团的全资子公司，业务重点在于运输及物流，公司总部设在德国埃森。德文名称 DB Schenker，长期以来中文音译为辛克。2010 年，正式定中文译名为德铁信可。

德铁信可（DB Schenker）是德国铁路股份公司（Deutschen Bahn AG），自 2007 年以来，与铁路运营（DB Bahn）、铁路轨站网（DB Netze）并列的第三大品牌，其业务范围囊括了德铁集团的全部运输和物流服务。世界领先的国际运输及综合物流服务供应商之一。 旗下拥有两个业务部门：德铁信可铁路（DB Schenker Rail）和德铁信可物流（DB Schenker Logistics）。德铁信可物流：由 Schenker AG经营，拥有陆地运输、海上和空中运输，以及合同物流（Contract Logistics，为工商业提供的基于长期合同的专门后勤服务）。德铁信可铁路：由 DB Schenker Rail GmbH 经营，是德国铁路集团的铁路货运部分，包括德国境内、西欧、中欧、东欧以及泛地区单元（Automotive，Intermodal）。

德铁信可拥有德国国内领先的货运铁路网，在世界上最重要的经济地区设有密集站点，其服务涵盖航空运输、海洋运输、陆路运输、合同物流及供应链管理、会展服务、项目工程物流及国际体育盛事物流服务等。德铁信可倡导“一站式”服务，为各国客户提供完善的物流管理方案。

四、货运代理从业人员要求

国际货运代理人作为货物双方之间的桥梁，应对各种运输方式及运输工具的特点、常见货物、有关的承运人、场站经营人、经营航线、挂靠港站、运价、结算、有关法律法规等方面有全面的了解，才能充分发挥出自己的优势与特长。

（一）精通业务知识

以海运为例，国际货代人员应做到“七知”。

（1）知线：了解国际班轮航线现状与构成。目前大多数航线有定期的班轮航行，暂无直达航线的港口可以通过一程船或一线船运至中转港进行转船运输。作为海运货代，需要熟悉各卸货港的所属航线，掌握主要班轮的航线情况。

（2）知港：了解装卸港口情况，基本港与非基本港之分；港口淡旺季状况等。避免货主成交后需要二次转船或是选择了拥挤的港口产生额外的费用等。

（3）知船：了解船舶情况，具备一定的船舶常识，包括国籍、船龄、载重量、舱容及服务质量等。

（4）知货：了解货物对运输的要求。国际货代人员对普通杂货、集装箱货物、特种货物的运输要求有一定的了解。

（5）知价：了解运价市场。国际货代人员有义务为货主精打细算节约运费，这就要求在订舱租船前对不同的承运人、运输方式和运输途径进行比价工作，减少运费支出。

（6）知规程：了解业务操作规程。除了精通本公司的业务流程，还应就货主的“一关三检”（在向海关申报前，需要商品检验、动植物检验和卫生检验）、码头、船公司等业务流程及其特殊规定予以全面的掌握，才能有效地开展业务活动。

（7）知单证：掌握各种单证的使用及填写，包括电子单证等。单证是货代业务过程的操作依据。

（二）了解世界地理和各地的法律与政策

首先，熟悉世界地图。

其次，熟知相关国家的政治、法律政策和金融货币制度，这些政策、制度的不同会影响贸易、运输习惯和经营做法，所以国际货代人员要时刻关注这方面的动态。

（三）增强风险防范意识

了解保险，掌握化解风险的手段。

（四）个人素养方面及基本技能

（1）具有敬业、时效精神，沟通能力强。

（2）具有一定的外语水平。大量的外文单证需要缮制，有国外的客户需要接待或通过电话、网络、邮件进行交流。

（3）具有互联网和数据电子交换技术的基本知识和应用技能。

由于国际货运历时长，空间跨度大，这就要求国际货代人员除了具备专业技能，更要关注个人品格修养的提升和综合素质的提高，养成良好的职业素养。

任务三　国际货运代理业务的基本流程

一、国际货运代理海运集装箱业务基本流程

从国际货代的角度来看，国际货运代理海运集装箱业务的基本流程如下。

1.揽货接单（货主询价、业务员报价、签订代理合同等）；

2.委托运输（客户接受运价及航线，传真托运书，货代操作接收托运单）；

3.订舱（货代向船公司订舱、申请预留舱位，船公司安排配载和舱位，并发配舱回单和空箱提取通知单）；

4.安排货物装箱进港（根据客户需要安排拖车或场装将货物装箱并进港）；

5.报检报关（整理客户资料、报关资料，传给报关行）；

6. 制作与确认提单（同客户核对确认提单，将确认后的提单资料传给船公司，船公司制作正本提单）；

7. 货物装船（装船前必须确保报关放行）；

8. 对账结算、签发提单（各项费用对账无误后开具发票并收款，通常收款后才签发提单给客户）；

9. 动态通知（提供航班跟踪等信息服务）；

10. 单据核退返还客户、文件归档。

二、整箱货出口货运代理业务流程

中华人民共和国国家标准《国际货运代理作业规范》（GB/T 22151—2008）中关于整箱货出口货运代理业务流程图如图 1–4 所示。

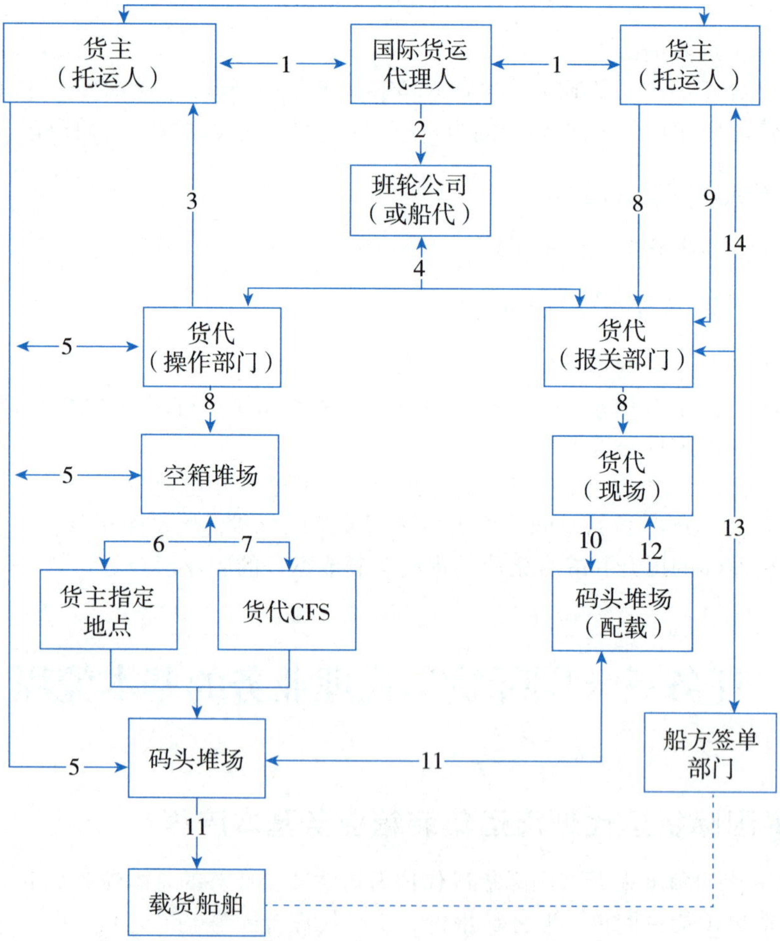

图 1–4 整箱货出口货运代理业务流程图

1. 货主与货代建立货运代理关系；

2. 货代填写托运单证，及时订舱；

3. 订舱后，货代将有关订舱信息通知货主或将“配舱回单”转交货主；

4. 货代申请用箱，取得 EIR（集装箱发放/设备交接单 Equipment Interchange Receipt）

后就可以凭以到空箱堆场提取所需的集装箱；

5.货主“自拉自送”时，先从货代处取得EIR，然后提空箱，装箱后制作CLP（集装箱装箱单　Container Load Plan），并按要求及时将重箱送码头堆场，即集中到港区等待装船；

6.货代提空箱到货主指定地点装箱，制作CLP，然后将重箱“集港”；

7.货主将货物送到货代CFS，货代提空箱，并在CFS装箱，制作CLP，然后“集港”；

8.货主委托货代代理报关、报检、办妥有关手续后将单证交货代现场；

9.货主也可自行报关，并将单证交货代现场；

10.货代现场将办妥手续后的单证交码头堆场配载；

11.配载部门制订装船计划，经船公司确认后实施装船作业；

12.实践中，在货物装船后可以取得D/R（场站收据　Dock Receipt）正本；

13.货代可凭D/R正本到船方签单部门换取B/L或其他单据；

14.货代将B/L等单据交货主。

注1：5、6、7在实践中只选其中一种操作方式。

注2：为方便图示，用两个方框表示同一个货主。

三、整箱货进口货运代理业务流程

中华人民共和国国家标准《国际货运代理作业规范》（GB/T　22151—2008）中关于整箱货进口货运代理业务流程图如图1-5所示。

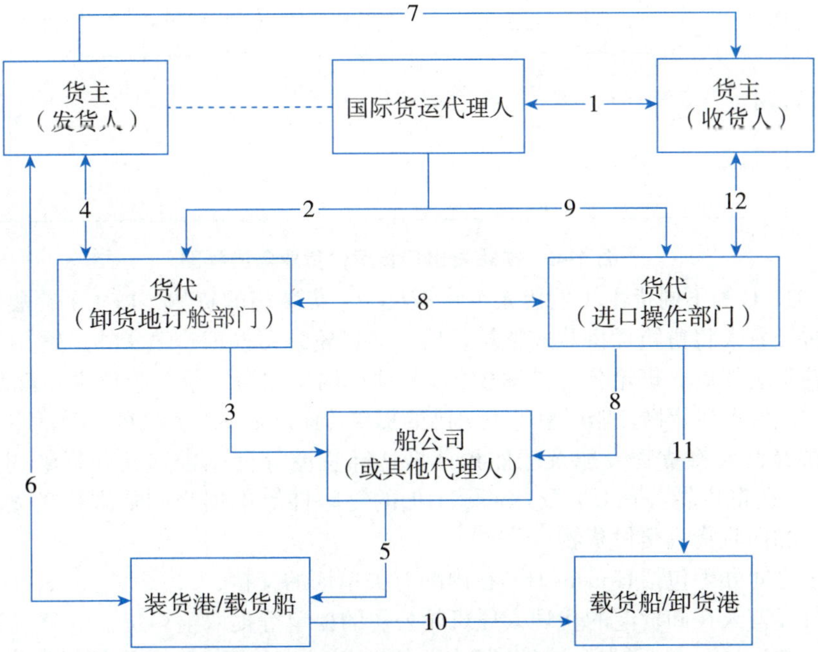

图1-5　整箱货进口货运代理业务流程图

1.货主（收货人）与货代建立货运代理关系；

2.在买方安排运输的贸易合同下，货代办理Home booking业务，落实货单齐备即可；

3.货代缮制货物清单后，向船公司办理订舱手续；

4. 货代通知买卖合同中的卖方（实际发货人）及装港代理人；
5. 船公司安排载货船舶抵装货港；
6. 实际发货人将货物交给船公司，货物装船后发货人取得有关运输单证；
7. 货主之间办理交易手续及单证；
8. 货代掌握船舶动态，收集、保管好有关单证；
9. 货代及时办理进口货物的单证及相关手续；
10. 船抵卸货港卸货，货物入库、进场；
11. 在办理了货物进口报关等手续后，就可凭提货单到现场提货，特殊情况下可在船边提货；
12. 货代安排将货物交收货人，并办理空箱回运到空箱堆场等事宜。

注：在卖方安排运输的贸易合同下，前 2 项至 7 项不需要。

四、拼箱货业务流程

中华人民共和国国家标准《国际货运代理作业规范》（GB/T 22151—2008）中关于拼箱货出口货运代理业务流程图如图 1-6 所示。

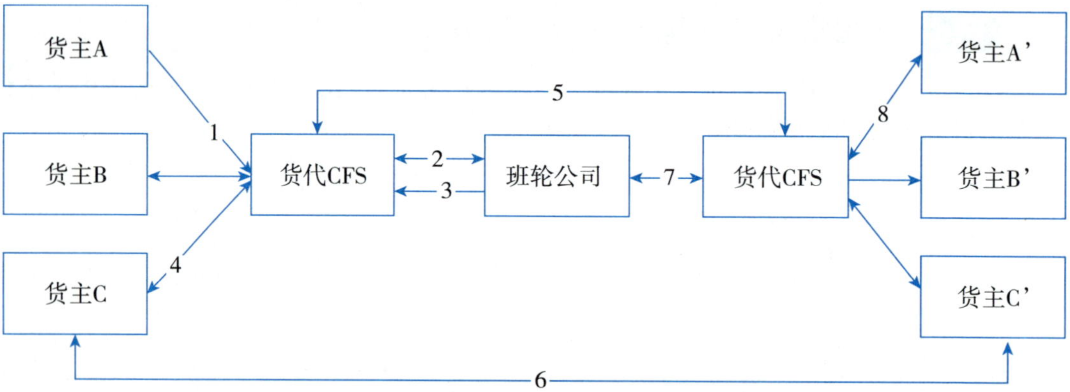

图 1-6 拼箱货出口货运代货业务流程图

1. A、B、C 等不同货主（发货人）将不足一个集装箱的货物（LCL）交集拼经营人；
2. 集拼经营人将拼箱货拼装成整箱货后，向班轮公司办理整箱货物运输；
3. 整箱货装船后，班轮公司签发 B/L 或其他单据（如海运单）给集拼经营人；
4. 集拼经营人在货物装船后也签发自己的提单（House-B/L）给每一个货主（发货人）；
5. 集拼经营人将货物装船及船舶预计抵达卸货港等信息告知其卸货港的机构（代理人），同时，还将班轮公司 B/L 及 House-B/L 的复印件等单据交卸货港代理人，以便向班轮公司提货和向收货人交付货物；
6. 货主之间办理包括 House-B/L 在内的有关单证的交接；
7. 集拼经营人在卸货港的代理人凭班轮公司的提单等提取整箱货；
8. A'、B'、C' 等不同货主（收货人）凭 House-B/L 等在 CFS 提取拼箱货。

➡练一练

一、单项选择题

1.为货主（发货人或收货人）订舱、取送货、追踪、查询货物情况、代报关、代商检、仓储、包装、制单、分拨等，利用专业人员、设施、设备和业务网络，从而大大减轻货主的物流业务难度的行业称为（　　）。

A.报关行　　B.承运人

C.货运代理　　D.承运人代理

2.国际货运代理人与货主之间的关系是（　　）。

A.委托代理关系　　B.承托关系

C.运输合同关系　　D.买卖合同关系

3.国际货运代理人以自己名义与第三方订立合同时，代理人与委托人之间是（　　）。

A.直接代理　　B.间接代理

C.内部关系　　D.外部关系

4.以下各项除了（　　）外均是我国国际货运代理的经营范围。

A.揽货和订舱　　B.报关和报验

C.缮制有关单证　　D.私人信函快递

5.国际货运代理企业根据被代理人的授权，以被代理人的名义从事代理行为时，所产生的法律后果由（　　）承担。

A.被代理人　　B.国际货运代理企业

C.代理行为的相对人　　D.顾客

6.国际货运代理协会联合会的简称是（　　）。

A.CIFA　　B.FIATA

C.LATA　　D.BIMCO

7.下列选项中，国际货运代理企业不得从事的业务是（　　）。

A.接受收发货人的委托选择运输线路、运输方式和适当的承运人

B.提供多式联运服务

C.允许其他单位以该货运代理企业的名义从事货运代理业务

D.提供无船承运及现代物流服务

8.按照我国法律的规定，明知委托事项违法，货运代理为了自身利益，仍进行货运代理活动，则（　　）。

A.被代理人不负追偿责任

B.货运代理人不负被追偿责任

C.货运代理不负连带责任

D.货运代理与委托人承担连带责任

9.国际货运代理人签发自己的提单时，其身份是（　　）。

A.货主代理人　　B.托运人代理人

C.收货人代理人　　D.承运人

10. 经营航空国际货代业务的国际货代企业，注册资本最低限额为（　　）万元人民币。

A. 100　　B.200　　C. 300　　D.500

11. 中国国际货运代理企业业务备案工作由（　　）主管实施。

A. 中国国际货运代理协会　　B. 工商行政部门

C. 商务部　　D. 人力资源和社会保障部

二、多项选择题

1. 国际货代企业备案时应向备案机关提交的备案材料包括（　　）。

A. 申请书　　B. 备案表

C. 营业执照复印件　　D. 组织机构代码证书复印件

2. 国际货运代理人可从事的业务主要有（　　）。

A. 代为客户订舱　　B. 代为客户报关、报检

C. 代为客户制单　　D. 代为客户办理保险

3. 国际货运代理人可充当（　　）。

A. 货主代理人　　B. 无船承运人

D. 海上承运人　　C. 第三方物流经营人

4. 国际货代企业在接受货主委托后需要明确的重点信息为（　　）。

A. 船期、件数　　B. 箱型、箱量

C. 毛重、体积　　D. 付费条款、货主联系方法

5. 下列属于国际货代企业的经营范围的是（　　）。

A. 国际展品运输代理　　B. 国际多式联运

C. 私人信函快递业务　　D. 外贸进出口业务

三、判断题

1. FIATA是中国国际货运代理协会的英文简称。（　　）

2. 经营航空国际货代业务的，注册资本最低限额为200万元人民币。（　　）

3. 国际货运代理人以自己名义向承运人订舱时，运输合同的当事人是货运代理人与承运人。（　　）

4. 业务经营范围包括国际多式联运业务的国际货代企业应有在商务部登记备案的国际货运代理提单。（　　）

5. 国际货运代理从事纯粹代理业务，无论本身是否有过失，都不承担任何责任。（　　）

四、案例分析

原告A公司诉称，委托被告B公司运输的货物从美国运至中国上海，卸船时发现货物受到严重损害。经调查，被告向原告签发了以自己公司为抬头的提单，并表明被告代理承运人而签发提单，并收取运费。这批货物在运输时装载在舱面上，船公司出具的由被告法定代表人背书的海运提单上明确标有“货装舱面，风险与费用由托运人自负”字样，而被告却未将这一事实告知原告，致使原告因未按照舱面货物投保而无法向保险人索赔。据此，原告请求法院判令被告赔偿货损68万美元，并承担相关诉讼费用。

被告B公司辩称，自己在本案运输中的身份是货运代理人，不承担承运人的义务和责任。被告受了承运人的蒙骗，对于货装甲板不知情。原告遭受货损是由于其未购买足够保

险，且货损发生与货装甲板无因果关系，据此请求法院驳回原告的诉讼请求。

思考：
1.实践中，如何辨别货运代理人和无船承运人？
2.本案中，B公司是货运代理人还是无船承运人？为什么？

➡任务训练页

综合训练一　国际货运代理客户开发

一、训练目标

1.了解国际货运代理企业营销的模式；
2.能够对客户需求进行分析；
3.能够根据客户需求信息，分析国际货运代理企业的优势；
4.培养学生的沟通能力及为客户服务的精神。

二、任务情景

1.货代公司背景资料

广州银湾国际货运代理有限公司

GUANGZHOU SILVER GULF FREIGHT TRANSPORTATION CO., LTD
No.20, East Huifu Road, Yuexiu District, Guangzhou, Guangdong, China
Tel: +86-20-83306789　Fax: +86-20-83306799

广州银湾国际货运代理有限公司是中华人民共和国对外经济贸易合作部批准的一级国际货运代理公司，下属10个分公司和3个合资公司。有7家分公司是经交通部批准注册的无船承运人。

经营主要包括：国际、国内空运代理，国际、国内海上集装箱及其他快递代理，货物运输、拼箱、多式联运等有关业务。下属10个分公司和3个合资公司，网点遍布中国沿海地区的主要港口。国内业务服务网络覆盖香港、深圳、广州、东莞、中山、佛山、江门、厦门、上海、宁波、义乌、北京、天津、青岛、重庆、成都、长沙、武汉、南昌、西安等众多城市，在海外拥有500多家固定的优质合作代理，遍及欧洲、北美、南美、中东、非洲、大洋洲及东南亚地区，为国内外客户提供世界各地的国际进出口、海外代理清关、货运代理等各项服务。

主营业务：
（1）国际空运
拥有MP、EK、GF、MH、CX、CA等各大航空公司贵宾舱位，为客户提供香港、深圳、广州到世界各地的空运服务，毗邻香港的优势能给货物提供更为方便、多样化的出货渠道。

（2）国际海运

与OOCL、MSC、WANHAI、COSCO、NYK、MARESK、PIL、CSCL等多家船公司合作，打造中东、印巴、欧地、美洲、东南亚优势航线，为客户提供广东及全国各大城市的海运散货整柜至世界各港口订舱运输服务，并可承运部分国家和地区至中国的海运业务。

（3）国际快递

代理DHL、TNT、FedEx、UPS、EMS快递业务，并开通中东、亚洲专线快递，与各快递优势互补。

2. 客户资料

广东天格对外贸易有限公司

GUANGDONG TIANGE FOREIGN TRADE CO., LTD.

NO. 1, Guang Jiang Road, Jiangmen, Guangdong, China

Tel: +86-0750-5544332 Fax: +86-0750-5544332

广东天格对外贸易有限公司是一家综合性的现代贸易企业，成立于2001年。注册资金1000万元人民币，主要从事进出口贸易业务。公司自营和代理的进出口商品有分析仪器、设备，摩托车、汽车配件、药材、轻纺织品、农副土特产品、机械设备、海鲜产品、塑料制品、化工产品、钢材等。公司年均进出口额超5000万美元。

三、工作任务

3～5人一组，请根据资料1和资料2，为广州银湾国际货运代理有限公司的销售经理Linda制作一个PPT（建议使用英文），以展示贵公司的优势，并对客户进行营销，从而获得客户。

四、任务实施

1. 根据背景资料，制作PPT；
2. 小组汇报，进行客户营销；
3. 客户交流；
4. 完成以下任务评价。

五、任务评价

班级		任务名称		姓名		
学号		国际货运代理客户开发		组别		
评价项目	评价标准	小组自我评价（20%）	交互评价（30%）	教师评价（50%）	分值	得分
职业能力	团队合作、分工明确				10	
	有独立工作能力，完成质量好				10	

续表

<table>
<tr><td>班级</td><td></td><td colspan="2">任务名称</td><td>姓名</td><td colspan="2"></td></tr>
<tr><td>学号</td><td></td><td colspan="2">国际货运代理客户开发</td><td>组别</td><td colspan="2"></td></tr>
<tr><td>评价项目</td><td>评价标准</td><td>小组自我评价（20%）</td><td>交互评价（30%）</td><td>教师评价（50%）</td><td>分值</td><td>得分</td></tr>
<tr><td>专业能力</td><td>公司业务和优势介绍要点描述，每正确列出一项得 5 分，最高得 25 分</td><td></td><td></td><td></td><td>25</td><td></td></tr>
<tr><td rowspan="4">专业能力</td><td>客户需求分析，并能提供有针对性的服务，每正确列出一项得 5 分，最高得 15 分</td><td></td><td></td><td></td><td>15</td><td></td></tr>
<tr><td>整体界面美观、文字清晰，视觉效果好，内容与主题相符，得 1 ～ 10 分</td><td></td><td></td><td></td><td>10</td><td></td></tr>
<tr><td>陈述时间 1 分钟以内得 5 分；陈述 1 ～ 3 分钟，语言较流利，得 5 ～ 10 分；陈述 3 ～ 5 分钟，语言非常流利，得 10 ～ 20 分</td><td></td><td></td><td></td><td>20</td><td></td></tr>
<tr><td>不能听懂客户问题，得 0 分；基本能听懂并回答客户问题，得 1 ～ 5 分；能正确回答客户问题，得 5 ～ 10 分</td><td></td><td></td><td></td><td>10</td><td></td></tr>
<tr><td rowspan="2">个人总结与反思</td><td rowspan="2" colspan="3"></td><td>成绩合计</td><td>100</td><td></td></tr>
<tr><td>指导老师综合评价</td><td></td><td></td></tr>
</table>

项目二

国际货运代理基础知识

➡ 任务目标

◇ 知识目标	1. 了解国际贸易术语的作用； 2. 掌握不同国际贸易术语中费用的构成； 3. 了解全球主要港口和航线； 4. 掌握船期表的构成。
◇ 能力目标	1. 能够灵活使用贸易术语； 2. 根据客户需求，提供符合客户要求的运输线路； 3. 能及时解答客户咨询和处理客户的需求。
◇ 思政目标	1. 培养学生的大局意识； 2. 培养学生的专业性、责任心等职业素养； 3. 培养学生的创新思维。

➡ 任务情景

货代琳达收到客户李响的咨询邮件，请代琳达（Linda@163.com）回复客户李响（li@163.com）的需求，邮件如下。

亲爱的琳达：

我们近期有一批货需要出口到意大利米兰，10 月以后可以装货，请帮我推荐两个卸货港，并帮我安排一个合适的船期。货物信息如下：

品名：CHIP SHOOTER

数量：2880 cartons

包装：one set in one carton, keep upright

尺寸：39 cm × 58 cm × 62 cm（LENGTH × WIDTH × HIGHT）

净重：50 kgs

毛重：55 kgs
贸易术语：DAP
装运要求：ETA POD not later than 7th/Nov.2025 due to customer demand.
提货地址：中国广东省江门市广安江路 1 号
期待您的回复！

李响

任务驱动

根据以上任务情景，假如你是琳达，请为客户安排合适的运输路线。

相关知识

任务一　贸易术语

《国际贸易术语解释通则 2010》（*The Incoterms rules or International Commercial Terms 2010*）简称“Incoterms 2010”（中文又称之为《2010 通则》，下同），是国际商会（ICC）根据国际货物贸易的发展对《国际贸易术语解释通则 2000》的修订版本，于 2010 年 9 月 27 日公布，2011 年 1 月 1 日开始在全球范围内实施。2019 年 9 月 10 日，国际商会又公布了《国际贸易术语解释通则 2020》（以下简称《2020 通则》），这是对《2010 通则》的修订版本，于 2020 年 1 月 1 日在全球范围内实施。

一、贸易术语的含义及作用

（一）贸易术语的含义

贸易术语又称贸易条件、价格术语（price terms），是在长期的国际贸易实践中产生的。它是用来表示商品的价格构成，说明交货地点，确定风险、费用和责任划分等问题的专门用语。

（二）贸易术语的作用

1. 有利于买卖双方洽商交易和订立合同

由于每一种贸易术语对买卖双方的义务都有统一的解释，有利于买卖双方明确各自的权利和义务，早日成交。

2. 有利于买卖双方核算价格和成本

各种贸易术语对于成本、运费和保险费等各项费用由谁负担都有明确的界定，买卖双方比较容易核算价格和成本。

3.有利于解决履约当中的争议

由于贸易术语由相关的国际惯例解释，对买卖双方在交易中的争议，可通过国际贸易惯例解释。

二、“E”组术语

第一组为“E”组，包括EXW一个术语。

EXW，即“EX Works”，其中文含义为“工厂交货”（指定的地点）。使用该术语，卖方负责在其所在处所（工厂、工场、仓库等）将货物置于买方处置之下即履行了交货义务。

（一）EXW中卖方的主要义务

（1）在合同规定的时间、地点将符合合同要求的货物交给买方处置，此时风险和费用由卖方转移给买方。

（2）提供商业发票或EDI、交货与合同相符的证明（一般为检验检疫证书）。

（3）通知买方交货的时间和地点。

（二）EXW中买方的主要义务

（1）承担在卖方所在地受领货物的全部费用和风险。

（2）自负风险和费用办理货物的出口、进口许可证或其他官方证件。

（3）将货物从交货地点运至最终目的地。

（4）通知卖方在有效时期内提货的时间，否则承担期满后货物的一切风险和费用。

（三）EXW使用中注意的问题

EXW（EX Works，工厂交货）代表卖方最低义务，使用时需注意以下问题。

（1）卖方对买方没有装货的义务，即使实际上卖方也许这样做更方便。如果卖方装货，也是由买方承担相关风险和费用。当卖方装货物更方便时，FCA一般更合适，因为该术语要求卖方承担装货义务，以及与此相关的风险和费用。

（2）以EXW为基础购买出口产品的买方需要注意，卖方只有在买方要求时才有义务协助办理出口，即卖方无义务安排出口通关。因此，在买方不能直接或间接地办理出口清关手续时，不建议使用该术语。

（3）买方仅有限度地承担向卖方提供货物出口相关信息的责任。但是，卖方可能出于缴税或申报等目的，需要这方面的信息。

三、“F”组术语

第二组为“F”组，包括FCA、FAS、FOB三个术语。

（一）FCA

FCA，即“Free Carrier”，其中文含义是“货交承运人”。使用该术语，卖方负责办理货物出口结关手续，在合同约定的时间和地点将货物交由买方指定的承运人处置，及时通知买方。

1. FCA 中卖方的主要义务

（1）自负风险和费用，取得出口许可证或其他官方批准证件，在需要办理海关手续时，办理货物出口所需的一切海关手续。

（2）在合同规定的时间、地点，将货物交给指定承运人，并及时通知买方。

（3）承担将货物交给承运人之前的一切费用和风险。

（4）自负费用向买方提供交货的通常单据。

2. FCA 中买方的主要义务

（1）签订从指定地点承运货物的合同，支付有关的运费，并将承运人名称及有关情况及时通知卖方。

（2）自负风险和费用，取得进口许可证或其他官方批准的证件，并且办理货物进口所需的一切海关手续。

（3）根据买卖合同的规定受领货物并支付货款。

（4）承担受领货物之后所发生的一切费用和风险。

3. FCA 使用中应注意的问题

（1）由于风险在交货地点转移至买方，因此双方应尽可能清楚地写明指定交货地内的交付点。

（2）如果双方希望在卖方所在地交货，则应当将卖方所在地址明确为指定交货地。如果双方希望在其他地点交货，则必须确定不同的特定交货地点。

（3）FCA 要求卖方办理货物出口清关手续。但卖方无义务办理进口清关、支付任何进口税或办理任何进口海关手续。

（4）FCA 适用于各种运输方式，包括公路、铁路、江河、海洋、航空运输以及多式联运。

（二）FAS

该术语英文为“Free Alongside Ship（...named port of shipment）”即“船边交货（……指定装运港）”。它指卖方在指定的装运港码头或驳船上把货物交至船边，从这时起买方须承担货物灭失或损坏的全部费用和风险，另外卖方须办理出口结关手续。

1. FAS 中卖方的主要义务

（1）负责将货物按规定的期限交到指定的装运港买方所指派的船边。

（2）负责办理货物的出口手续，承担出口清关的费用。

（3）承担自货物在指定地点交由买方船边为止的风险和费用。

2. FAS 中买方的主要义务

（1）接受卖方提供的有关单据，受领货物，并按合同规定支付货款。

（2）承担货物在指定地点交由船边为止的风险和费用。

（3）自负风险和费用，取得进口许可证或其他官方批准的证件，并且办理货物进口所需海关手续，支付关税及其他有关费用。

3. FAS 使用中应注意的问题

（1）该术语仅用于海运或内河水运。

（2）“船边交货”是指当卖方在指定的装运港将货物交到买方指定的船边（如置于码头或驳船上）时，即为交货。货物灭失或损坏的风险在货物交到船边时发生转移，同时买方承担自那时起的一切费用。

（3）由于卖方承担在特定地点交货前的风险和费用，而且这些费用和相关作业费可能因各港口惯例不同而变化，特别建议双方尽可能清楚地约定指定装运港内的装货点。卖方应将货物运至船边或取得已经这样交运的货物。

（4）当货物装在集装箱里时，卖方通常将货物在集装箱码头移交给承运人，而非交到船边，这时，FAS术语不适合，而应当使用FCA术语。FAS要求卖方办理出口清关手续，但卖方无义务办理进口清关、支付任何进口税或办理任何进口海关手续。

（三）FOB

该术语英文为“Free On Board（...named port of shipment）”，即“船上交货（……指定装运港）”。它指卖方必须在合同规定的日期或期间内在指定装运港将货物交至买方指定的船上，并承担货物安全交至船甲板上之前的一切费用和货物灭失或损坏的风险，货物装上船以后买方须承担货物的全部费用、风险、灭失或损坏，另外要求卖方办理货物的出口结关手续。

1. FOB中卖方的主要义务

（1）负责在合同规定的日期或期限内，将符合合同规定的货物交至买方指派的船上，并及时通知买方。

（2）负责取得出口许可证或其他官方批准的证件（商检证、原产地证等），并办理货物出口所需的一切海关手续。

（3）负担货物在装运港交到买方所派船只上之前的一切费用和风险。（在《2000通则》中，FOB术语的风险划分点以货物在指定的装运港指定的船只“越过船舷”为界。以“船舷”为界表明货物在装上船之前的风险，包括在装船时货物跌落码头或海中所造成的损失，均由卖方承担；但在《2010通则》中，对FOB条件下风险划分的界限做了实质性的变更，即不再规定以“船舷为界”，而是规定以货物装到船上为界限，这时风险才由卖方转移至买方。）

（4）负责提供商业发票和证明货物已交至船上的通常单据（已装船海运提单）。如果买卖双方约定采用电子通信，则所有单据均可被具有同等效力的电子数据交换信息（EDI message）代替。

2. FOB中买方的主要义务

（1）根据买卖合同的规定受领货物并支付货款。

（2）负责租船或订舱、支付运费，并将船名、装船地点和交货时间及时通知卖方。

（3）自负风险和费用，取得进口许可证或其他官方批准的证件，并负责办理货物进口所需的一切海关手续。

（4）负担货物在装运港交到自己所派船只上之后的一切费用和风险。

3. FOB使用中应注意的问题

（1）该术语仅用于海运或内河水运。

（2）“船上交货”是指卖方以在指定装运港将货物装上买方指定的船舶或通过取得已交付至船上货物的方式交货。货物灭失或损坏的风险在货物交到船上时转移，同时买方承担自那时起的一切费用。

（3）卖方应将货物在船上交付或者取得已在船上交付的货物。FOB不适合于货物在上船前已经交给承运人的情况，例如，用集装箱运输的货物通常是在集装箱码头交货，在此类情况下，应当使用FCA术语。FOB 要求卖方出口清关，但卖方无义务办理进口清关、支付任何进口税或办理任何进口海关手续。

四、"C"组术语

第三组为"C"组，包括CFR、CIF、CPT、CIP四个术语。

(一) CFR

该术语英文为"Cost and Freight"(...named port of destination)，即"成本加运费"(……指定目的港)。它指卖方必须支付把货物运至指定目的港所需的开支和运费，但从货物交至船上甲板后，货物的风险、灭失或损坏以及发生事故后造成的额外开支，货物在装运港装上船以后，就由卖方转向买方负担。另外要求卖方办理货物的出口结关手续。本术语适用于海运或内河运输。

1. CFR 中卖方的主要义务

(1) 负责在合同规定的时间和装运港将约定的货物装上船，运往指定目的港，并及时通知买方。

(2) 负责办理货物出口手续，取得出口许可证或其他官方批准的证件。

(3) 负责租船或订舱，并支付至目的港的正常运费。

(4) 负担货物在装运港交到自己安排的船只上之前的一切费用和风险。

(5) 负责提供符合合同规定的货物和商业发票，或具有同等效力的电子数据交换信息，以及合同规定的运输单据和其他相关凭证。

2. CFR 中买方的主要义务

(1) 负责按合同规定支付价款。

(2) 自负风险和费用，办理货物进口手续，取得进口许可证或其他官方批准的证件。

(3) 负担货物在装运港交到卖方安排的船只上之后的一切费用和风险。

(4) 按合同规定接收货物，接受运输单据。

3. CFR 使用中应注意的问题

(1) "成本加运费"是指卖方在船上交货或以取得已经这样交付货物的方式交货，货物灭失或损坏的风险在货物交到船上时转移。

(2) 卖方必须签订合同，并支付必要的成本和运费，将货物运至指定的目的港。在使用CPT、CIP、CFR或CIF术语时，当卖方按照所选择术语规定的方式将货物交付给承运人时，即完成其交货义务，而不是货物到达目的地之时。

(3) 由于风险转移和费用转移的地点不同，该术语有两个关键点。虽然合同通常都会指定目的港，但不一定都会指定装运港，而这里是风险转移至买方的地方。如果装运港对买方具有特殊意义，特别双方在合同中应尽可能准确地指定装运港。

(4) 由于卖方要承担将货物运至目的地具体地点的费用，特别双方应尽可能确切地在指定目的港内明确该地点。建议卖方取得完全符合该选择的运输合同。如果卖方按照运输合同在目的港交付点发生了卸货费用，则除非双方事先另有约定，卖方无权向买方要求补偿该项费用。卖方需要将货物在船上交货，或以取得已经这样交付运往目的港的货物方式交货。此外，卖方还需签订一份运输合同，或者取得一份这样的合同。

（5）CFR不适合于货物在上船前已经交给承运人的情况，例如，用集装箱运输的货物通常是在集装箱码头交货，在此类情况下，应当使用CPT术语。CFR要求卖方办理出口清关，但卖方无义务办理进口清关，支付任何进口税或办理任何进口海关手续。

（二）CIF

CIF，即“Cost Insurance and Freight”，其中文含义为“成本加保险费、运费”。使用该术语，卖方负责按通常条件租船订舱并支付到目的港的运费，在合同规定的装运港和装运期限内将货物装上船并负责办理货物运输保险，支付保险费。

1. CIF中卖方的主要义务

（1）在合同规定的期限内，在装运港将符合合同的货物交至运往指定目的港的船上，并给予买方装船通知。

（2）负责办理货物出口手续，取得出口许可证或其他核准证书（原产地、商检证书等）。

（3）负责租船或订舱并支付到目的港的海运费。

（4）负责办理货物运输保险，支付保险费。

（5）负责货物在装运港装上船为止的一切费用和风险。

（6）负责提供货物运往指定目的港的通常运输单据、商业发票和保险单，或具有同等效力的电子信息。

2. CIF中买方的主要义务

（1）负责办理进口手续取得进口许可证或其他核准书。

（2）负担货物在装运港装上船以后的一切费用和风险。

（3）收取卖方按合同规定交付的货物，接受与合同相符的单据。

3. CIF使用中应注意的问题

（1）该术语仅用于海运或内河水运。

（2）“成本加保险费、运费”是指卖方在船上交货或以取得已经这样交付的货物方式交货，货物灭失或损坏的风险在货物交到船上时转移。卖方必须签订合同，并交付必要的成本和运费，以将货物运至指定的目的港。卖方还要为买方在运输途中货物的灭失或损坏风险办理保险。

（3）买方应注意到，在CIF下卖方仅需投保最低险别。如买方需要更多保险保护，则需与卖方明确达成协议，或者自行作出额外的保险安排。

（4）在使用CPT、CIP、CFR或CIF术语时，当卖方按照所选择术语规定的方式将货物交付给承运人时，即完成其交货义务，而不是货物到达目的地之时。由于风险转移和费用转移的地点不同，该术语有两个关键点。虽然合同通常都会指定目的港，但不一定都会指定装运港，而这里是风险转移至买方的地方。如果装运港对买方具有特殊意义，特别建议双方在合同中尽可能准确地指定装运港。

（5）由于卖方需承担将货物运送至目的地具体地点的费用，特别建议双方应尽可能确切地在指定目的港内明确该地点。建议卖方取得完全符合该选择的运输合同。如果卖方按照运输合同在目的港发生了卸货费用，则除非双方事先另有约定，卖方无权向买方要求补偿该项费用。卖方需要将货物在船上交货，或以取得已经这样交付运往目的港的货物方式交货。此外，卖方还需签订一份运输合同，或者取得一份这样的合同。CIF不适合于货物在上船前已经交给承运人的情况，例如，用集装箱运输的货物通常是在集装箱码头交货，在此类情况下，应当使用CIP术语。CIF要求卖方办理出口清关，但卖方无义务办理进口清关、支付进口税或办理任何进口海关手续。

（三）CPT

CPT，即“Carriage Paid To”，其中文含义为“运费付至（指定目的地）”，使用该术语，卖方应自费订立运输契约并支付将货物运至目的地的运费。在办理货物出口结关手续后，在约定的时间和指定的装运地点将货物交由承运人处理，并及时通知买方。

1. CPT中卖方的主要义务

（1）在合同规定的时间、地点，将合同规定的货物置于买方指定的承运人控制下，并及时通知买方。

（2）必须提供符合合同规定的货物和商业发票，或具有同等效力的电子数据。

（3）必须自负费用按通常条件订立运输合同，经惯常路线、按习惯方式将货物运至指定目的地的约定地点或其他合适的具体地点。

（4）必须承担将货物交给承运人控制之前的风险。

（5）自负风险和费用，取得出口许可证或其他官方批准的证件，并办理出口清关手续，支付关税及其他有关费用。

2. CPT中买方的主要义务

（1）接受卖方提供的有关单据，受领货物，并按合同规定支付货款。

（2）承担自货物在约定交货地点交给承运人控制之后的风险。

（3）自负风险和费用，取得进口许可证或其他官方批准的证件，办理货物进口所需的海关手续，支付关税及其他有关费用。

3. CPT使用中应注意的问题

（1）“运费付至”是指卖方将货物在双方约定地点（如果双方已经约定了地点）交给买方指定的承运人或其他人。卖方必须签订运输合同并支付将货物运至指定目的地所需费用。

（2）在使用CPT、CIP、CFR或CIF术语时，当卖方将货物交付给承运人，而不是当货物到达目的地时，即完成交货。由于风险转移和费用转移的地点不同，该术语有两个关键点。特别建议双方尽可能确切地在合同中明确交货地点（风险在这里转移至买方），以及指定的目的地（卖方必须签订运输合同运到该目的地）。如果运输到约定目的地涉及多个承运人，且双方不能就交货点达成一致时，可以推定：当卖方在某个完全由其选择，且买方不能控制的点将货物交付给第一承运人时，风险转移至买方。如果双方希望风险晚些转移（如在某海港或机场转移），则需要在其买卖合同中明确。

（3）由于卖方需承担将货物运至目的地具体地点的费用，特别建议双方尽可能确切地在指定目的地内明确该地点。建议卖方取得完全符合该选择的运输合同。如果卖方按照运输合同在指定的目的地卸货发生了费用，除非双方另有约定，卖方无权向买方要求偿付。CPT要求卖方办理货物的出口清关手续，但是卖方无义务办理进口清关、支付任何进口税或办理进口相关的任何海关手续。

（4）该术语可适用于任何运输方式，也可适用于多种运输方式。

（四）CIP

CIP，即“Carriage and Insurance Paid to”，其中文含义为“运费和保险费付至（指定目的地）”。使用该术语，卖方应自费订立运输契约并支付将货物运至目的地的运费，负责办理保险手续并支付保险费。在办理货物出口结关手续后，在指定的装运地点将货物交由承运人照管，以履行其交货义务。

1. CIP中卖方的主要义务

（1）必须提供符合合同规定的货物和商业发票，或具有同等效力的电子数据，以及合同可能要求的证明货物符合合同的其他证件。

（2）在合同规定的时间、地点，将合同规定的货物置于买方指定的承运人控制下，并及时通知买方。

（3）订立货物运往指定目的地的运输合同，并支付有关运费。

（4）按照买卖合同的约定，自负费用投保货物运输险。

（5）承担货物交给承运人控制之前的风险。

（6）自负风险和费用，取得出口许可证或其他官方批准的证件，并办理出口清关手续，支付关税及其他有关费用。

2. CIP中买方的主要义务

（1）接受卖方提供的有关单据，受领货物，并按合同规定支付货款。

（2）承担自货物在约定交货地点交给承运人控制之后的风险。

（3）自负风险和费用，取得进口许可证或其他官方批准的证件，并且办理货物进口所需海关手续，支付关税及其他有关费用。

3. CIP使用中应注意的问题

（1）该术语可适用于各种运输方式，也可适用于多种运输方式。

（2）“运费和保险费付至”是指卖方将货物在双方约定地点（如双方已经约定了地点）交给其指定的承运人或其他人。卖方必须签订运输合同并支付将货物运至指定目的地的所需费用。卖方还必须为买方在运输途中货物的灭失或损坏风险签订保险合同。买方应注意到，CIP只要求卖方投保最低险别。如果买方需要更多保险保护，则需与卖方明确就此达成协议，或者自行作出额外的保险安排。

（3）在使用CPT、CIP、CFR或CIF术语时，当卖方将货物交付给承运人，而不是当货物到达目的地时，即完成交货。由于风险转移和费用转移的地点不同，该术语有两个关键点。特别建议双方尽可能确切地在合同中明确交货地点（风险在这里转移至买方），以及指定目的地（卖方必须签订运输合同运到该目的地）。如果运输到约定目的地涉及多个承运人，且双方不能就特定的交货地点达成一致，可以推定：当卖方在某个完全由其选择，且买方不能控制的点将货物交付给第一承运人时，风险转移至买方。如双方希望风险晚些转移（如在某海港或机场转移），则需要在其买卖合同中明确。由于卖方需承担将货物运至目的地具体地点的费用，特别建议双方尽可能确切地在指定目的地内明确该地点。建议卖方取得完全符合该选择的运输合同。如果卖方按照运输合同在指定的目的地内卸货发生了费用，除非双方另有约定，卖方无权向买方要求偿付。CIP要求卖方办理货物的出口清关手续，但是卖方无义务办理进口清关、支付任何进口税或办理进口货物相关的任何海关手续。

五、“D”组术语

第四组为“D”组，包括DAP、DPU、DDP三个术语。

（一）DAP

DAP，即“Delivered At Place”（insertnamed place of destination），其中文含义为“目的地交货”（插入指定目的港）。使用该术语，卖方必须签订运输合同，支付将货物运至指定目的地或指定目的地内的约定地点所发生的运费；在指定的目的地将符合合同约定的货物放在已抵达的运输工具上交给买方处置时即完成交货。

1. DAP中卖方的主要义务

（1）必须签订运输合同，支付将货物运至指定目的地或指定目的地内的约定地点所发生的运费。

（2）在指定目的地将符合合同约定的货物放在已抵达的运输工具上交给买方处置时，即完成交货。

（3）必须向买方发出所需通知，以便买方采取收取货物通常所需的措施。

（4）承担在指定目的地运输工具上交货之前的一切风险和费用。

（5）自负风险和费用取得出口所需的许可或其他官方授权，办理货物出口和交货前从他国过境运输所需的一切海关手续。

（6）提供商业发票或相等的电子信息。

2. DAP中买方的主要义务

（1）承担在指定目的地运输工具上交货之后的一切风险和费用。

（2）自负风险和费用取得进口所需的许可或其他官方授权，办理货物进口所需的一切海关手续。

（3）按合同约定收取货物，接收交货凭证，支付价款。

3. DAP使用中应注意的问题

（1）该术语可适用于任何运输方式，也可适用于多种运输方式。

（2）“目的地交货”是指当卖方在指定目的地将仍处于抵达的运输工具之上，且已做好卸载准备的货物交由买方处置时，即为交货。卖方承担将货物运送到指定地点的一切风险。由于卖方承担在特定地点交货前的风险，特别建议双方尽可能清楚地约定指定目的地内的交货点。建议卖方取得完全符合该选择的运输合同。如果卖方按照运输合同在目的地发生了卸货费用，除非双方另有约定，卖方无权向买方要求偿付。DAP要求卖方办理出口清关手续，但是卖方无义务办理进口清关、支付任何进口税或办理任何进口海关手续。如果双方希望卖方办理进口清关、支付所有进口关税，并办理所有进口海关手续，则应当使用DDP术语。

（二）DPU

DPU，即“Delivered at Place Unloaded”，其中文含义是“运输终端交货”，是指卖方在指定目的地或目的港集散站卸货后将货物交给买方处置即完成交货，卖方承担将货物运至卖方在指定目的地或目的港集散站的一切风险和费用除进口费用外。

1. DPU中卖方的主要义务

（1）卖方承担用运输工具把货物运送至目的地，并将货物卸载到目的地指定的终点站交付给买方之前的所有风险和费用，包括出口货物时报关手续和货物装船所需的各种费用和风险。

（2）提供符合合同规定的货物。

（3）办理出口手续。

（4）办理货物运输。

（5）移交有关货运单据或数字信息。

2. DPU中买方的主要义务

（1）在卖方按照合同规定交货时受领货物，按合同规定支付价款；承担自收货之时起一切关于货物损坏和灭失的风险，支付自交货之时起与货物有关的一切费用。

（2）如需办理清关事宜，则买方必须自负风险和费用办理清关手续，缴纳进口关税、捐税及其他进口费用。否则，买方必须承担由不履行该项义务而产生的一切货物损坏和灭失的风险，并支付由此带来的一切额外费用。

（3）买方需承担从到达的运输工具上为收取货物所需的一切卸货费用。

（4）应卖方请求并在卖方承担风险和费用的前提下，及时向卖方提供货物运输和出口或通过任何国家所需的文件及信息，并给予协助。否则，买方必须支付由未及时提供信息和协助而产生的一切损失及费用。

（5）支付装船前检查的费用，但由出口国主管部门进行的强制检查产生的费用除外。

3. DPU使用中注意的问题

在《2020通则》中DAT改为DPU，DPU术语的交货地点仍旧是目的地，但这个目的地不再限于运输的终点，而可以是任何地方。

（1）卖方需要将符合合同规定的货物在合同规定的期限内运到指定终点站并卸货后交给买方或其代理人处置。

（2）在货物交给买方或其代理人处置之前，所有出口清关、运输与保险、目的港或目的地卸货手续均由卖方办理，由此产生的费用及风险也由卖方承担。

（3）买方或其代理人在终点站受领卖方交付的货物后，需要自行办理进口清关、转运等手续，并承担由此产生的相关费用及风险。

（三）DDP

DDP，即“Delivered Duty Paid”，意为“完税后交货”（指定目的地），这种交货方式是指出口商在进出口双方指定的目的地办理完进口清关的手续后，再将货物交给进口商。在这种贸易术语下，出口商需要承担将货物运送到指定的目的地过程中的一切风险，还需要办理目的港清关手续，缴纳税费、手续费和其他费用。可以说，这种贸易术语下，卖家所需要承担的责任是最大的。

1. DDP中卖方的主要义务

（1）必须提供符合销售合同规定的货物和商业发票或有同等作用的电子信息，以及合同可能要求的、证明货物符合合同规定的其他凭证。

（2）必须自担风险和费用，取得任何出口许可证和进口许可证或其他官方许可或其他文件，并办理从他国过境所需的一切海关手续，支付关税及其他有关费用。

（3）必须在约定的日期或交货期限内，在指定的目的地将在交货运输工具上尚未卸下的货物交给买方或买方指定的其他人处置。

（4）必须承担货物灭失或损坏的一切风险，直至已经按照规定交货为止。

（5）必须自付费用向买方提供交货凭证、运输单据或有同等作用的电子讯息。

2. DDP中买方的主要义务

（1）必须按照销售合同规定支付价款。

（2）应卖方要求，并由其负担风险和费用，买方必须给予卖方一切协助，帮助卖方在需要办理海关手续时取得货物进口所需的进口许可证或其他官方许可。

（3）必须承担按照规定交货时起货物灭失或损坏的一切风险。

（4）一旦买方有权决定在约定期限内的时间和／或在指定的目地港受领货物地点，买方必须就此给予卖方充分通知。

（5）必须接受按照规定提供的提货单或运输单据。

（6）必须支付任何装运前检验的费用，但出口国有关当局强制进行的检验除外。

3. DDP使用中应注意的问题

该术语可适用于任何运输方式，也可适用于多种运输方式。

（1）“完税后交货”是指当卖方在指定目的地将仍处于抵达的运输工具上，但已完成进口清关，且已做好卸载准备的货物交由买方处置时，即为交货。卖方承担将货物运至目的地的一切风险和费用，并且有义务完成货物出口和进口清关，支付所有出口和进口的关税和办理所有海关手续。

（2）DDP代表卖方的最大责任。由于卖方承担在特定地点交货前的风险和费用，特别建议双方尽可能清楚地约定在指定目的地内的交货地点。建议卖方取得完全符合该选择的运输合同。如果按照运输合同卖方在目的地发生了卸货费用，除非双方另有约定，卖方无权向买方索要。

（3）如卖方不能直接或间接地完成进口清关，则特别建议双方不使用DDP。如双方希望买方承担所有进口清关的风险和费用，则应使用DAP术语。除非买卖合同中另行明确规定，任何增值税或其他应付的进口税款由卖方承担。

思考：

1. FOB、CFR 、CIF与FCA 、CPT 、CIP有什么相同点和不同点？
2. FOB、CFR 、CIF三者的共同点和不同点有哪些？

知识拓展

Incoterms 2020与2010的区别

国际商会对《国际贸易术语解释通则2020》（以下简称Incoterms 2020）规则中的《国际贸易术语解释通则2010》（以下简称Incoterms 2010）规则所做的修改，主要集中在以下7个方面。

1. 装船批注提单和FCA术语条款的修改

在应用FCA条款的情况下，海运途中的货物是已经售出的，而卖方或买方（更可能是信用证所在地的银行）可能需要带装船批注的提单。但是，根据先前的FCA规则，交货是在货物装船之前完成的，卖方不能从承运人处获得装船提单，因为根据其运输合同，承运人很可能只有在货物实际装船后才有签发船上提单的权利或者义务。

为了解决这个问题，Incoterms 2020 的FCA A6/B6 条款提供了一个附加选项。买卖双方可以约定，买方可指示其承运人在货物装船后向卖方签发装船提单，然后卖方有义务向买方提交该提单，通常是通过银行提交。

但是，即使采用了这一机制，卖方对买方也不承担运输合同条款的义务。

2. 成本及其列出位置

在Incoterms 2020 规则的相关栏目排序中，成本现在显示在每个Incoterms 2020 规则的A9/B9 处。

除重新排序外，在Incoterms 2010 规则中，由不同条款分配的各种成本通常出现在每个术语规则的不同部分。Incoterms 2020 则会列出每个规则分配的所有成本，其目的是向用户提供一个“一站式”的成本清单，以便卖方或买方可以在一个地方找到其根据Incoterms规则应承担的所有成本。

3. CIF、CIP中与保险有关的条款

在Incoterms 2010 中，CIF和CIP的A3 规定：卖方有义务自费购买货物保险，至少符合协会货物保险条款（C）（劳埃德市场协会/国际承保协会《LMA/IUA》）或任何类似条款。

协会货物保险条款（C）（平安险）一般指的是货物运输条款，即只需负担货物运输险，协会货物保险条款（A）规定的是“一切险”（all risks）。

Incoterms 2020 对CIF和CIP中的保险条款分别进行了规定，CIF默认使用协会货物保险条款（C）（平安险），即卖家只需要承担运输险，但是买卖双方可以规定较高的保额；而CIP使用协会货物保险条款（A）（一切险），即卖家需要承担一切险（all risk），相应的保费也会更高。也就是说，在Incoterms 2020 中，使用CIP术语，卖方承担的保险义务变大，而买方的利益会得到更多保障。

4. 在FCA、DAP、DPU和DDP中，适用卖方或买方选择自己的运输工具运输的相关条款

在Incoterms 2010 中，假定在从卖方运往买方的过程中货物是由第三方承运人负责的，而承运人受控于哪一方则取决于买卖双方使用哪一条外贸术语。

然而，在外贸实务中会有类似的情况存在，尽管货物将从卖方运至买方，但货物可以完全不雇用任何第三方承运人的。因此，在采用DAP、DPU、DDP时，卖方完全可以选择自己的运输工具，不受条款限制，同样，在采用FCA条款时，买方也可以选用自己的交通工具，不受条款限制，两种情况下对方很有可能要承担不必要的运输费用，所以，Incoterms 2020 明确规定，采用FCA、DAP、DPU和DDP术语时不仅要订立运输合同，而且只允许安排必要的运输。

5. 将DAT改为DPU，将Incoterms 2010中的模糊点清晰化

在Incoterms 2010中，DAT与DAP的唯一区别在于：在DAT中，在货物运达之后，卖方需要将货物从运输工具卸至目的地；而在DAP中，只要载有货物的交通工具抵达目的地，卖方即完成交货。在Incoterms 2010中，"目的地"一词的定义大致包括"任何地方，无论是否覆盖……"，较为模糊。

因此，国际商会决定对DAT和DAP进行两处修改。

（1）调整DAP与DAT的位置，将DAP调至DAT之前。

（2）将DAT改为DPU，这样做的目的是强调目的地可以是任何地点，而不仅仅是"终点站"，如果该地点不在终点站，卖方应确保其打算交付货物的地点是能够顺利卸货的地点。

6. 在运输义务和费用中列入与安全有关的要求

在Incoterms 2010中，与安全相关的要求放在A2/B2和A10/B10项中，且条目相当有限。由于Incoterms 2010是21世纪初安全问题受到普遍关注之后术语修订的第一个版本，在此后的航运实务中，又出现了很多与安全相关的需要关注的点，所以在Incoterms 2020中，与安全相关的义务的明确分配现已添加到每个规则的A4和A7项下。而这些要求所产生的费用也被更明确地标明，放在每条规则的A9/B9项下。

7. 用户说明

在Incoterms 2010中，指引（Guidance Notes）放在每一个术语解释通则的开头，而现在有了专门的"用户解释性注释"（Explanatory Notes for Users），这些注释解释了Incoterms 2020规则的基本原则，例如何时使用、何时转移风险以及如何在买卖双方之间分配成本。

解释性说明的目的有两个：

（1）帮助用户准确、有效地使用适合特定交易的适当的国际贸易术语解释通则；

（2）当受Incoterms 2020管辖的合同存在争议时，这些解释可以为协议制定者和咨询者提供必要的指导。

任务二　港口航线设计

一、世界主要区域的港口

全球航线星罗棋布，但是作为船公司经常挂靠的基本港，一定是吞吐量大、贸易繁忙、港区较深、港口设备设施较为先进的港口。以下分区域介绍几个常用的基本港。

（一）东南亚地区主要的港口

1. 新加坡港（SINGAPORE）

新加坡港位于新加坡的新加坡岛南部沿海，西临马六甲（MALACCA）海峡的东南

侧，南临新加坡海峡的北侧，是亚太地区最大的转口港，也是世界十大的集装箱港口之一。新加坡港又称狮城、星洲或星岛。该港扼太平洋及印度洋之间的航运要道，战略地位十分重要。该港自 13 世纪开始成为国际贸易港口，现已发展成为国际著名的转口港。

2. 马来西亚巴生港（PORT KELANG）

巴生港为马来西亚的最大港口，位于马六甲海峡的东北部，是马来西亚的海上门户。该港位于马来半岛西海岸，在巴生市西南方约 6 km，即首都吉隆坡西南方约 38 km处。

3. 马来西亚槟城港（PENANG）

槟城港位于马来半岛西部沿海，濒临马六甲海峡东北侧的入口处，是马来西亚的第二大港，又是著名的转口贸易港。该港是西马来西亚北部主要物资集散中心。该港有两个港区，即槟榔屿的乔治港区和大陆的北海港区，港区主要码头泊位有 8 个，岸线长 1411 m，最大水深为 12.8 m。

4. 越南海防港（HAIPHONG）

海防港位于越南北部，是首都河内重要的门户和中转站，是越南北方最大的海港。

5. 柬埔寨金边港（PHNOM PENH）

金边港坐落在湄公河，是湄公河流域一个重要的杂货和燃料码头，因优越的地理位置，成为柬埔寨第二大港口，每年吞吐量占全国的 25%。

6. 泰国曼谷港（BANGKOK）

曼谷港位于泰国西南部湄南河下游的两岸，濒临曼谷湾的北侧，是泰国最大的港口。

7. 泰国林查班港（LAEM CHABANG）

林查班港位于泰国中部曼谷湾东岸，曼谷市东南方。该港原为曼谷港的集装箱中转港区。该港距曼谷港约 60 n mile，至宋卡港 376 n mile，至新加坡港 791 n mile，东北至中国香港约 1450 n mile。

8. 缅甸仰光港（YANGON）

仰光港是缅甸最大的港口，也是世界主要的稻米输出港之一。该港位于缅甸中南部，伊洛瓦底江三角洲东侧、仰光河左岸，南距安达曼海莫塔马湾 24 n mile，万吨级海轮可候潮入港。

9. 菲律宾马尼拉港（MANILA）

马尼拉港位于菲律宾吕宋岛西南沿海，巴石河口两岸，濒临马尼拉湾的东侧，是菲律宾最大的海港。马尼拉港的进口货物约占菲律宾进口货物的 80%。

10. 印度尼西亚雅加达港（JAKARTA）

雅加达港位于印度尼西亚爪哇岛西北沿海雅加达湾的南岸，濒临爪哇海的西南侧，东距外港丹戎不碌 10 km，是印度尼西亚最大的集装箱港口，还是印度尼西亚有名的胡椒输出港。港区主要码头泊位有 24 个，岸线长达 5514 m，最大水深 11.5 m。

11. 印度尼西亚三宝垄港（SEMARANG）

三宝垄港为印度尼西亚商港。位于爪哇岛北海岸中段，港口北临爪哇海，东距丹戎佩拉（泗水）港 193 n mile，西距丹戎不碌（雅加达）港 236 n mile，至新加坡港 682 n mile，北距中国香港 1857 n mile。

12. 印度尼西亚泗水港（SURABAYA）

泗水港位于印度尼西亚爪哇岛东北沿海泗水海峡西南侧，隔峡与马都拉岛相望，是印度尼西亚的第二大海港。

知识拓展

1. 马尼拉港（MANILA）分为北港（NORTH PORT）和南港（SOUTH PORT）。
2. 雅加达港（JAKARTA）根据目的港清关的需要分为UTC.1、UTC.2、UTC.3。
3. 巴生港（PORTKELANG）分为西港（WEST PORT）和北港（NORTH PORT）。
4. 曼谷港（BANGKOK）分为PAT、TPT、SCT。
5. 新加坡港（SINGAPORE）为重要的中转港口。
6. 仰光港（YANGON）分为MIP、AWPT等港口。

（二）欧洲地区主要港口

欧洲地区主要港口分为欧洲基本港和欧洲内陆点。

1. 欧洲基本港

欧洲基本港是行业内一种约定俗成的对欧洲最重要的几个大港的统一称呼。欧洲基本港是指船公司到欧洲后最常挂靠的几大港口，在地理位置上极其重要。所有到欧洲的船公司均挂靠欧洲基本港后再转入相应的其他港口或者欧洲内陆点。

欧洲基本港主要包括表 2–1 中的港口。

表 2–1　欧洲基本港

港口代码	港口英文名	港口中文名	所属航线	所属国家
BEANT	ANTWERP	安特卫普港	欧洲基本港	比利时
DEHAM	HAMBURG	汉堡港	欧洲基本港	德国
FRLEH	LE HAVRE	勒阿佛尔港	欧洲基本港	法国
GBFEL	FELIXSTOWE	弗利克斯托港	欧洲基本港	英国
GBSOU	SOUTHAMPTON	南安普顿港	欧洲基本港	英国
NLROT	ROTTERDAM	鹿特丹港	欧洲基本港	荷兰

（1）汉堡港。汉堡是德国最大的城市，汉堡港是德国最大的港口，港区面积 100 km^2，码头全长 65 km，共有 500 多个泊位，大小码头 63 个。该港港口设备现代化，泊港作业时间短，素有“快港”的美称。

（2）鹿特丹港。在荷兰，鹿特丹几乎就是港口的代名词，拥有港口吞吐量超过 5 亿吨的纪录。鹿特丹港港区面积约 100 km^2，码头总长 42 km，吃水最深处达 22 m，可停泊 54.5 万吨的特大油轮。鹿特丹有三个特大港区，分别是博特莱克港区、欧罗港区和马斯弗拉克特港区。鹿特丹港是世界上主要的集装箱港口之一。

（3）安特卫普港。安特卫普港地处斯海尔德河下游，是比利时最大的海港。该港港区总面积 106.33 km^2，岸线总长 99 km。安特卫普在 16 世纪就成为欧洲十分繁荣的商业港口城市，比利时全国海上贸易的 70%通过该港完成。安特卫普港以港区工业高度集中而著称，现有港区主要分布在斯海尔德河右岸。

欧洲基本港主要挂靠的船公司有：MSC、PIL、ZIM、WANHAI、MISC（运价较低）；NCL、COSCO、ONE（运价中等，速度较快）；APL、CMA-CGM、HMM、MSK（运价较高，速度最快）。

2. 欧洲内陆点

在行业内，欧洲内陆点特指欧洲基本港之外的属于欧洲地区的所有港口。这里所指的港口也包括了一些内陆地区，海运无法直接到达的遍布于欧洲各个国家内陆的地方。这是由船公司前往欧洲的航线决定的。船公司到欧洲一般是先到达欧洲基本港然后由欧洲基本港转入其他港口，以及欧洲的一些内陆地区。到欧洲内陆点的海运费为到欧洲基本港的运费加上中转的费用。欧洲内陆点分布于GERMANY（德国）、NETHERLAND（荷兰）、DENMARK（丹麦）、SWEDEN（瑞典）、NORWAY（挪威）、FINLAND（芬兰）、POLAND（波兰）、LATVIA（拉脱维亚）、LITHUANIA（立陶宛）、ESTONIA（爱沙尼亚）、RUSSIA（俄罗斯）、IRELAND（爱尔兰）、UK（英国）、PORTUGAL（葡萄牙）、SPAIN（西班牙）、ICELAND（冰岛）、SWITZERLAND（瑞士）等。

欧洲内陆点港口有908个，其中重要港口见表2-2。

表 2-2　欧洲内陆点港口

港口代码	港口英文名	港口中文名	所属航线	所属国家
BEZEE	ZEEBRUGGE	泽布吕赫港	欧洲内陆点	比利时
DEBHN	BREMERHAVEN	不来梅港	欧洲内陆点	德国
FRMRS	MARSEILLES	马赛港	欧洲内陆点	法国
GBPTH	PORTSMOUTH	朴次茅斯港	欧洲内陆点	英国
IEDUB	DUBLIN	都柏林港	欧洲内陆点	爱尔兰
NOFRE	FREDRIKSTAD	腓特烈斯塔港	欧洲内陆点	挪威
PTLIS	LISBON	里斯本港	欧洲内陆点	葡萄牙
SESTO	STOCKHOLM	斯德哥尔摩港	欧洲内陆点	瑞典

欧洲内陆点主要挂靠的船公司和欧洲基本港一样，包括：MSC、PIL、ZIM、WANHAI、MISC（运价较低），NCL、COSCO、K-LINE（运价中等，速度较快），APL、CMA-CGM、HMM、MSK、MOSK（运价较高，速度最快）。

（三）北美地区主要港口

北美主要港口包括美国以及加拿大的港口。

1. 美国

美国（USA）的主要港口按地理位置分为美东（指美国东海岸）和美西（指美国西海岸）两部分。

美东的主要港口（也称为基本港）有NEW YORK（纽约港）、SAVANNAH（萨凡纳港）、MIAMI（迈阿密港）、NORFOLK（诺福克港）、JACKSONVILLE（杰克逊维尔港）、CHARLESTON（查尔斯顿港）、HOUSTON（休斯敦港）。

美西的主要港口（也称为基本港）有LOS ANGELES（洛杉矶港）、LONG BEACH（长滩港）、SEATTLE（西雅图港）、OAKLAND（奥克兰港）。

（1）纽约港。纽约港是北美洲最繁忙的港口之一，也是世界天然深水港之一。该港有1100座总面积近3.9 km²的仓库、575艘拖船及39座船坞。

（2）休斯敦港。休斯敦港号称美国第二大国际商港，位于墨西哥湾加尔维斯顿的西北岸。休斯敦是美国得克萨斯州的第一大城市，也是美国第二和世界第六的能源和商贸港口。

（3）洛杉矶港。洛杉矶港位于美国西南部加利福尼亚州，濒临太平洋东侧，是美国第二大集装箱港。全港在内外港沿岸分布有各种泊位近180个，其中营运泊位140个，远洋深水泊位120多个，大部分前沿水深10 m以上，最大水深16 m。

2.加拿大

加拿大位于北美洲北部，东邻大西洋，西濒太平洋，西北部邻美国阿拉斯加州，东北与格陵兰（丹）隔戴维斯海峡遥遥相望，南接美国本土，北靠北冰洋达北极圈，海岸线约长24万千米。加拿大是世界上海岸线最长的国家。

加拿大线最重要的港口有VANCOUVER（温哥华港）、TORONTO（多伦多港）MONTREAL（蒙特利尔港）。

加拿大线主要挂靠的船公司有：MSC、NCL（运价较低），EMC、HPL、APL、ZIM（运价中等，速度较快），HMM、YML（运价较高，速度最快）。

（四）南美地区主要港口

南美洲位于西半球的南部，东濒大西洋，西邻太平洋，北濒加勒比海，南隔德雷克海峡与南极洲相望。南美洲一般以巴拿马运河为界与北美洲相分，大致范围为大陆东至布朗库角，南至弗罗厄德角，西至帕里尼亚斯角，北至加伊纳斯角。

1.南美西地区港口

南美西航线主要指南美西岸的国家港口航线。

南美西航线的主要港口有BUENAVENTURA（布埃纳文图拉港）、CALLAO（卡亚俄港）、GUAYAQUIL（瓜亚基尔港）、IQUIQUE（伊基克港）、VAL PARAISO（瓦尔帕莱索港）、SAN ANTONIO（圣安东尼奥港）。

南美西主要挂靠的船公司有：EMC、HPL（运价较低），CSAV、APL、MSC（运价中等，速度较快），HAMBURG-SUD、MAERSK、ONE（运价较高，速度最快）。

2.南美东地区港口

南美东航线主要指南美东岸的港口航线。

南美东航线的主要港口有BUENOS AIRES（布宜诺斯艾利斯港）、MONTEVIDEO（蒙得维的亚港）、SANTOS（桑托斯港）、PARANAGUA（巴拉那瓜港）、RIO GRANDE（里奥格兰德港）、RIO DE JANEIRO（里约热内卢港）、ITAJA（伊塔雅伊港）、ASUNCION（亚松森港）、PECEM（培森港）。

南美东主要挂靠的船公司有：EMC（运价较低），CSAV、PIL、MARUBA（运价中等，速度较快），HAMBURG-SUD、MAERSK、ONE（运价较高，速度最快）。

（五）澳新地区主要港口

1.澳大利亚

澳大利亚位于南太平洋和印度洋之间，由澳大利亚大陆和塔斯马尼亚岛等岛屿和海外领土组成。它东濒太平洋的珊瑚海和塔斯曼海，西、北、南三面濒临印度洋及其边缘海，海岸线长约 3.67 万千米。澳大利亚是世界上唯一一个独占大陆的国家。

澳大利亚线的主要港口有 ADELAIDE（阿德莱德港）、BRISBANE（布里斯班港）、FREMANTLE（弗里曼特尔港）、MELBOURNE（墨尔本港）、SYDNEY（悉尼港）。

澳大利亚线主要挂靠的船公司有：OOCL、SYMS、MISC（运价较低），HAMBURG-SUD（运价中等，速度较快），COSCO、MAERSK、PIL、MSC（运价较高，速度最快）。

2. 新西兰

新西兰属于大洋洲，位于太平洋南部，澳大利亚东南方，是位于太平洋西南部的一个岛国，面积约 26.8 万平方千米，首都为惠灵顿，最大的城市是奥克兰。

新西兰线的主要港口有 AUCKLAND（奥克兰港）和 WELLINGTON（惠灵顿港）。

新西兰线主要挂靠的船公司有：OOCL、SYMS、MISC（运价较低），HAMBURG-SUD（运价中等，速度较快），COSCO、MAERSK、PIL、MSC（运价较高，速度最快）。

（六）地中海地区

地中海被北面的欧洲大陆、南面的非洲大陆和东面的亚洲大陆包围着，在交通和战略上均占有重要地位。它西经直布罗陀海峡可通大西洋，东北经土耳其海峡接黑海，东南经苏伊士运河出红海达印度洋，是欧、亚、非三大洲之间的重要航道，也是沟通大西洋、印度洋的重要通道。地中海是欧、亚、非三大洲的交通枢纽，是大西洋、印度洋和太平洋之间往来的捷径。地中海以亚平宁半岛、西西里岛和突尼斯之间的突尼斯海峡为界，分东、西两部分，习惯上称为地东线和地西线。

地东线主要港口有 LIMASSOL（利马索尔港）、ALEXANDRIA（亚历山大港）DAMIETTA（达米埃塔港）、ASHDQD（阿什杜德港）、BEIRUT（贝鲁特港）等。

地东线主要挂靠的船公司有：NCL、MSC（运价较低），EMC、CSAV（运价中等，速度较快），COSCO、CMA（运价较高，速度最快）。

地西线主要港口有 BARCELONA（巴塞罗那）、VALENCIA（瓦伦西亚）、NAPLES（那不勒斯）、LIVORNO（利沃诺）等。

地西线主要挂靠的船公司有：NCL、MSC（运价较低），EMC、CSAV（运价中等，速度较快），COSCO、CMA（运价较高，速度最快）。

二、全球主要的海运航线

（一）北大西洋航线

北大西洋航线是世界上最繁忙的航线之一，世界上有 1/3 的商船航运在这条航线上。北大西洋航线由美国、加拿大东海岸经过大西洋北线入波罗的海，北线可延伸到中欧和北欧诸国。南线至西欧或地中海到达南欧、北非各国。

（二）远东—地中海—欧洲航线

远东—地中海—欧洲航线，也是世界上最繁忙的航线之一。远东—地中海—欧洲航线，指从东亚、横滨、中国上海、中国香港等地区，穿过台湾海峡、巴士海峡等，历经东南亚（新加坡、马尼拉等）、马六甲海峡，经过印度洋（南亚科伦坡、孟买、加尔各答、卡拉奇等），穿越红海、苏伊士运河到达地中海地区，然后绕过直布罗陀海峡、英吉利（多佛尔）海峡到达西欧各国。

此航线班轮载重量都在25万吨以下，载重量在25万吨以上的巨轮无法通过苏伊士运河，需要绕过非洲南端的好望角。

知识拓展

苏伊士运河的重要性

苏伊士运河使欧洲与亚洲之间的南北双向水运，不必绕过非洲南端的风暴角（好望角），节省了航程。从英国伦敦港或法国马赛港到印度孟买港进行一次航行，经苏伊士运河比绕好望角可分别缩短全航程的43%和56%。

在苏伊士运河开通之前，有时人们从船上卸下货物通过陆运的方法实现在地中海和红海之间的运输。苏伊士运河能否正常通航直接关系到国际能源、金融和大宗商品市场的波动，并对世界经济的稳定复苏有重要影响，一旦苏伊士运河航道被关闭，大量船舶将不得不绕航南非好望角。

目前苏伊士运河最大船舶吃水深度66 ft（约合20 m），轮船吨位可达240000 t，这意味着世界上62%的油轮和96%的货轮都可以通过，其日平均船舶通行量为50艘，是国际海上贸易中最重要的运输通道。

（三）北太平洋航线

北太平洋航线是亚洲各国与北美洲各国间的航线。随着东亚经济的发展，这条航线上的贸易量不断增加。西航线是从亚洲东部、东南部经过太平洋到达北美西海岸（旧金山、洛杉矶、温哥华、西雅图等）。

（四）北美—巴拿马运河航线（墨西哥航线）

北美—巴拿马运河航线是由北美洲东海岸—巴拿马运河到达北美洲西海岸各港口的航线。它是沟通大西洋和太平洋的捷径，对美国东、西海岸的联络具有重要意义。

墨西哥位于北美洲，北部与美国接壤，东南与危地马拉、伯利兹相邻，西部是太平洋，东部有墨西哥湾与加勒比海的阻隔，首都墨西哥城。墨西哥位于北美洲南部、南美洲西北端，是南美洲、北美洲陆路交通的必经之地，也称“陆上桥梁”。

知识拓展

巴拿马运河

巴拿马运河是世界上最具有战略意义的两条人工水道之一（另一条为苏伊士运河）。行驶于美国东、西海岸—巴拿马运河之间的船只，原先不得不绕道南美洲的合恩角（Cape Horn），经巴拿马运河后可缩短航程约15000 km。

巴拿马运河全长81.3 km，水深13 ~ 15 m，河宽150 ~ 304 m。整个运河的水位高出两大洋26 m，设有6座船闸。船舶通过巴拿马运河一般需要9小时，可以通航76000 t级的轮船。

（五）好望角航线

好望角航线是从西亚（阿巴丹等，途经霍尔木兹海峡）、东亚、东南亚、南亚，经过印度洋—东非（达累斯萨拉姆）—莫桑比克海峡—好望角（开普敦）—大西洋—西非（达喀尔）—西欧的航线。载重量在 25 万吨以上的巨轮无法通过苏伊士运河，需要绕过非洲南端的好望角。该航线是石油运量最大的航线，被称为西方国家的“海上生命线”。好望角位于大西洋和印度洋的汇合处，即南非共和国南部。在这里，强劲的西风急流掀起的惊涛骇浪长年不断。除风暴危害外，还常常有“杀人浪”出现。这种海浪前部犹如悬崖峭壁，后部则像缓缓的山坡，波高一般有 15 ～ 20 m，在冬季频繁出现，还不时加上极地风引起的旋转浪，当这两种海浪叠加在一起时，海况就更加恶劣。而且这里还有很强的沿岸流，当浪与流相遇时，整个海面如同开锅似的翻滚，航行到这里的船舶往往遭难。因此，这里成为世界上最危险的航海地段。

（六）南太平洋航线

南太平洋航线是从亚太地区（悉尼、惠灵顿）经过太平洋（火奴鲁鲁）到达南美洲西海岸（利马、瓦尔帕莱索等）。

（七）南大西洋航线

南大西洋航线是从西欧地区港口出发，经过大西洋到达南美洲东海岸（里约热内卢、布宜诺斯艾利斯等）。

（八）北冰洋航线

北冰洋航线是指从东亚（符拉迪沃斯托克）地区港口出发，经过太平洋、白令海峡、北冰洋到俄罗斯（摩尔曼斯克），然后经过北欧、大西洋延伸至西欧地区。

通过北冰洋贸易航线捷径，可大幅降低从俄罗斯西伯利亚地区油田港口输出的石油运输成本。

三、中国主要海运航线

（一）日韩航线

日本航线：到日本九州岛的门司和本州岛的神户、大阪、名古屋、横滨、川崎等港口。

韩国航线：到釜山、仁川等港口。

（二）欧洲地中海航线

欧洲地中海航线从中国、韩国及日本至西欧，沿途挂靠红海、地中海、北非、西北欧和波罗的海沿岸各港。它是北美、西北欧与亚太海湾地区之间贸易往来的捷径。

（三）北美西海岸航线

北美西海岸航线包括从中国、朝鲜、日本、俄罗斯远东海港到加拿大、美国、墨西哥等北美西海岸各港的贸易运输线。我国对加拿大出口的商品主要是纺织品、服装、轻工商品以及部分机电产品；对美国的出口则以机电产品为主体，纺织鞋帽制品、钢铁制品、家具等为辅助。

（四）南美西海岸航线

从中国北方沿海各港出发的船只，多经奄美大岛、硫磺列岛、威克岛、夏威夷群岛之南的莱恩群岛穿越赤道进入南太平洋，至南美西海岸各港。

相对北美而言，南美的贸易量较小，且货物构成也比较复杂。中国一般出口轮胎等橡胶产品、家电、服装、毛制品、乳胶等，南美进口的包括铁矿石和大豆等大宗货物。因此这个区域的进出口，散货船和集装箱都有。

在南美航线上冷代干箱型是最常见的，就是将冷箱当作普箱操作，体积容量约为 40 GP，但是价格低很多。南美出口水果比较多，中国春节前后正是南美车厘子上市的时候，从南美出口到中国需要的冷箱很多，所以在南美出口到中国的货物普箱高价的时候，冷代干箱型的价格很有优势。同时，这种箱型拼箱量大且稳定，所以一般船公司都会与固定的拼箱公司合作，有稳定的货量，又有一定的冷代干箱数，互惠互利。

（五）东南亚航线

东南亚地区是当今世界经济发展最有活力和潜力的地区之一。东南亚因其一方面属于太平洋和印度洋的交汇地带，另一方面地处亚澳两洲之间的过渡地带，所以地理位置非常重要。其中全球三大海峡之一的马六甲海峡更是被称为我国及日韩等东亚国家的“海上生命线”。该航线因其特殊的地理位置，拥有包括新加坡港、中国香港在内的国际航运业高度发达、货物吞吐量位居全球前列的最为著名的国际港口（新加坡港和中国香港曾长期位列全球港口货物吞吐量排行榜冠亚军位置，后分别于 2006 年和 2010 年被上海港超越）。

东南亚航线航程短，价格总额相对较低，资金回笼快，所以越来越多的船公司开辟了东南亚点的独立直达航线。

（六）澳新航线

中澳之间的集装箱船需在中国香港加载或转船后经南海、苏拉威西海、班达海、阿拉弗拉海，后经托雷斯海峡进入珊瑚海。中国、日本去澳大利亚西海岸的航线从菲律宾的民都洛海峡、望加锡海峡及龙目海峡进入印度洋。

（七）中东、非洲航线

中东、非洲等地并不是中国对外贸易的主要区域。但随着中国对中东石油需求量的加大，这一区域日益受到重视。

在中东、非洲线路上，各家船公司分布的航线都比较少，一些船公司不愿意去非洲做生意，因为那里基础设施比较差，泊位、吊装能力都有限。在中东、非洲线路上，南非是最重要的点，因为开普敦的基础设施相对较好；而安哥拉、尼日利亚等非洲中部国家，由于接受中国建设方面的援助较多，因此散杂货相对较多。

任务三　船期表认知

班轮运输船期表（liner schedule）是班轮运输营运组织工作中的一项重要内容。班轮公司制定并颁布班轮运输船期表有多方面的作用。首先是为了招揽航线途经港口的货载，既为满足货主的要求，又体现海运服务的质量；其次是有利于船舶、港口和货物及时衔接，以便船舶有可能在挂靠港口的短暂时间内取得尽可能高的工作效率；最后是有利于提高船公司航线经营的计划质量。

了解各船东、各航线、各港口的船期，可以通过电话方式、E-mail方式、网络查询等方式进行。一般来说，班轮的船期是通过一个船期表来描述的。班轮船期表主要内容包括航线、船名、航次编号、始发港、中途港、终点港的港名。到达和驶离各港的时间，其他有关注意事项等。典型的班轮船期见表2-3。

表2-3　地中海航运公司船期表

Mediterranean Shipping Company (Hong Kong) Limited
Weekly Sailing Schedule of New Shogun Service
Independent Container Service from Hong Kong to Japan

	CY Closing	ETD	ETA				
Vessel/Voyage	HK	HK	Kobe	Osaka	Nagoya	Yokohama	Hakata
MSC Sentosa N902A	08-01	11-01	15-01	16-01	17-01	18-01	20-01
MSC Sarawak N903A	15-01	18-01	22-01	23-01	24-01	25-01	27-01
MSC Sentosa N904A	22-01	25-01	29-01	30-01	31-01	01-02	03-02
MSC Sarawak N905A	29-01	01-02	05-02	06-02	07-02	08-02	10-02
MSC Sentosa N906A	05-02	08-02	12-02	13-02	14-02	15-02	17-02
MSC Sarawak N907A	12-02	15-02	19-02	20-02	21-02	22-02	24-02

CY: HK - HIT

For booking and other inquiries, please contact our Sales Department（Fax: 0755-82300126/127）

SALES　　Tel: 0755-86048168

CUSTOMER SERVICES　　Tel: 0755-86048351

For Bill of Lading matters, please contact our Freight Department

Tel: 0755–86048037 / 86048365 / 86048364　　　Fax: 0755– 82300114

Schedules are also available on our web–site: www.mscgva.ch

说明：

1.CLOSING：班轮的截关时间，即需要配载的集装箱货物必须在此截关期前将集装箱送到指定的CY（集装箱堆场），此表的CY是中国香港（HK）；ETD：预计开航时间；ETA：预计到达时间。

2. 此船期表的航线为从中国香港（HK）开航途经神户（KOBE）至大阪（OSAKA）、名古屋（NAGOYA）、横滨（YOKOHAMA）最后到达目的地博多（HAKATA）。

3. 一般的班轮船期均为周班即每周一班，各挂靠港的到达时间基本一致。

4. 一般船公司都可以在各自的官方网站上一目了然地查询到船期表。

事实上各班轮公司的具体情况，与编制公布的船期表是有所差异的，需要与其直接联系最后确定。通常而言：近洋班轮航线船期比较准确。因其航程短且挂港少，船公司能较好地掌握航区和挂靠港的条件以及装卸效率等实际状况，可以编制出时间准确的船期表，船舶可以严格按船期表规定时间运行。

远洋班轮运输船往往航程距离较远。由于航线长、挂港多、航区气象海况复杂，船公司难以掌握航区、挂靠港、船舶在航线上运行可能发生的各种情况，在编制船期表时对船舶运行的时间必然会留有余地。

另外，集装箱运输具有速度快、装卸效率高、码头作业基本上不受天气影响等优点，所以集装箱班轮航线可以编制较为精确的船期表。

练一练

一、单项选择题

1. FOB中划分买卖双方风险界限的是（　　）。

A. 装运港的船上　　B. 货交第一承运人处置

C. 货交买方处置　　D. 目的港船上

2. 卖方承担责任、费用和风险最小的一种贸易术语是（　　）。

A. FOB　　B. CIF　　C. CFR　　D. EXW

3. 卖方承担责任、费用和风险最大的一种贸易术语是（　　）。

A. DDP　　B. DPU　　C. DAP　　D. EXW

4. FOB条件下卖方的义务是（　　）。

A. 负责出口报关　　B. 负责投保

C. 负责租船订舱　　D. 负责进口报关

5. 在CPT条件下负责出口报关的是（　　）。

A. 买方　　B. 卖方　　C. 承运人　　D. 船方

6. 在CIP条件下，买卖双方的风险划分界限是（　　）。

A. 工厂门口　　B. 装运港船上

C. 目的港船上　　D. 货交承运人

7. 与CIP有许多相似之处的贸易术语是（　　）。

A. CFR　　B. FOB　　C. CIF　　D. FCA

8. 与CPT有许多相似之处的贸易术语是（　　）。

A. CFR　　B. FOB　　C. CIF　　D. FAS

9. 与FCA有许多相似之处的贸易术语是（　　）。

A. FOB　　B. CFR　　C. CIF　　D. FAS

10.EXW规定的买卖双方风险划分界限是（　　）。

A. 卖方所在地货交买方处置时　　B. 货交第一承运人

C. 目的港　　D. 目的地

11. 若出口方进口结关有困难，最好不要采用的贸易术语是（　　）。

A. DPU　　B. DDP　　C. FOB　　D. CIF

12. 若进口方出口结关有困难，最好不要采用的贸易术语是（　　）。

A. EXW　　B. FOB　　C. CFR　　D. DDP

13. 按照《国际贸易术语解释通则 2020》的解释，CIF与CFR的主要区别在于（　　）。

A. 办理租船订舱的责任方不同

B. 办理货运保险的责任方不同

C. 风险划分的界限不同

D. 办理出口手续的责任方不同

14. 我国出口公司向德国出口核桃 3000 公吨，一般应采用（　　）贸易术语为好。

A. FOB汉堡　　B. CIF青岛

C. FOB北京机场　　D. CIF汉堡

15. 在实际业务中，FOB条件下，买方常委托卖方代为租船、订舱，其费用由买方负担。如到期订不到舱，租不到船，（　　）。

A. 卖方不承担责任，其风险由买方承担

B. 卖方承担责任，其风险也由卖方承担

C. 买卖双方共同承担责任、风险

D. 双方均不承担责任，合同停止履行

16. 我某公司按CIF 出口一批货物，但因海轮在运输途中遇难，货物全部灭失，买方（　　）。

A. 可借货物未到岸之事实不予付款

B. 应该凭卖方提供的全套单据付款

C. 可以向承运人要求赔偿

D. 由银行决定是否付款

17. 下列我方出口单价写法正确的是（　　）。

A. 每吨 1000 美元FOB伦敦

B. 每打 100 法国法郎FOB净价减 1% 折扣

C. 每码 3.50 港元CIF C 2% 香港

D.500 英镑CFR净价伦敦

18. 就卖方承担的费用而言，下列描述中正确的是（　　）。

A. FOB > CFR > CIF　　B. CIF > CFR > FOB

C. FOB > CIF > CFR　　D. CIF > FOB > CFR

19. 我方公司与外商成交出口某货物，贸易术语为 CIF TOKYO，办理保险应是（ ）。

A. 我方公司　B. 外商
C. 两方协商决定　D. 以上均不正确

20. 根据《国际贸易术语解释通则 2010》的解释，卖方不需要办理出口手续的术语是（ ）。

A. FOB　B. EXW　C. FCA　D. DDP

21. Incoterms 2010 中与航空运输无关的是（ ）。

A. FAS　B. CIP　C. DDP　D. DAT

22. 下列说法中与 Incoterms 2010 相符的是（ ）。

A. DDP 指运输终端交货
B. FOB 是装运港船上交货
C. FOBT 指船上交货并理舱
D. FAS 是装运港船上交货

23. 下列贸易术语中，不属内陆交货的贸易术语是（ ）。

A. EXW　B. FCA　C. FOB　D. DDP

24. 根据《国际贸易术语解释通则 2010》，DAP 是（ ）。

A. 进口国交货　B. 装运港交货
C. 目的地交货　D. 运输终端交货

25. 海运提单中，价格条件为（ ）时，应有“freight collect”字样。

A. CFR 或 CIF　B. FCA 或 FOB
C. CFR 或 FCA　D. CIF 或 FOB

26. 根据 Incoterms 2010，下列贸易术语中装货费和卸货费都由卖方承担的是（ ）。

A. DDP　B. DAT　C. FOB　D. DAP

27. 我国 A 公司与德国 B 公司签订出口毛绒玩具销售合同，拟采取陆运方式，如果原先海运时的贸易术语是 CFR，根据 Incoterms 2010，应更换成（ ）贸易术语。

A. CPT　B. CIP　C. CIF　D.FAS

28. 我国出口销售货物时，单价可写为（ ）。

A. FOB 上海每公吨 120 美元　B. FOB 伦敦每公吨 120 美元
C. CIF 上海每公吨 120　D. FOB 英国每公吨 120 美元

29. 下列术语中，（ ）术语卖方在指定港口或目的地的指定运输终端将货物从抵达的载货运输工具上卸下，交给买方处置时，即为交货。

A. DAT　B. DAP　C. DDP　D. CIF

30. 我国甲公司与加拿大乙公司签订出口服装销售合同，拟采取空运方式，甲公司承担将货物运至目的地的运费但不负责保险，根据 Incoterms 2010，应采用的贸易术语是（ ）。

A. CPT　B. CFR　C. FOB　D. FAS

31. 下列港口中，（ ）是马来西亚最大港口，也是首都吉隆坡的外港。

A. PENANG　B. MALACCA
C. PORT KELANG　D. SIBU

32. 下列港口中，（　　）称孟买新港，也是印度最大的集装箱港口。
A. COLOMBO　　B. NHAVA SHEVA
C. JAKARTA　　D. SEMARANG

33. 下列港口中，（　　）是中国运往中东地区货物集散地。
A. BOMBAY　　B. KARACHI
C. DUBAI　　D. COLOMBO

34. 下列港口中，（　　）是地西航线意大利主要港口。
A. SINGAPORE　　B. MANILA
C. BANGKOK　　D. GENOVA

35. 下列港口中，（　　）是欧洲航线英国主要港口。
A. FELIXSTOWE　　B. MALACCA
C. PORT KELANG　　D. SIBU

36. 下列港口中，（　　）属于荷兰的港口。
A. ROTTERDAM　　B. ANTWERP
C. LE HAVRE　　D. FELIXSTOWE

37. 下列港口中，（　　）是欧洲航线中德国的主要港口。
A. SOUTHAMPTON　　B. LE HAVER
C. HAMBURG　　D. FELIXSTOWE

38. 下列港口中，（　　）是澳大利亚最大的港口。
A. ADELAIDE　　B. MELBOURNE
C. BRISBANE　　D. SYDNEY

39. 下列港口中，（　　）是日本最大的集装箱港。
A. MOJI　　B. KOBE
C. OSAKA　　D. TOKYO

40. 下列港口中，（　　）是韩国最大的港。
A. INCHEON　　B. KWANGYANG
C. PUSAN　　D. WULSAN

二、多项选择题

1. 贸易术语在国际贸易中的主要作用有（　　）。
A. 简化交易手续　　B. 明确交易双方责任
C. 缩短磋商时间　　D. 节省费用开支
E. 明确风险划分界限

2. 下列贸易术语中，风险转移的界限在进口国的有（　　）。
A. FCA　　B. DAP　　C. DDP　　D. CIP　　E. CPT

3. CPT 与 CFR 的区别有（　　）。
A. 交货地点　　B. 适用的运输方式　　C. 风险划分界限
D. 出口结关手续　　E. 进口结关手续

4. 进出口商品单价包括（　　）。
A. 计量单位　　B. 计算重量的方法　　C. 单位价格金额

D. 计价货币　　E. 贸易术语

5. 根据 Incoterms 2010 的规定，下列贸易术语中，适用于各种运输方式的有（　　）。

A.EXW　　B.FOB　　C.CFR　　D.CPT　　E. FCA

6. 根据 Incoterms 2010，由买方负担卸货费的术语有（　　）。

A.DAT　　B.DAP　　C.DDP　　D.CIF/CIP　　E.CFR/CPT

7. 按照《国际贸易术语的解释通则 2010》，属于实际交货性质的贸易术语是（　　）。

A.EXW　　B.CFR　　C.DAP　　D.FCA　　E.DDP

8. 进出口商在实际业务中，选用贸易术语时应考虑的因素是（　　）。

A. 与运输方式相适应　　B. 考虑运价动态

C. 与本国文化传统相符合　　D. 考虑承运人风险控制

E. 考虑办理进出口货物结关手续的难易

9. 一家美国出口商向日本出口一批钢材，若双方约定使用 DAP 贸易术语，以下说法正确的是（　　）。

A. DAP 是目的地交货

B. 美国出口商在合同规定的时间将货物运至进口国指定目的地，将处在抵达的运输工具上可供卸载的货物交由买方处置时即完成交货义务

C. 以卖方将货物交由买方处置为风险划分界限，即货交由买方处置之前的一切费用和风险由卖方承担，之后由买方承担

D. 美国出口商自付费用办理相关出口手续，日本进口商自付费用办理相关进口手续

E. 卖方负责提供商业发票和买方提货所需的单据

10. 根据 Incoterms 2010，下列说法中正确的是（　　）。

A. FOB、CFR、CIF 都是以货物在装运港装上船为交货及风险分界点

B. FOB、CFR、CIF 三种贸易术语只适用于水上运输方式

C. FCA、CPT、CIP 三种贸易术语适用于所有的运输方式

D. FOB 和 FCA、CFR 和 CPT、CIF 和 CIP 的价格构成相同

E. CIF 和 CIP 都是不包括运费和保险费在内的价格

11. 下列属于美西航线基本港的是（　　）。

A. SEATTLE　　B. TACOMA

C. LONG BEACH　　D. PUSAN

12. 下列属于中国—韩国航线港口的是（　　）。

A. INCHEON　　B. PUSAN　　C. MOJI　　D. TOKYO

13. 下列属于中国—日本航线基本港（　　）。

A. MOJI　　B. KOBE　　C. OSAKA　　D. NAGOYA

E. SYDNEY　　F. ADELAIDE

14. 下列属于中国—澳新航线澳大利亚基本港的是（　　）。

A. BRISBANE　　B. SYDNEY

C. KAWASAKI　　D. ADELAIDE

15. 下列属于地中海集装箱三大中转港的是（　　）。

A. MARSAXLOKK　　B. LIVORNO

C. GIOIA TAURO　　D. ALGECILAS

三、操作题

1.某出口公司按CIF伦敦向英商出售一批红枣，由于商品季节性较强，双方在合同中规定："买方须于9月底前将信用证开到，卖方保证运货船只不得迟于12月2日驶抵目的港，如果货轮迟于12月2日抵达目的港，买方有权取消合同，如果货款已付，卖方将货款退还买方。"试分析这一合同的特点。

2.某公司进口一批货物以FOB条件成交。结果在目的港卸货时，发现货物有两件外包装破裂，里面的货物有被水浸的痕迹。经查证，外包装是货物在装船时因吊钩不牢掉到船甲板上摔破的，因包装破裂导致里面货物被水浸泡。问：在这种情况下，进口方能否以卖方没有完成交货义务为由向卖方索赔？

3.我公司按EXW条件对外出口一批电缆。但在交货时，买方以电缆的包装纸不适宜出口运输为由，拒绝提货和付款。问：买方的行为是否合理？

4.客户咨询：业务经理琳达收到客户的邮件，请代琳达回复邮件给客户。邮件如下：

亲爱的琳达：

我们有一批货物从南沙海运到意大利米兰，这是我们第一次运输到意大利，你能给我们推荐几个可以到达的港口吗？顺便问一下，DAP是什么？如果贸易术语为DAP Genoa, Italy，下列哪项费用由我们承担？

（1）到装货港的内陆运输费用；

（2）出口清关费；

（3）装货港的码头操作费用；

（4）到卸货港的海运费用；

（5）在卸货港的费用；

（6）进口清关费；

（7）进口税费；

（8）到目的地的送货费。

期待着您的快速回复！谢谢您的帮助。致以最诚挚的问候！

➡任务训练页

综合训练一　港口航线设计

一、训练目标

1.了解我国货运进出口的重点航线和港口；

2.掌握船期表查询方法；

3.能够根据客户需求进行业务处理；

4.培养同学们的地理文化知识以及职业素养。

二、任务情景

货代琳达收到客户李响的咨询邮件，请代琳达（Linda@163.com）回复客户李响（li@163.com）的需求，邮件如下。

亲爱的琳达：

我们近期有一批货需要出口到意大利米兰，10 月以后可以装货，请帮我推荐两个卸货港，并帮我安排一个合适的船期。货物信息如下。

品名：CHIP SHOOTER

数量：2880 cartons

包装：one set in one carton, keep upright

尺寸：39cm × 58cm × 62cm（LENGTH × WIDTH × HIGHT）

净重：50kgs

毛重：55kgs

贸易术语：DAP

装运要求：ETA POD not later than 7th/Nov.2025 due to customer demand.

提货地址：中国广东省江门市广安江路 1 号

期待您的回复！

李响

三、工作任务

根据以上任务情景，假如你是琳达，请为客户安排合适的运输路线，并复函。

四、任务实施

步骤 1：选择广东省江门市周边的装货港，并说明原因。

____

____

____

步骤 2：选择目的地米兰周边的卸货港，并说明原因。

____

____

____

步骤 3：登录主要船公司网站，查询 3 个以上船期表，完成下表。

序号	POL	ETD	POD	ETA	CY Cutoff	Vessel Voyage	Est. Transit Time
1							
2							
3							

步骤 4：为琳达撰写回函。

____

____

____

____

五、任务评价

<table>
<tr><td>班级</td><td></td><td colspan="2">任务名称</td><td>姓名</td><td colspan="2"></td></tr>
<tr><td>学号</td><td></td><td colspan="2">港口航线设计</td><td>组别</td><td colspan="2"></td></tr>
<tr><td>评价项目</td><td>评价标准</td><td>小组自我评价（20%）</td><td>交互评价（30%）</td><td>教师评价（50%）</td><td>分值</td><td>得分</td></tr>
<tr><td rowspan="2">职业能力</td><td>团队合作、分工明确</td><td></td><td></td><td></td><td>10</td><td></td></tr>
<tr><td>有独立工作能力，完成质量好</td><td></td><td></td><td></td><td>10</td><td></td></tr>
<tr><td rowspan="3">专业能力</td><td>邮件撰写符合商务礼仪得 10 分，主要内容清晰明了得 10 分</td><td></td><td></td><td></td><td>20</td><td></td></tr>
<tr><td>装运港和卸货港选择合理得 1 ～ 10 分，并简述原因得 1 ～ 10 分</td><td></td><td></td><td></td><td>20</td><td></td></tr>
<tr><td>船期简述正确每点得 2 分（POL、POD、ETD、ETA、Vessel Voyage、CY Cutoff），最高得 40 分</td><td></td><td></td><td></td><td>40</td><td></td></tr>
<tr><td rowspan="2">个人总结与反思</td><td colspan="3" rowspan="2"></td><td>成绩合计</td><td>100</td><td></td></tr>
<tr><td>指导老师综合评价</td><td></td><td></td></tr>
</table>

➡ 拓展任务

拓展训练——分析不同贸易术语下费用的分担

学习 11 个贸易术语，分析不同贸易术语的费用划分，完成下表。

INCOTERMS	EXW	FAS	FOB	FCA	CFR	CPT	CIF	CIP	DAP	DPU	DDP
Export Packaging 出口包装											
Loading Charges 装船费用											
Delivery to Port/ Place 到港口运输费用											

续表

INCOTERMS	EXW	FAS	FOB	FCA	CFR	CPT	CIF	CIP	DAP	DPU	DDP
Export Duty, Taxes & Customs Clearance 出口清关											
Origin Terminal Charges 原产地收货费											
Loading on Carriage 装货费用											
Carriage Charges 运输费用											
Insurance 保险费											
Unloading at Destination 目的地卸货											
Import Duty, Taxes & Customs Clearance 进口清关											

项目三

国际货代海运报价计算

➡任务目标

◇ 知识目标	1. 了解国际货代的运价与运费； 2. 了解集装箱的类型及尺寸； 3. 掌握集装箱数量的计算方法； 4. 掌握海运整箱运输的价格构成及运费计算方法； 5. 掌握海运拼箱运输的价格构成及运费计算方法； 6. 掌握进出口货物陆运段运费的构成及计算方法。
◇ 能力目标	1. 能够根据客户需求，选择合适的集装箱类型及数量； 2. 能够按照客户需求进行运费核算； 3. 能够按照要求制作报价表； 4. 根据客户要求，设计符合需求的运输方案。
◇ 思政目标	1. 培养国际货代业务中的成本意识； 2. 培养学生的大局意识； 3. 培养学生的专业性、责任心等职业素养； 4. 培养学生的创新思维； 5. 强化安全责任意识。

➡任务情景

亲爱的琳达：

您好，我们有一批货物近期需要出货，货物信息如下。

品名：CHIP SHOOTER

数量：2880 cartons

包装：one set in one carton, keep upright

尺寸：39 cm × 58 cm × 62 cm（LENGTH × WIDTH × HIGHT）

净重：50 kgs

毛重：55 kgs

贸易术语：DAP GENOA，ITALY

装运要求：ETA POD not later than 7th/Nov.2025 due to customer demand.

提货地址：中国广东省江门市广安江路 1 号

请您针对以上信息，为我公司提供一个有竞争力的报价，如果您有任何疑问，请随时联系我。

期待着您的回复！谢谢您的帮助。

致以最诚挚的问候！

李响

➡ 任务驱动

根据以上任务情景，假如你是琳达，你会怎样为客户李响报价？

➡ 相关知识

任务一　国际货代报价基础

一、运费与运价

（一）运费

运费是承运人根据运输协议完成货物运输后从托运人处收取的报酬。在货物运输过程中，承运人需要为营运支付各项开支和费用，也要获得一定利润。为补偿这些开支和获取利润，承运人向托运人对所承运的货物收取一定费用，即运费。

（二）运价

海上运输价格，简称海运运价。国际海运运价大体分为班轮运价和租船运价两种，班轮运价是指往来于我国港口和外国港口之间的班轮运输计量单位应该支付的价格；租船运价大部分以租船方式出现，船舶租金即运价。

班轮运价又分为杂货班轮运价和集装箱班轮运价。杂货班轮运价是针对散杂货制定的运价。集装箱的使用是装卸运输工艺的一次重要革命，无论是在运输效率、运输成本还是在运输组织上，和散杂货都有很大区别，因此，集装箱有着自己的运价体系。合适的运价，对促进对外贸易繁荣和发展本国货物运输起着十分重要的作用。

综上所述，运费是为运输一批货物而支付的费用，运价则是为运输单位货物而支付的单位价格。运费与运价的关系是运费等于运价与运量之积。用公式表示为：

$$F=R\times Q$$

公式中，F为运费；R为运价；Q为运量。

二、班轮运费的构成

班轮运费包括基本运费和附加运费两部分。基本运费是对任何一种托运货物计收的运费；附加运费则是根据货物种类或不同的服务内容，视不同情况而加收的运费，可以说附加运费是在特殊情况下或在临时发生某些事件的情况下而加收的运费。附加运费可以按每计费吨（或计费单位）加收，也可以按基本运费（或其他规定）的一定比例计收。

（一）基本运费（Basic Freight）

基本运费即运输每批货物所应收取的最基本的运费，是整个运费的主要构成部分。它根据基本运价和计费单位计算得出。基本运价按航线上基本港之间的运价给出，是计算班轮基本运费的基础。

基本运价有多种形式，如普通货物运价、个别商品运价、等级运价、协议运价、集装箱运价等。而根据货物特性等确定的特别运价有军工物资运价、高价货运价、冷藏运价、危险品运价、甲板货运价、小包裹运价等。

（二）附加运费（Surcharge of Additional）

实践中，经常有一些需要特殊处理的货物及需要加靠非基本港或转船接运的货物（Transit Cargo）需要运输；即便基本港之间的运输也因为基本港的自然条件、管理规定、经营方式等情况的不同而导致货物运输成本产生差异，这些都会使船公司在运营中支付相应的费用。为了使这些增加的开支得到一定的补偿，就需要在基本运费的基础上，在计算全程运费时计收一定的追加额，这一追加额就是班轮运费中的附加运费。

常见的附加运费主要有以下几种。

1. 燃油附加费（Bunker Adjustment Factor，BAF）

燃油附加费是由于燃油价格上涨，使船舶的燃油费用支出超过原核定的运输成本中的燃油费用，承运人在不调整原定运价的前提下，为补偿燃油费用的增加而增收的附加运费。当燃油价格回落后，该项附加运费也会被调整直至被取消。燃油费用在船公司的经营成本中占有较大比重，燃油价格上涨直接增加了承运人的经营成本。燃油价格的长期上涨带来的运输成本增加会在一定时期内的基本运价调整中得到反映，所以，燃油附加费一般是用来应对短期的燃油价格变动的。

2. 货币贬值附加费（Currency Adjustment Factor，CAF）

货币贬值附加费是由于国际金融市场汇率发生变动，计收运费的货币贬值，使承运人的实际收入减少，为了弥补货币兑换过程中的汇兑损失，而加收的附加运费。由于国际运输往往涉及多个国家和多种货币，而货币之间的兑换会带来一定时间上和手续上的损失，所以，承运人会通过增收货币贬值附加费来弥补这一收入损失。

3. 港口附加费（Port Additional）

由于港口装卸效率低，或港口使用费过高，或存在特殊的步骤（如进出港要通过闸门等），都会增加承运人的运输经营成本。承运人为了弥补这方面的损失而加收的附加运费称为港口附加费。

4. 港口拥挤附加费（Port Congestion Surcharge，PCS）

由于港口拥挤，船舶抵港后需要长时间等泊而产生额外的费用，为补偿船期延误损失而增收的附加运费称为港口拥挤附加费。港口拥挤附加费是一种临时性的附加运费，其变动性较大，一旦港口拥挤情况得到改善，该项附加运费即进行调整或被取消。

5. 转船附加费（Transhipment Surcharge）

运输过程中货物需要在某个港口换装另一船舶运输时，承运人增收的附加运费称为转船附加费。运往一些偏僻或较小的非基本港的货物，必须通过转船才能运达；有时转运干线船，也需要换装船舶。转运一次就会产生相应的费用，如换装费、仓储费及二程船（接运船）的运费等。一般这些费用均由负责第一程船运输的承运人承担，应包含在所增收的转船附加费内。

6. 超长附加费（Over Length Additional）

由于单件货物的外部尺寸超过规定标准，运输时需要特别操作，从而产生额外费用，承运人为补偿这一费用而计收的附加运费称为超长附加费。货物的长度超过规定标准后，会增加装卸和运输的难度，如需要特别的捆绑和铺垫、增加亏舱等，影响船期、增加支出，货主就需要支付超长附加费。在运价本中，一般长度超过 9 m的散杂货就可能有这一附加费。超长附加费是按长度计收的，而且长度越长，其附加费率越高。如果超长货物需要转船，则每转船一次，加收一次。

7. 超重附加费（Heavy Lift Additional）

超重附加费是指每件商品的毛重超过规定重量时，承运人所增收的附加运费。毛重超过规定重量的商品称为超重货。由于单件货物的重量超过规定标准时，在运输中同样需要特别的捆绑、铺垫等工作，并会影响装卸，所以承运人要对单件货物重量超过一定标准的货物加收超重附加费。通常，承运人规定货物重量超过 5 t时要增收超重附加费。

超重附加费是按重量计收的，而且超重重量越大，其附加费率越高。如果超重商品需要转船，则每转船一次，加收一次。如果单件货物既超长又超重，则二者应分别计算附加费，然后按其中收费高的一项收取附加费。

8. 直航附加费（Direct Additional）

直航附加费是托运人要求承运人将其托运的货物，从装货港不经过转船而直接运抵航线上某一非基本港时，承运人所增收的附加运费。通常，承运人会在运价本中作出规定，当托运人交运的一批货物达到某一数量以上时，就可以同意托运人提出的直航要求，并按规定增收直航附加费。船舶直接加靠某一非基本港口后，会增加港口费用支出，并延长船期。一般以直航后产生的额外费用，小于原来的转运费用作为选择直航的原则。

9. 洗舱附加费（Cozening Fee）

船装载了污染货物后，或因为有些货物外包装破裂、内容物外泄而污染了货舱，为不再污染以后装载的货物，必须在卸完污染货物后对货舱进行清洗，承运人对由此而支出的费用所增收的附加运费称为洗舱附加费。洗舱附加费一般根据污染程度、清洗难度而定。

10. 变更卸货港附加费（Alteration of Discharging Port Additiona Charge）

受收货人变更、交货地变更或清关问题等的影响，有些货物在装船后需要变更卸货港，货物不在提单上原定的卸货港卸货，而增收的附加运费称为变更卸货港附加费。变更卸货港的运费超过原卸货港的运费时，提出变更要求方应补交运费差额，反之不予退还。同时，因翻舱引起的额外费用和损失，亦由提出变更要求的一方负担。

11. 绕航附加费（Deviation Surcharge）

绕航附加费是某一段正常航线因受战争、运河关闭或航道阻塞等意外情况影响，迫使船舶绕道航行、延长运输距离时，承运人增收的附加运费。绕航附加费是一种临时性的附加运费，一旦意外情况解除，船舶恢复正常航线航行，该项附加运费即行取消。

12. 旺季附加费（Peak Sason Surcharge，PSS）

旺季附加费也称高峰附加费，是目前在集装箱班轮运输中出现的一种附加运费，即在每年运输旺季时，承运人根据运输供求关系状况而加收的附加费。

（三）常见的运价表示方法

常见的运价表示方法。在班轮运输中，散杂货主要使用的计费标准是按体积和重量计算运费。对于贵重商品，则按其货价的一定百分比计算运费；集装箱货物是集装箱的类型和数量作为主要使用的计费标准；拼箱货物是按体积或重量较高者作为计费标准。对于某些特定的商品，也会按其实体的个数或件数计算运费，或者按承运人与托运人双方临时议定的费率计收运费，而按临时议定的费率计收运费多用于低价商品的运输。各种不同的商品应按何种计费标准计算运费，在船公司制定的运价本中都有具体的规定，通常都用以下各种符号表示。

1. 以“W”表示。

指该种商品应按商品的毛重计算运费。

2. 以“M”表示。

指该种商品应按尺码或体积计算运费。但某些国家对运输木材时也有按“板尺”（bord foot）和“霍普斯尺”（hoppus foot）计算运费（12 板尺=0.785 霍普斯尺=1 ft=0.305 米）。

3. 以“W/M”表示。

指该商品应分别按其毛重和体积计算运费，并选择其中运费较高者收取运费。

4. 以“Ad.Val.”表示。

指该种商品应按其FOB 价格的一定百分比计算运费。这种运费称为从价运费。

5. 以“AdVal.or W/M”表示。

指该种商品应分别按其FOB价格的一定百分比和毛重体积计算运费，并选择其中运费高者收取运费。

6. 以“W/M plus Ad Val.”表示。

指这种货物除应分别按其毛重和体积计算运费，并选择其中运费较高者外，还要加收按货物FOB 价格的某一百分比计算的运费。

由于各个国家的法定计量制度不完全相同，所以在计算运费时所采用的法定计量单位也不一样。但目前各国都趋向于用国际单位制，以公吨（简称吨，t）和立方米（m^3）为计费单位，以 1 公吨或 1 立方米为 1 计费吨。但英国和某些欧洲国家的航运界仍用长吨和方立英尺为计费单位。因此，在计算运费时，如遇到托运人提供的有关商品的体积或重量所使用的计量单位不符，首先还要对计量单位进行换算。

7. 起码运费（minimum rate /minimum freight）。

起码运费也称起码提单，指以一份提单为单位，最少收取的运费。承运人为维护自身的最基本收益，对小批量货物收取起码运费，用以补偿其最基本的装卸、整理、运输等操作过程中的成本支出。不同的承运人使用不同的起码运费标准，散杂货和拼箱货一般以 1

运费吨为起码运费标准，最高不超过 5 运费吨；有的以提单为单位取起码运费，按提单为标准收取起码运费后不再加收其他附加费。

任务二　海运整箱货报价计算

整箱货（Full Container Cargo Load，FCL），是指由货方负责装箱和计数，填写装箱单，并加封志的集装箱货物，通常只有一个发货人和一个收货人。班轮公司主要从事整箱货的货运业务。

一、集装箱基本知识

（一）集装箱的概念

集装箱（Container）是一种运输设备，香港习惯称"货箱"，台湾习惯称"货柜"。称为"集装箱"应具备的条件是：能长期地反复使用，具有足够的强度；途中转运不用移动箱内的货物，可以直接换装；可以进行快速装卸，并可以从一种运输工具上直接方便地换装到另一种运输工具上；便于货物的装满和卸空；具有 1 立方米以上的容积。货代业务中也经习称箱子、柜子。用ST、HG、HQ、GP 等表示。

知识拓展

在货代业务中，常见"S.O.C""C.O.C"这样的缩写，各代表什么意思呢？

S.O.C：

1. shipper's own container，发货人自有柜。
2. Shipper Order Container，发货人指定柜。

C.O.C：

1. carrier's own container，船公司自有柜。
2. Carrier Order Container，船公司指定的柜。

（二）集装箱的分类

1.根据用途不同可分为

（1）干货集装箱（Dry Cargo Container），即通用箱/普通箱（General Purpose，GP）；

（2）开顶集装箱（Open-top Container，OT）；

（3）框架集装箱（Flat rack Container，FR）；

（4）台架式集装箱（platform based container，PF）

（5）平台集装箱（Platform Container，PF）；

（6）冷藏集装箱（Reefer Container，RF）；

（7）散装货集装箱（Bulk Container，BK）；

（8）罐式集装箱（Tank Container，TK）；

（9）通风集装箱（ventilated container，VC）；

（10）汽车集装箱（car container，CC）；

（11）动物集装箱（pen container or live stock container，PC）；

（12）挂衣集装箱（dress hanger container，HT）。

2. 按制造材料可分为

木集装箱、钢集装箱、铝合金集装箱、玻璃钢集装箱和不锈钢集装箱等。

3. 按结构可分为

折叠式集装箱、固定式集装箱等，固定式集装箱中还可分为密闭集装箱、开顶集装箱、板架集装箱等。

4. 按总重可分为

30 吨集装箱、20 吨集装箱、10 吨集装箱、5 吨集装箱。

5. 按集装箱规格尺寸可分为

国际标准集装箱是指根据国际标准化组织（ISO）104 技术委员会指定的国际标准来制造和使用的国际通用的标准集装箱。目前，国际集装箱标准有四个系列，共 13 种，具体见表 3-1。

表 3-1　国际集装箱型及规格

规格（英尺）	箱型	长		宽		高		最大总重量	
		公制（mm）	英制（ft in）	公制（mm）	英制（ft in）	公制（mm）	英制（ft in）	kg	LB
40	1AAA	12192	40'	2438	8'	2896	9'6"	30480	67200
	1AA					2591	8'6"		
	1A					2438	8'		
	1AX					＜2438	＜8'		
30	1BBB	9125	29'11.25"	2438	8'	2896	9'6"	25400	56000
	1BB					2591	8'6"		
	1B					2438	8'		
	1BX					＜2438	＜8'		
20	1CC	6058	1910.5"	2438	8'	2591	8'6"	24000	52900
	1C					2438	8'		
	1CX					＜2438	＜8'		
10	1D	2991	9'9.75"	2438	8'	2438	8'	10160	22400
	1DX					＜2438	＜8'		

目前，在国际海上集装箱运输中采用最多的是 1AA 型（40 英尺）和 1C 型（20 英尺）两种。1AA 型集装箱即 40 英尺干货集装箱，箱内容量可达 67.96 m^3，一般自重为 3800 kg，载重吨为 26.68 t，总载重量 30.48 t。1C 型集装箱即 20 英尺集装箱，箱内容量为 33.2 m^3，自重一般为 2317 kg，载重吨为 17.9 t，总载重量为 20.32 t。

集装箱计算单位（Twenty-feet Equivalent Units，TEU），又称换算箱、标准箱。20英尺换算单位，是以长度为20英尺的集装箱为国际计量单位（换算单位），也称国际标准箱单位。

通常用集装箱计算单位来表示船舶装载集装箱的能力，也是集装箱和港口吞吐量的重要统计、换算单位。目前各国大部分集装箱运输都采用20英尺和40英尺两种集装箱。为使集装箱数计算统一化，将20英尺集装箱作为一个计算单位（换算单位），简称TEU，40英尺集装箱简称为FEU，作为两个计算单位，即2TEU，以利于统一计算集装箱的营运量。

知识拓展

常用配载数据

集装箱装货后，箱内的容积或多或少都会产生空隙。所以根据实践经验，货代会形成自己的粗略数据用于计算集装箱的大概数，以普通杂货集装箱20 ft、40 ft、40 ft高柜为例，如表3-2所示。

表3-2　经验数据

箱型	内容积	配货毛重	配货尺码
20尺柜（20GP）	5.69 m × 2.13 m × 2.18 m	17.5 t	25 m^3
40尺柜（40GP）	11.8 m × 2.13 m × 2.18 m	25 t	55 m^3
40尺高柜（40HC）	11.8 m × 2.13 m × 2.72 m	22 t	68 m^3
20尺开顶柜	5.89 m × 2.32 m × 2.31 m	20 t	31.5 m^3
40尺开顶柜	12.01 m × 2.33 m × 2.15 m	30.4 t	65 m^3

一般情况下，如果货物是重货，计算时就用货物总重量除以集装箱的最大载货重量，即可得出该批装箱货物所需集装箱的数量。如果货物是轻货，则用货物总体积除以集装箱的有效容积，也可求得该批货物所需集装箱的数量。如果货物密度等于箱的单位容重，则无论按重量计或容积计，均可求得集装箱的需要量。

对于一时无法判定是重货还是轻货的货物，则先按容积计算，求出每个集装箱的最大可能装箱件数，用件数乘以每件货物的重量，再与该集装箱的最大载货重量相比较。如果小于集装箱的最大货重量，则可以用该重量除以该批装箱货物的总重量求出需要的集装箱数；如果大于集装箱的最大载货重量，则可以用该批集装箱在最大载货重量范围内允许装载的货物件数的合理重量除以该批装箱货物的总重量，求得所需要的集装箱数。

二、整箱货运费计算

整箱货的海运运费计算通常按包箱费率计算，当然也可以按普通杂货班轮运输海运运费来计算整箱货物的海运运费。此时，托运人应按“最低运费”和“最高运费”计算的办法计算应支付的海运运费。

（一）整箱货常见计费方式

1. 包箱费率计算

按FAK方式，只分箱型不分箱内货物种类（仅指普通货物），不计箱内货物重量，统一收取的基本运价；按FCS方式，分箱型，对货物按不同种类和等级制定包箱费率。

2. 最低运费的计算

在货物由托运人自行装箱整箱托运，而又按照普通杂货班轮运输运费的办法计算集装箱运费的情况下，应按集装箱的最低计费吨计算运费。如中远总公司规定一个普通干货标准箱的最低装箱标准为20 m^3 或16 t。

3. 最高运费的计算

最高运费计算方法是航运公司为鼓励托运人采用整箱装运（FCL）、提高集装箱空间利用率而设计的运费规则。其核心逻辑是：为不同规格集装箱设定固定的最高运费吨（容积上限），实际货物体积超过此上限时，仍按上限计收运费。本质是通过运费优惠，激励托运人尽量填满集装箱，减少空间浪费。例如，规定20 ft的干货箱的最高运费吨为31 m^3，40 ft的货箱的最高运费吨为67 m^3。

若箱内货物是混装货物，分属不同运费等级（如低等级货物A和高等级货物B）：免收运费的商品（如有）需从运价等级最低的商品开始剔除，剩余货物按实际体积与最高运费吨对比计费。比如：20英尺箱内装A（运价等级1，体积10 m^3）、B（运价等级3，体积25 m^3），总容积35 m^3 > 31 m^3。因A等级最低，假设剔除A的10 m^3 后，剩余B的25 m^3 ≤ 31 m^3，按25 m^3 计费；若剔除后剩余体积仍> 31 m^3，按31 m^3 计费。注意：最高运费仅适用于以容积吨作为计费单位的货物。

（二）特定货物运费的计算

1. 特种箱

特种箱指超高箱、开顶箱、平板箱等有别于普通干货箱的箱型。通常在CY-CY条款下，40 ft超高箱运价为普柜的110%；开顶箱、平板箱、柜架箱运价为普柜的130%。

2. 成组货物

有些船公司对集装箱内装载的是成组货物，并按拼箱货托运时，其运费给予优惠。在计算运费时，扣除托盘本身的重量或体积。扣除部分以货物的10%为限。

3. 家具和行李

对于装载于集装箱内的家具和行李，除组装成箱后再装入集装箱内的情况外，运费均按集装箱内容积的100%计收，其他费用也按箱计收。

4. 服装

以挂载于集装箱内的方式运输时，在CY-CY交接时衣架及相关物料由托运人提供，运费按集装箱内容积的85%计算。有混装时，总计费尺码不超过箱容的100%。在这种情况下，托运人应提供经承运人同意的公证机构出具的商品质量证书。

5. 回运货物

回运货物指在卸货港或交货地点卸下的货物，在一定的时间内交由原承运人运往装货港或收货地点的货物。对于回运货物，承运人一般都给予运费的优惠。但是，货物在卸货港或交货地点滞留期间发生的一切费用均由申请方负担。

（三）滞期费

滞期费指在集装箱货物运输中，货主未在规定的免费堆存时间内，前往指定的集装箱堆场或货运站提取货物，以及交还集装箱而由承运人向货主收取的费用，按天计算。

三、整箱货运费构成

以集装箱为运输单元业务，经常涉及集装箱运输的报价。集装箱出口业务按照集装箱的操作流程，一般涉及的费用包括装箱费、封志费、订舱费、海运费（O/F）、文件费、设备交接单费、VGM申报费、码头操作费、舱单费等，大致可分为以下几类。

（一）代理费

国际货运代理费用过去一般要求控制在总费用的2.5%～4.25%，并在开票时单列出。但在实际操作中，大多货代企业不按此操作，而是在各个环节都会加价收取，而不单列。2008年12月1日实施的《国际货运代理服务质量要求》（GB/T 22154—2008）中，规定国际货运代理的服务报酬包括运费、服务费、手续费及相关费用等，相当于认同了普遍做法，即代理费用体现在每个环节的差额上。

（二）运输各环节费用

通常，最简单的一票货物，其运输费用包含基本海运费和附加费。

1.海运费（O/F）

海运费（O/F）即基本海运费（Ocean Freight），就是不加任何附加费用的海运费。海运费是按照班轮运价表的规定计算，为垄断性价格。不同的班轮公司或不同的船公司有不同的运价表，但都是按照各种商品不同的积载系数、不同的性质和不同的价值，结合不同的航线加以确定的。

2.文件费（DOC）

文件费是船东的行为，用以提高承运人与订舱者的效率，以及弥补单证中心的运营成本。文件费按照业务收取，一次托运收取一次文件费。

3.设备交接单费（EIR）

设备交接单（Equipment Interchange Receipt）即集装箱设备交接单，是在出口集港和进口提箱时必备的单据，有对集装箱状态的描述和记录，如集装箱所在船舶和集装箱有无破损等说明。集装箱设备交接单费，俗称打单费。

4舱单费

常用的舱单费有以下4种。

（1）AMS（Automated Manifest System）：美国自动舱单系统。按美国海关的规定，所有运至美国的货物或经美国中转至第三国的货物都必须在装船前24小时向美国海关申报。AMS也叫作24小时舱单预报或美国海关反恐舱单。AMS的资料通过使用美国海关指定的系统直接发送到美国海关数据库中，由美国海关系统自动进行检查及回复，回复确认后才能上船；否则货物将无法上船。一般到美国港口，到墨西哥经美国港口，都需要做AMS申报，交纳舱单费。

（2）ACI（Advance Commercial Information）：加拿大预申报信息。

（3）AFR（Advance Filing Rules）：日本预申报规则。

（4）ENS（Entry Summary Declaration）：入境摘要报关单，欧盟国家申报规则。

（三）内陆拖车费

国际货代公司除了为客户提供国际海运（含集装箱）的代理服务，还应当为客户提供综合的全方位物流服务，如代理内陆拖车、代理报关、码头装箱、代理保险等。此时，它提供的服务方式与海运服务相同。不具备实体的拖车行、报关行和相关的仓储设施是通过要求供应商或采取外包的方式获得的。当然也有部分实力较为雄厚的综合型国际货代公司，为了扩大其业务范围为客户提供更全面的服务而配置自有拖车行、报关行及仓储设施。作为国际货代公司的业务部人员，不仅要了解和掌握公司与这些合作单位的合作模式、优惠价格等，而且要能够在此基础上指导业务员向客户提供合适的报价。

一般来说，国际货代公司根据其需要维持 3 ～ 5 家相对固定的拖车供应商，与其签订中长期合作协议，拖车行会提供一定时期内相对固定的拖车报价表。国际货代公司将其视为自己的增值物流服务提供给有需要的客户，或者与国际海运集装箱业务进行合作销售，提高自身的综合竞争力。

（四）码头服务费

货代公司提供的码头服务产生的费用主要有以下几种。

1. 订舱费

订舱所产生的费用就是订舱费，一般船公司会收订舱费。订舱费按照集装箱数量收取，20GP 箱与 40GP 箱收费标准一样。近几年船公司陆续取消了订舱费。但是货运代理公司接受客户委托代为订舱，货运代理公司原则上可以收取订舱费作为其服务费。

2. 装箱费

集装箱在出口时，一般会在仓库或者货运站安排货物装箱，负责装箱单位会按照货物装箱要求以及技术要求，对集装箱进行收费。

3. 封志费

集装箱在装箱完毕之后，不仅要关闭集装箱箱门，并且要对集装箱加铅封，也叫封志。集装箱铅封就是集装箱的锁，是一次性的，上面有独一无二的铅封号。如果客户拿到的集装箱铅封上的号码与提单上的号码一致，就代表集装箱中途没有被打开过，货物完好无损。集装箱在运输过程中，每一个箱子都需要加铅封，所以就会产生封志费。封志费按照集装箱数量收取，20GP 箱与 40GP 箱收费标准一样。

4. VGM 申报费

VGM 即“Verified Gross Mass”，俗称集装箱称重（是货物总重以及集装箱皮重的总和，包括包装及垫料），目的是保证海上运输安全，提升海上安全运输的系数，减少因为不实的集装箱重量造成不合理配载，而引发的岸上、海上人员伤亡、货物灭失的风险。由托运人或授权第三方以托运人的名义提交 VGM 数据。

VGM 数据提交的渠道有以下几种。

渠道 1：EDI（Electronic Data Interchange），即电子数据交换。

渠道 2：第三方电子申报平台，如 INTTRA、CARGOSMART 或 GTNEXUS。

渠道 3：各大船公司的官网。

渠道 4：传统的邮件或传真。

5. 码头操作费（THC）

码头操作费（Terminal Handling Charge）是指把集装箱拉到码头后，在装船过程中产生的操作（如需要船公司用吊车装船）费用。

THC按起运港和目的港不同，可划分为OTHC（Origin Terminal Handling Charge，起运港码头操作费）和DTHC（Destination Terminal Handling Charge，目的港码头操作费）两种。一般贸易术语不同，进出口双方在该费用的承担上也会有所差异。

6. 报关、报检服务费

一般的国际货代公司对于客户委托的报关、报检业务也采取外包的形式，即与其有业务合作往来的报关行签订一定有效期的报关代理协议，为客户提供代理报关、报检业务。报关报检代理费会因地区市场情况而有所差异，按票收取。

四、整箱业务海运费用计算

整箱货物海运费用的计算，首先要确认的是集装箱的数量。在客户明确集装箱数量的前提下，费用的计算较为简单，只要梳理清楚各项费用的收费标准，按照收费项目逐一进行计算即可。如果客户只给出货物的数量和尺寸，则先要进行集装箱数量计算，此时费用的计算较为复杂。

◎任务描述

位于广东江门市广安江路 1 号的广东天格对外贸易有限公司，计划从广州出口一批芯片到意大利热那亚，希望能在 11 月 7 日之前到达卸货港。广东天格对外贸易有限公司委托广州银湾国际货运代理有限公司办理出口相关业务，并向其发送了本票业务的销售合同。合同如下。

广东天格对外贸易有限公司

GUANGDONG TIANGE FOREIGN TRADE CO., LTD.

NO. 1, Guang Jiang Road, Jiangmen, Guangdong, China

Tel：+86-0750-5544332　　Fax：+86-0750-5544332

SALES CONTRACT

日期：AUG.25TH, 2025

合同号：YGKS20-38

买方：KUNGSANGS INTEROR CO.,LTD

NO. 168, KATAR ROAD, Genova CITY, Genova , Italy

卖方：GUANGDONG TIANGE FOREIGN TRADE CO., LTD.

NO. 1, Guang Jiang Road, Jiangmen, Guangdong, China

本合同由买卖双方签订，买方同意购买，卖方同意按照以下条款和条件出售上述商品：

This contract is made by and between the Buyer and the Seller, whereby the Buyer agree to buy and the Seller agree to sell the under-mentioned commodity according to the terms and conditions stipulated below：

Name Of Commodity & Specifications 商品名称及规格	Quantity 数量（CTN）	GW 毛重（kg/CTN）	Unit Price 单价（USD/SET）	Amount & Price Terms 金额和价格条款
chip shooter	2880	55	158	DAP Genoa , Italy 455040.00

总 金 额：USD455040.00（SAY U.S. DOLLARS FOUR HUNDRED AND FIFty-FIVE THOUSAND AND FORTY ONLY）

1.包装方式

Packing：2880 sets in cartons（one set in one carton）

39cm × 58cm × 62cm（LENGTH × WIDTH × HIGHT）

2.装运时间

Time of Shipment：Before Oct. 4th, 2025

3.装运口岸

Port of Loading：NANSHA, CHINA

4.到货口岸

Port of Destination：Genoa, ITALY

5.保险

Insurance：to be covered by the seller for 110% of invoice value against all risks as per PICC dated 1/1/1981.

6. 付款条件

Payment：100% of the total value will be paid by D/P at 30 days after sight.

7. 装运通知

Shipping advice：The seller shall advise by fax the buyers of the quantity, invoice value, gross weight, name of vessel and date of sailing within 7 days after the completion of the loading of the goods

8.检验

Inspection：The Seller shall have the goods inspected by 15 days before the shipment and have the Inspection Certificate issued by German Machinery I/E Inspection Corporation Guangzhou Branch. The Buyer may have the goods reinspected by Italy I/E Inspection Bureau after the goods arrived at the destination.

9.仲裁

Arbitration：All disputes in connection with this contract or the execution thereof shall be settled in hong kong and English law applied.

10.其他条款

Other terms：This contract is made in two originals, one original to be held by each party. The original pieces have the same law effect to each party.

买方签名　　　　　　　　　　　　卖方签名

KUNGSANGS INTEROR CO.,LTD　　　GUANGDONG TIANGE FOREIGN TRADE CO., LTD.

需要的素材如下。

1. 集装箱信息

集装箱信息见表 3–3。

表 3–3　集装箱信息表

集装箱类型	长 × 宽 × 高（m）	载重（t）
20GP	内部尺寸：5.867 × 2.330 × 2.350 外部尺寸：6.058 × 2.438 × 2.591	21.00
40GP	内部尺寸：11.998 × 2.330 × 2.350 外部尺寸：12.192 × 2.438 × 2.591	26.82
40HQ	内部尺寸：11.998 × 2.330 × 2.655 外部尺寸：12.192 × 2.438 × 2.896	26.61

2. 船公司报价

船公司报价见表 3–4。

表 3–4　船公司报价表

ALLIANCE		THE ALLIANCE	OCEAN ALLIANCE	THE ALLIANCE	OCEAN ALLIANCE
SERVICE		MD2	MEX2	MD1	REX1
POL		NANSHA	NANSHA	NANSHA	NANSHA
POD		GENOA	GENOA	GENOA	GENOA
O/F（USD/CONTAINER）	20GP	1800.00	1565.00	1595.00	1600.00
	40GP	3450.00	3030.00	2990.00	2800.00
	40HQ	3550.00	3130.00	3150.00	3000.00
DOC FEE（CNY/BL）		300.00	400.00	300.00	400.00
EIR（CNY/CNTR）		50.00	50.00	50.00	50.00
BAF（CNY/CNTR）	20GP	600.00	600.00	700.00	650.00
	40GP	1100.00	1100.00	1100.00	1100.00
	40HQ	1050.00	1100.00	1100.00	1100.00
ENS（USD/BL）		30.00	30.00	30.00	30.00
TELEX RELEASE（CNY/BL）		300.00	300.00	300.00	300.00
1. ADD USD10/TEU ON YOUR QUOTE RATE TO CUSTOMER. 2. valid until end of Year 2025.					

3.货代公司服务费

广州银湾国际货运代理有限公司

SERVICE CHARGES FROM NANSHA

Ⅰ. PORT HANDLING

1. TERMINAL HANDLING CHARGE：

RMB700/20GP，RMB900/40GP，RMB1000/40HQ

2. VGM：　　RMB200/CONTAINER

3. SEAL FEE：　　RMB80/CONTAINER

Ⅱ. CUSTOMS CLEARANCE

1. CUSTOMS CLEARANCE FEE：　RMB250/BL

2. INSPECTIN AND QUARANTINE：Charged according to actual occurrence

3. CUSTOMS INSPECTION FEE：　Charged according to actual occurrence

Ⅲ. OTHER CHARGES

1. SWITCH BILL：RMB150/BL

2. WAREHOUSE/INSURANCE/DETENTION ETC Charged according to actual occurrence

Remarks：The quotation is valid from 1st/sep 2025 to 31st/dec 2025.

广州银湾国际货运代理有限公司
GUANGZHOU SILVER GULF FREIGHT TRANSPORTATION CO.,LTD
NO.20, EAST HUIFU ROAD, YUEXIU DISTRICT,GUANGZHOU,GUANGDONG,CHINA
Tel：+86-20-83306789　Fax：+86-20-83306799

4.拖车费

南沙港（NANSHA）拖车报价样式见表3-5。

表3-5　南沙港（NANSHA）拖车报价表

价格 地区	20GP		40GP max.30.4 tons	40HQ max. 30.4 tons
	under 14.5 tons	over 14.5 tons		
广州市区	CNY850	CNY950	CNY1050	CNY1150
东莞	CNY1250	CNY1400	CNY1800	CNY1900
深圳	CNY1450	CNY1600	CNY2000	CNY1900
佛山	CNY1500	CNY1650	CNY1800	CNY1900
惠州	CNY1800	CNY1900	CNY1950	CNY2050
江门	CNY1800	CNY1980	CNY2280	CNY2330

注：1.该报价有效期从2025年6月1日—12月31日。
2.以上拖车运费不含异地提柜费/税务发票税金（异地提柜每柜加收200元）。
3.因工厂原因造成车辆压夜的，按每夜RMB600元/柜收取压夜费。
4.因工厂原因造成车辆返空的，按去价的80%收取返空费。

◎任务要求

请为广州银湾国际货运代理有限公司制作精确的报价表，完成表 3-6。

表 3-6　报价表

<table>
<tr><td colspan="7">一、报价信息</td></tr>
<tr><td>有效期</td><td colspan="6"></td></tr>
<tr><td colspan="2">产品：</td><td colspan="3">体积：</td><td>货源地：</td><td>毛重：</td></tr>
<tr><td colspan="2">目的港：</td><td colspan="3">贸易方式：</td><td colspan="2">包装规格：</td></tr>
<tr><td colspan="7">二、费用信息</td></tr>
<tr><td rowspan="2">费用项目</td><td rowspan="2">收费单位</td><td colspan="3">单价</td><td>费用总额（CNY）</td><td>备注</td></tr>
<tr><td>20GP</td><td>40GP</td><td>40HQ</td><td></td><td>1USD=6.8CNY</td></tr>
<tr><td colspan="7">1.海运服务</td></tr>
<tr><td>集装箱海运费</td><td>USD/箱</td><td></td><td></td><td></td><td></td><td></td></tr>
<tr><td>文件费</td><td>CNY/票</td><td></td><td></td><td></td><td></td><td></td></tr>
<tr><td>设备交接单费</td><td>CNY/箱</td><td></td><td></td><td></td><td></td><td></td></tr>
<tr><td>燃油附加费</td><td>CNY/箱</td><td></td><td></td><td></td><td></td><td></td></tr>
<tr><td>舱单申报费</td><td>USD/票</td><td></td><td></td><td></td><td></td><td></td></tr>
<tr><td colspan="7">2.货代服务</td></tr>
<tr><td>VGM 申报费</td><td>CNY/箱</td><td></td><td></td><td></td><td></td><td></td></tr>
<tr><td>封志费</td><td>CNY/箱</td><td></td><td></td><td></td><td></td><td></td></tr>
<tr><td>发货港码头操作费</td><td>CNY/箱</td><td></td><td></td><td></td><td></td><td></td></tr>
<tr><td colspan="7">3.通关服务</td></tr>
<tr><td>检验检疫服务费</td><td>CNY/票</td><td colspan="3"></td><td></td><td>发生即收，250CNY/票</td></tr>
<tr><td>报检服务费</td><td>CNY/票</td><td colspan="3"></td><td></td><td>发生即收，非法检货物收取 250CNY/票；法检货物 5 个品名以下收取 250CNY/票，每增加 5 个品名加收 60CNY/票（不足 5 个品名时按 5 个计算）</td></tr>
<tr><td>报关服务费</td><td>CNY/票</td><td colspan="3"></td><td></td><td>5 个品名以下时收取 250CNY/票，每增加 5 个品名加收 60CNY/票（不足 5 个品名时按 5 个计算）</td></tr>
<tr><td>查验服务费</td><td>CNY/票</td><td colspan="3"></td><td>×××</td><td>发生即收，250CNY/票</td></tr>
</table>

续表

4.拖车费						
拖车费	CNY/箱					实报实销
5.其他费用						
检验检疫费	CNY/票	×××			×××	实报实销
海关查验费	CNY/票	×××			×××	实报实销
滞箱费	CNY/箱	×××			×××	实报实销
坏污箱费	CNY/箱	×××			×××	实报实销
掏箱费	CNY/箱	×××			×××	实报实销
总计						
注：1.当前不发生或实报实销的费用填“×××”； 2.结果保留两位小数； 3.装箱时保持货物正面向上。						

◎**任务实施**

步骤1：计算集装箱数量。

货物信息：2880CTNS

货物毛重：55KG/CTN

货物尺寸：39 cm × 58 cm × 62 cm

装箱要求：货物正面向上

集装箱货信息：20 GP最大容积32 CBM，最大容重17.5 t；40 GP，67 CBM，最大容重25 t。

货物总体积403.9 CBM，毛重158.4 t，此时优先装40 GP，约需要6个40 GP。

验证：因为货物尺寸固定，装箱正面向上，限制体积，所以需要验证一下6个40 GP能否摆下。

步骤2：计算单层装箱数量方法。

图3-1　集装箱装载示意

目标函数：MAX = 0.58X + 0.39Y

约束条件：0.58X + 0.39Y ≤ 2.33

X为正整数，Y为正整数。

解1：X=0　　Y=5

解2：X=1　　Y=4

解 3：X=2　　Y=3

解 4：X=3　　Y=1

解 5：X=4　　Y=0

解 1 单层可装 100 箱，解 2 和解 4 单层可装 110 箱，解 3 和解 5 单层可装 120 箱，如果使用 40GP，集装箱内部高度是 2.35 米，可装 3 箱，每箱最多可装 360 个纸箱，经验证，并不超重。

所以，如果使用 40GP，需要 8 个集装箱。

步骤 3：20GP 集装箱装箱数。

由于 20GP 和 40GP 的内部宽度都是 2.33 米，因此横竖摆放方法是一样的，同样的计算方法得知，单层最多可以装 60 箱，可装 3 层，每 20GP 可装货物 180 箱，经验证，并不超重。

因此，如果使用 20GP，需要 16 个集装箱。

步骤 4：40HQ 集装箱装箱数。

由于 40HQ 和 40GP 的内部宽度都是 2.33 米，长度都是 11.998 米，因此单层装箱方式是一样的，最多可以装 120 箱。但是 40HQ 内部高度是 2.655 米，因此可以装 4 层，同样的计算方法得知，每 40HQ 可装货物 480 箱，经验证，并不超重。

因此，如果使用 40HQ，需要 6 个集装箱。

步骤 5：集装箱选择。

假如使用 MD2 航线，根据 20GP 报价 1800.00 美元，40GP 报价 3450.00 美元，40HQ 报价 3550.00 美元，经计算，16 个 20GP 需要 28800 美元，8 个 40GP 需要 27600 美元，6 个 40HQ 需要 21300 美元，根据最低成本的原则，最终的集装箱选择是 6×40HQ 为最优装箱方案。

步骤 6：以 MD2 航线为例（表 3-7），计算海运费用。

表 3-7　MD2 海运费

ALLIANCE		THE ALLIANCE	6×40HQ 的成本	
SERVICE		MD2	USD	CNY
POL		NANSHA		
POD		GENOA		
O/F（USD/CONTAINER）	20GP	1800.00		
	40GP	3450.00	21300	144840
	40HQ	3550.00		300
DOC FEE（CNY/BL）		300.00		300
EIR（CNY/CNTR）		50.00		
BAF（CNY/CNTR）	20GP	600.00		
	40GP	1100.00		
	40HQ	1050.00		6300
ENS（USD/BL）		30.00	30	204
TELEX RELEASE（CNY/BL）		300.00		
合计				151944

步骤 7：同样的方法，计算出四条航线的成本如下。

表 3–8 各航线海运费

ALLIANCE	THE ALLIANCE	OCEAN ALLIANCE	THE ALLIANCE	OCEAN ALLIANCE
SERVICE	MD2	MEX2	MD1	REX1
成本（CNY）	151944	135208	135924	129904

由于REX1 航线成本最低，因此选择REX1 为最优运输方案。

步骤 8：填制报价表（3–9）。

报价时每个TEU加 10 USD作为利润，填制完整的报价表如下。

表 3–9 报价表

<table>
<tr><td colspan="7">一、报价信息</td></tr>
<tr><td>有效期</td><td colspan="6">2025 年 9 月 1 日—12 月 31 日</td></tr>
<tr><td colspan="2">产品：chip shooter</td><td colspan="3">体积：403.9CBM</td><td>货源地：广东江门市</td><td>毛重：158.4 t</td></tr>
<tr><td colspan="2">目的港：热那亚</td><td colspan="3">贸易方式：DAP Genoa, Italy</td><td colspan="2">包装规格：1 台/箱，39cm × 58cm × 62cm</td></tr>
<tr><td colspan="7">二、费用信息：6 × 40HQ</td></tr>
<tr><td rowspan="2">费用项目</td><td rowspan="2">收费单位</td><td colspan="3">单价</td><td>费用总额（CNY）</td><td>备注</td></tr>
<tr><td>20GP</td><td>40GP</td><td>40HQ</td><td></td><td>1USD=6.8CNY</td></tr>
<tr><td colspan="7">1.海运服务</td></tr>
<tr><td>集装箱海运费</td><td>USD/箱</td><td></td><td></td><td>3020</td><td>123216</td><td></td></tr>
<tr><td>文件费</td><td>CNY/票</td><td colspan="3">400</td><td>400</td><td></td></tr>
<tr><td>设备交接单费</td><td>CNY/箱</td><td colspan="3">50</td><td>300</td><td></td></tr>
<tr><td>燃油附加费</td><td>CNY/箱</td><td></td><td></td><td>1100</td><td>6600</td><td></td></tr>
<tr><td>舱单申报费</td><td>USD/票</td><td colspan="3">30</td><td>204</td><td></td></tr>
<tr><td colspan="5">小计</td><td>130720</td><td></td></tr>
<tr><td colspan="7">2.货代服务</td></tr>
<tr><td>VGM 申报费</td><td>CNY/箱</td><td colspan="3">200</td><td>1200</td><td></td></tr>
<tr><td>封志费</td><td>CNY/箱</td><td colspan="3">80</td><td>480</td><td></td></tr>
<tr><td>发货港码头操作费</td><td>CNY/箱</td><td></td><td></td><td>1000</td><td>6000</td><td></td></tr>
<tr><td colspan="5">小计</td><td>7680</td><td></td></tr>
<tr><td colspan="7">3.通关服务</td></tr>
<tr><td>检验检疫服务费</td><td>CNY/票</td><td colspan="3"></td><td></td><td>发生即收，250CNY/票</td></tr>
</table>

续表

报检服务费	CNY/票					发生即收，非法检货物收取250CNY/票；法检货物5个品名以下收取250CNY/票，每增加5个品名加收60CNY/票（不足5个品名时按5个计算）
报关服务费	CNY/票	250			250	5个品名以下时收取250CNY/票，每增加5个品名加收60CNY/票（不足5个品名时按5个计算）
查验服务费	CNY/票				×××	发生即收，250CNY/票
小计					250	
4.拖车费						
拖车费	CNY/箱			2330	13980	实报实销
小计					13980	
5.其他费用						
检验检疫费	CNY/票	×××			×××	实报实销
海关查验费	CNY/票	×××			×××	实报实销
滞箱费	CNY/箱	×××			×××	实报实销
坏污箱费	CNY/箱	×××			×××	实报实销
掏箱费	CNY/箱	×××			×××	实报实销
小计					0	
总计					152630	

注：1.当前不发生或实报实销的费用填“×××”；
2.结果保留两位小数；
3.装箱时保持货物正面向上。

任务三　海运拼箱货报价计算

拼箱货（Less than Container Load，LCL），是指由承运人的集装箱货运站负责装箱和计数，填写装箱单，并另封志的集装箱货物，通常每一票货物的数量较少，因此拼箱货的集装箱内会涉及多个发货人和多个收货人。承运人负责在箱内每件货物外表状况良好的情况下接受，并在相同的状况下交付拼箱货。

在目前的货运实践中，主要由拼箱集运公司从事拼箱货的货运代理业务。货运代理人也可以从事拼箱的货运业务，但此时其身份也发生了变化。货运代理人参与拼箱货的货运业务，为小批量货物提供了快速和高效率的运输服务，解决了集装箱班轮运输大量替代传统杂货班轮运输后小批量货物的运输等问题。

一、拼箱业务费用构成

（一）拼箱业务中可能涉及的费用

根据操作流程，拼箱业务可能涉及的费用包含文件制作费、报检服务费、进仓费、装货港装箱费、海运拼箱亏舱费、报关服务费、查验服务费、海关查验费、海运费、卸货港拆箱费、换单服务费、分拨费等。

1.进仓费

进仓费是指上船前，工厂把货送到货代指定的仓库，之后由货代负责装箱、进港、报关，货代收取进仓的费用。

2.报关服务费

报关服务费是进出口报关时，报关行收取的代理报关服务费用。

3.海运拼箱亏舱费

海运拼箱亏舱费是指在海运拼箱出口过程中，在截单、截货日前一工作日的规定时间线（如中午 11：00）以后，因订舱人原因造成货物无法及时出运，导致拼箱公司舱位空置，拼箱公司由此向订舱人收取的弥补该损失的费用，亏舱费计算以空置舱位的成本为标准。

4.卸货港拆箱费

海运拼箱货物到达目的港后，承运人需根据收货人情况将集装箱货物进行拆箱，产生的费用需收货人承担。

5.分拨费

分拨费是承运人拆箱并将货物分拨在保税仓库，产生分拨费，通常按照计费吨（重量吨或者立方）计算，有些还有最低计费标准。

（二）拼箱注意事项

各拼箱公司的附加费用差别很大，再加上目的港那边还有一些费用是要收货人支付的，因此在拼箱货操作中，运费方面应注意以下几项。

（1）确认收费的所有项目，看报价是不是包干价，防止承运人事后乱加附加费用。常见费用有CFS（仓库拼箱费）卸车费、报关费、O/F、拆箱费、DOC等堆场服务费。

（2）将货物的重量和尺码计算清楚，在实际操作中，有的拼箱公司虽然报价较低，但可能存在虚报货物尺码来获取额外利润的情况。有托盘的货物，托盘要与货物大小相当，因为仓库是以托盘的底面积乘以高度来计算体积的。

（3）找一家专业做拼箱的公司，这种公司直接拼装货柜，他们收取的运价和附加费都比中间公司低一些，船期也能保障。所以货主在选择货代公司时，除考虑价格因素外，更重要的是看其服务的可靠性。

二、拼箱业务海运费用计算

不满一整箱的小票货物都是选用拼箱进行运输的，该方式通常是由承运人分别揽货并在集装箱货运站或内陆站集货，而后将货物根据货物性质和目的地进行分类整理，把去往同一目的地的两票或两票以上的货物，拼装在一个集装箱内，在目的地的集装箱货运站或内陆站拆箱分别交货。

（一）海运基本运费

拼箱货计费是按照货物的体积和重量两种方式进行。

1. 按体积计算，F=单位基本运费（MTQ）× 总体积。

2. 按重量计算，F=单位基本运费（TNE）× 总毛重。

两者比较，取其中较大者。

（二）附加费用

根据船公司不同收取不同的费用。

（三）拼箱货报价形式

拼箱货常见报价形式如表 9–10 所示（报价来源于物流巴巴网站）。

表 3–10　深圳—布里斯班拼箱报价表

shenzhen（深圳）→ brisbane（澳大利亚·布里斯班）				
CBM 1 $　RT 1：1000				
船公司	中转港	截关 / 开船	航程	类型
ONE	直拼	三 / 二开	11 天	监管仓
运价备注：MIN 1CBM				
中文	英文	价格	币种	计费单位
拼箱费	CFS	40	CNY	RT
报关费	CUS	320	CNY	BILL
文件费	DOC	300	CNY	BILL

◎任务描述

客户有从Boston进口到Dubai的货物，详细信息如下。

素材 1：

装运通知

订单号：00783/1/33
商品描述：发电机
数量：4 台
包装：1 台 / 木箱
规格：100 cm × 220 cm × 220 cm/ 箱
毛重：650.00 kg/ 箱
交货条件：FOB Boston
交货日期：October 2025
素材 2：

装运通知

运输条款：CFR Abu Dhabi
运输方式：海运

最迟装运日期	联系人	客户编号	日期	发票编号
2025-10-25	Conny Link	10116650	2025-10-10	265670

序号	件数	服装种类	箱数	size S	size M	size L	Size XL
1	1.000	Lily	20	200	200	300	300
2	2.000	Jim	40	100	600	600	700
3	400	Roxanna	8		200	200	
4	100	Conny	2			100	
5	150	JonnyBoy	3	100	50		
6	500	Benny	10	100	100	200	100
7	350	Max	7	50	100	100	100

包装：90 纸箱，40 kg/ 箱
规格：70 cm × 70 cm × 55 cm
素材 3：

装箱单

收 货 人：Emirates Bank Group
Seikh Zayed Road 1783
Dubai-Jumeirah/VAE
货物名称：8 件，ATM- 自动柜员机
包　　装：8 个木箱，1.15 m × 0.60 m × 1.80 m/90 kg
唛　　头：EBG Dubai
No.1-8
Transport in an upright position

贸易术语：EXW

运输方式：根据收货人的指示（由AD货代公司转发Wilkinson）

◎任务要求

根据任务描述和素材信息计算以下信息：每批货物的重量、总重量，每批货物的体积、总体积，装配计划，最终确定所需集装箱的类型及数量。

◎任务实施

本次拼箱一共涉及三票业务，能够从提供的有效信息中筛选货运信息。

步骤1：计算每批货物的重量和货物总重量。

素材1中，货物重量：650 kg × 4=2600 kg

素材2中，货物重量：40 kg × 90=3600 kg

素材3中，货物重量：90 kg × 8=720 kg

总重量：6920 kg。

步骤2：计算每批货物的体积和货物总体积。

素材1中，货物体积：100 cm × 220 cm × 220 cm × 4/1000000=19.36 CBM

素材2中，货物体积：70 cm × 70 cm × 55 cm × 90/1000000=24.255 CBM

素材3中，货物体积：1.15 m × 0.60 m × 1.80 m × 8=9.936 CBM

总体积：53.551 CBM

步骤3：制装配计划。

素材1中货物发电机很重，考虑集装箱的平衡装载，需要在集装箱的中轴位置进行均衡摆放。

素材3中的货物ATM-自动柜员机8箱，每箱90 kg，也需要平衡装载。

素材2中的货物服装插空摆放。

步骤4：验证装配计划。

经过验证，1个40GP普通集装箱即可装下所有货物。

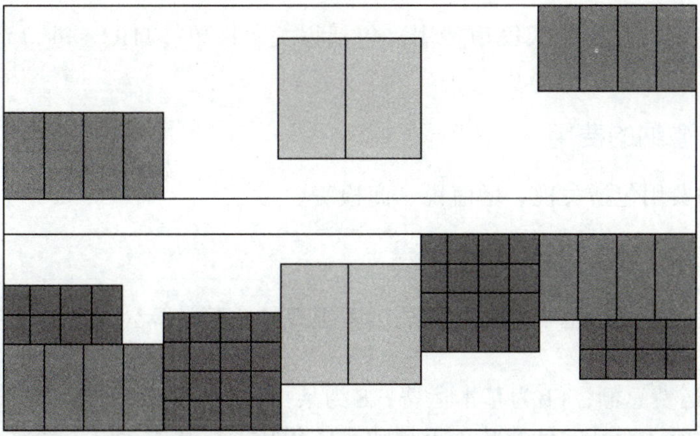

图3-2　拼箱货装配计划图

所需集装箱数量及类型：1 × 40 GP。

思考：拼箱公司该如何向货主收费？

任务四　海运散杂货报价计算

一、散杂货班轮运费构成

散杂货运输业务涉及费用不同，根据操作可能包含海运费、递载费、堆存费、港杂费、法定缴纳的费用等。

（一）海运费

海运费是不加任何附加费用的海运费用。根据散货船公司提供的不同费用标准，以货物的尺寸或重量计算海运费。

（二）递载费

递载费是指由于装卸所用的时间比允许的少，而由船东向租船人、发货人或收货人按事先约定的费率支付的款项。

（三）堆存费

堆存费（demurrage）也叫滞港费，一般是指在做大宗货物进出口时，由于卖方或买方没有按照租船合同约定的装卸率，按时完成装卸货物，致使承运的船舶延长在码头的停泊时间，按照租船合同的约定而获得的处罚性费用；或买卖双方未能将到港货物及时清关提货，到港货物在港区堆放时间，超出港区规定的时间而造成的费用。

（四）港杂费

港杂费是在港口发生的人民币费用，包括报关、换单、THC、港口费、提重、回空、掏箱等费用。

（五）法定缴纳的费用

法定缴纳的费用包括关税、增值税、商检费。

二、散杂货班轮运费计算

散杂货班轮运费是由基本运费和附加运费组成的，其计算公式为：

$$F = Fb + \sum S$$

式中，F 为运费总额；Fb 为基本运费；S 为某一项附加运费。

基本运费是所运商品的计费吨（重量吨或体积吨）与基本运价（费率）的乘积，即

$$Fb=R \times Q$$

◎练习

广西某公司出口一批货物到法国马赛，重量为 5 吨，体积为 7 立方米，单价为 CFR 马赛每箱 20 美元。已知该货物为八级，计算标准为 W/M（重量吨/体积吨），每计费吨运价

100 美元，另征收转船附加费 20%，燃油附加费 10%。请计算应收运费。

计算过程如下。

货物体积：M=7 CBM

货物毛重：W=5 t

因计费标准是 W/M，所以计费重量是 7FT

经计算

$Fb = 100 \times 7 = 700$（美元）

$\sum S = 700 \times (20\% + 10\%) = 210$（美元）

$F = Fb + \sum S$

$= 700 + 210 = 910$（美元）

因此，该批货物运输到法国马赛，需要支付 910 美元的运费。

三、散杂货操作流程

当客户咨询租船运输时，应向客户了解以下情况。

（一）接到客户询价

（1）运输方式：采用巴拿马型船还是好望角型船。

（2）发运港和卸货港。

（3）货物的品名和数量。

（4）装率和卸率。

（5）装港和卸港的吃水线。

（6）预计运输时间。

（7）客户单位名称、联系人、电话号码、电子邮件、传真号码等。

了解这些信息后告知船公司，货运公司会尽快报出租船的运费，以及在港口报关和代运的费用。

（二）了解用户装港和卸港的时间

在用户与货运公司签订运输代理及报关协议书后，根据船到达卸港的时间提前通知用户提供所需的全套报关单据复印件。

（三）进口报关的时限

自运输工具申报进境之日起 14 天内申报，若在出税单的 14 天内没缴纳税款，海关会征收滞纳金。

（四）报检、报关程序

报检程序：申请—验货—放行。

报关程序：申报—查验—征税—放行—结关。

（五）报检、报关单据

报检单据：报检委托书、报检单、合同、发票、国外的水尺计重单、品质证明书。

报关单据：报关委托书、报关单、合同、发票、重量单、商检通关单、保单、信用证复印件。

四、散货业务运费支付

租船运费的支付与合同的条款不一定同步，要根据与船东签订的租船合同而定。

（1）CIF和CNF条款：开船日付运费赎提单。

（2）FOB条款：开船后10日内付运费，或船到目的港后支付运费。

◎任务描述

2023年8月8日9时37分，业务员Susan收到客户来函。

有一批货物，从天津港运到加纳的特马港，贸易条款：CIF。

货物信息如下：

柴油自卸车，HS：8704230090，20台。

总重量：16 000 kg。

总体积：8.545 m × 2.496 m × 3.170m。

散货船可以吊装，可以接受放在甲板。

◎任务要求

请依据客户提供的出运货物信息给客户报价。

◎任务实施

步骤1：查看船公司海运费报价。

× × × ×船公司散货船报价清单

我公司散货船报价如下。

报价有效期：2025年8月1—30日。

海运费：USD58.50/m^3，FLT甲板；

USD53.50/t，FLT甲板。

港口人民币费用：

港杂费：CNY33.00/m^3，

CNY30.00/kg。

报关费：CNY200.00/票。

递载费：CNY300.00/票。

堆存费：CNY0.30/（天·m^3），免10天。

步骤2：计算海运费。

（人民币：美元6.8 ∶ 1，轻重货比率为1 ∶ 1，计算结果保留两位小数）

总体积：8.545 m × 2.496 m × 3.170 m=67.61（m^3）。

总重量：16000 kg=16 t。

由于67.61>16，该货物总体积数值大于总重量数值，所以按照体积重量收取费用。

海运费用：67.61 m^3 × 58.5CNY/m^3 × 6.8=CNY26895.26。

步骤3：计算港口其他费用。

港杂费：33CNY/m^3 × 67.61 m^3=CNY2231.13。

报关费：200.00CNY/票。

递载费：300.00CNY/票。

堆存费：0.30CNY/（天·m^3），免 10 天。

任务五　海运进出口陆运段业务报价

一、陆运供应商报价形式

在海运进出口过程中，海运两端都会涉及陆运运输。从工厂到装货港港口的运输通常称为“集港”，从目的港到目的地的运输，通常称为“配送”。两段陆运出现在两个不同国家，报价费用单位不同。另外，根据签订贸易术语的不同，陆运费用向不同的贸易方收取。通常陆运的报价按照整车货物和零担货物两种方式报价。

（一）整车货物

整车货物陆运运输，通常使用拖车运输、卡车运输、集装箱运输等多种方式。拖车运输是以集装箱作为运输单位进行货物运输的一种现代化运输方式。卡车运输一般按照车型收费，不同车型载重量不同，收费的标准也不一样。对于整箱货物陆运，有时会使用国内铁路运输，一般按照集装箱进行报价。

（二）零担货物

对于零担货物运输，按照货物的多少和货物运输要求进行计费，多票业务合并进行运输。

二、陆运报价业务

（一）整车运输报价

1. 拖车运输报价

给客户进行整箱货物陆运报价时，通常会根据供应商提供的报价，加上一定的利润来进行报价。供应商提供的报价通常有 Per Unit. 和 TEU 两种价单位，计算时需仔细斟酌；在计算时还应注意报价费用的单位，每个国家都会有不同的币值，给客户报价时注意换算的汇率。还要注意，供应商报价中是否有其他费用和要求，给客户报价时也要注明。

拖车运输报价样式如表 3-11 所示。

表 3-11　拖车运输报价表

价格 地区	20GP		40GP max.30.4 tons	40HQ max. 30.4 tons
	under 14.5 tons	over 14.5 tons		
广州市区	CNY850	CNY950	CNY1050	CNY1150
东莞	CNY1250	CNY1400	CNY1800	CNY1900
深圳	CNY1450	CNY1600	CNY2000	CNY1900

续表

价格 / 地区	20GP		40GP max.30.4 tons	40HQ max. 30.4 tons
	under 14.5 tons	over 14.5 tons		
佛山	CNY1500	CNY1650	CNY1800	CNY1900
惠州	CNY1800	CNY1900	CNY1950	CNY2050
江门	CNY1800	CNY1980	CNY2280	CNY2330

2. 卡车运输报价

按照车型报价，要注意车辆载重信息和车辆最大容积问题，如果是轻货应先看最大容积，如果是重货则先看载重要求。只要满足配载，根据城市到城市进行收费，里程数越大费用越高。而是否包含过路费、压夜费等，则要向客户明确总报价包含的费目。

卡车运输报价样式如表 3–12 所示。

表 3–12　卡车运输报价表

车型 TYPE	荷载重量（T）	荷载体积（CBM）	重货里程成本（CNY/T*KM）	轻货里程成本（CNY/M3*KM）
4.2 米厢车	3.00	12.00	1.12	0.40
6.2 米厢车	5.00	30.00	1.35	0.45
7.2 米厢车	8.00	45.00	1.45	0.48
9.6 米厢车	25.00	60.00	1.85	0.52
12.5 米厢车	28.00	80.00	2.34	0.61
12.5 米板车	28.00	85.00	2.51	0.81
17.5 米厢车	35.00	110.00	2.61	0.87
17.5 米板车	35.00	110.00	2.41	0.66

注：
1. 以上报价车辆均从广州南沙仓库派出。
2. 以上报价为税后报价，已含过路过桥费、押车、隔夜等费用。
3. 以上报价轻重货按 1 t 等于 3 m^3 划分。

（二）零担运输

零担运输供应商提供的报价单位通常有按照CBM区间价格和KGS 区间价格两种形式，根据货物的重量或体积选择一定的区间进行计算。在计算成本价之后，给客户进行报价时要注意公司规定的利润，每个公司规定不同，通常会有每票货物利润或者每箱货物利润。报价时应注意标明统一费用单位。

零担运输报价样式如表 3–13 所示。

表 3-13　广州—佛山零担运输报价表

<table>
<tr><th>货型</th><th>计费等级</th><th>单价</th><th>货型</th><th>计费等级</th><th>单价</th></tr>
<tr><td rowspan="5">重货</td><td>≤ 10 CBM（元/m³）</td><td>200.00</td><td rowspan="5">轻货</td><td>≤ 3 t（元/t）</td><td>540.00</td></tr>
<tr><td>10 ～ 30 CBM（元/m³）</td><td>185.00</td><td>3 ～ 8 t（元/t）</td><td>462.00</td></tr>
<tr><td>> 30 CBM（元/m³）</td><td>155.00</td><td>8 ～ 20 t（元/t）</td><td>429.00</td></tr>
<tr><td rowspan="2">起运费（元/趟）</td><td rowspan="2">200.00</td><td>> 20 t（元/t）</td><td>394.00</td></tr>
<tr><td>起运费（元/趟）</td><td>250.00</td></tr>
<tr><td colspan="6">注：
1. 以上报价起运时间计算方式：若车辆上午 10 点前（含）装车结束离开，则从当日 12 点开始计起运时间；若车辆上午 10 点后装车结束离开，则从次日凌晨开始计起运时间。
2. 以上报价为税后报价，已含过路过桥费、押车、隔夜、提送货、装卸货等费用。
3. 以上零担报价按“体积单价 × 实际货物体积或重量单价 × 实际货物重量数”计价（不足起运费时，按起运费计算）。
4. 以上报价轻重货按 1 t 等于 3 m³ 划分。</td></tr>
</table>

◎任务描述

某客户要从广州出口一批货物，希望某货运公司安排车辆，货物需要 6 个 40GP 集装箱。

装运工厂地址：东莞市天江区富强路 1 号。

联系人：陈经理（xx@163.com）。

电话：××××××。

要求提货时间：2025/1/18 11：00。

提货要求：提货时需提前一天打电话预约，预约电话为××××××。

车型要求：禁止用平板车和栏板车。

素材：广州程骏货运公司运输报价

表 3-14　广州—东莞—广州拖车报价表

<table>
<tr><th>线路</th><th>1 个 20GP 箱</th><th>2 个 20GP 箱</th><th>运输时间</th><th>单位</th></tr>
<tr><td>广州—东莞—广州</td><td>5560.00</td><td>6900.00</td><td>16 h</td><td>元/车</td></tr>
<tr><td colspan="5">注：
1. 1 个 40GP 普通箱运价与 2 个 20GP 箱相同。
2. 车型：12.5 米集卡拖车。
3. 运输截单时间为每日 16：00，16：00 以后的运输订单均在次日处理。
4. 以上报价为税后报价，已含过路过桥费、押车、隔夜、提送货等费用；如需拆、装箱服务，则单独收取 15 元/t 的拆、装箱费用。
5. 以上报价为从堆场提空箱后运往东莞工厂，再将重箱从工厂运送至码头的运输全过程。</td></tr>
</table>

表 3-15　广州市内短驳报价表

线路	单位	运输时间（小时）	1 个 20GP 箱	2 个 20GP 箱
仓库—空箱提箱点	元/车	1.00	521.00	660.00
仓库—重箱还箱点	元/车	2.00	626.00	788.00
铁路南翔北站—仓库	元/车	2.00	626.00	788.00
铁路南翔北站—重箱还箱点	元/车	4.00	626.00	788.00

注：
1. 1 个 40GP 普通箱运价与 2 个 20GP 箱相同。
2. 车型：12.5 米集卡拖车。
3. 运输订单截单时间为每日 16：00，16：00 以后的运输订单均在次日处理。
4. 以上报价为税后报价，已含过路过桥费、押车、隔夜、提送货等费用；市内短驳运输不提供拆、装箱服务。

◎任务要求

请结合素材给客户进行报价（公司要求每票货物利润为 50 元）。

◎任务实施

步骤 1：整理出运货物信息。

根据素材可知客户运输需求：6 个 40GP 集装箱；提货城市：东莞；目的地：广州。

步骤 2：运费计算。

运价：2 个 20GP 集装箱相当于 1 个 40GP 集装箱费用，即 6900 元。

运费计算：6 个 40GP 集装箱运费为 6900 × 6=41400（元）。

步骤 3：报价。

加利润：41400+50=41450（元）。

给客户的陆运段价格为 41450 元。

报价邮件如下：

陈经理：

您好！

根据您要出运的货物信息和运输信息，我公司核算成本后，报价为 41450 元。以上报价为税后报价，已含过路过桥费、押车、隔夜、提送货等费用；市内短驳运输不提供拆、装箱服务。有效期至邮件发送后 3 个工作日。

练一练

计算题

1. 天一进出口公司出口运动鞋 1000 箱到 Malaysia，每箱体积为 40 cm × 30 cm × 20 cm，毛重 30 kg。经查，该运动鞋的计费标准为 W/M，货物等级为 10 级。另外，到 Malaysia 还要加收 20% 的港口附加费。那么，天一进出口公司应付船公司多少运费？（费率见表 3-16）

表 3-16　费率表

货物等级 CLASS	基本费率					
	HONGKONG USD/FT	JAPAN USD/FT	SINGAPORE USD/FT	MALAYSIA USD/FT	THAILAND USD/FT	INDONESIA USD/FT
……	……	……	……	……	……	……
9	23.00	51.50	35.00	38.00	35.00	34.00
10	24.00	52.00	36.00	39.00	36.00	36.00
11	24.00	53.00	37.00	40.00	37.00	37.00

2. 从日本进口 1000 辆日产轿车，运价 USD100，写出总运费。

3. 我国向新加坡出口 100 公斤金属镑，价格 USD1200/KG CIF 新加坡，计费标准：Ad.Val=10%，问该批货物的运费是多少？

4. 宁波某公司对日本客户出口某种商品共 11 吨，按照散杂货运输，报价为每吨净重 FOB 宁波 1000 港元，后外商要求改报 CFR 大阪，经查该商品用木箱装，50 cm × 40 cm × 35 cm，每箱装货 22 千克，箱重 6 千克，计费标准 "W/M"，从宁波至大阪每运费吨运价为 25 美元，另收港口附加费 20%，请计算运费并重新报价（美元同港元的比率为 1 ∶ 7.8，一般改变价格术语时，不能改变报价币种）。

5. 出口商 A 公司委托货代 B 公司将一批人造纤维从广州黄埔港运往欧洲某港口，该票货物体积为 20 立方米、毛重 17.4 公吨，A 公司要求选择卸货港为 Rotterdam 或 Hamburg，这两个港口都是基本港，基本运费率为 USD80/FT，三个以内选卸港的附加费率为每运费吨加收 USD3，计费标准为 "W/M"。

思考：

1. 该货运代理 B 应向托运人 A 收取多少运费？

2. 如果改用集装箱运输，海运费的基本费率为 USD1100/TEU，货币附加费 10%，燃油附加费 10%。改用集装箱运输时，该托运人应支付多少运费？

3. 若不计杂货运输和集装箱运输两种运输方式的其他费用，托运人从节省海运费考虑是否应选择改用集装箱运输？

➡ 任务训练页

综合训练一　海运整箱货报价

一、训练目标

1. 掌握海运整箱运输的基础费用。
2. 能够按照客户需求计算报价并撰写报价邮件。
3. 能够按照要求填制报价明细。

二、任务情景

福建益达纺织品有限公司（以下简称“益达公司”）计划从福建宁德出口一批货物到日本东京（TOKYO），益达公司委托福建海通国际货运代理有限公司办理出口相关业务，并向其发送了本票业务的销售合同。

福建益达纺织品有限公司

FUJIANYIDA TEXTILE CO., LTD

NO. 18, North Wuxi Road, Gulong District, Fuzhou, Fujian, China

Tel：+86-591-55443322　　　Fax：+86-591-55443311

SALES CONTRACT

日期：Apr. 8TH,2025

合同编号：GFTGE21-B08

买方：TAKASHI OSKI CONTROL PLC LTD

NO. 2- 19 SHUMOKUCHO,HIGASHI WARD ,TOKYO, JAPAN

卖方：FUJIANYIDA TEXTILE CO., LTD

NO. 18, NORTH WUXI ROAD, GULONG DISTRICT, FUZHOU, FUJIAN, CHINA

This contract is made by and between the Buyer and the Seller, whereby the Buyer agree to buy and the Seller agree to sell the under-mentioned commodity according to the terms and conditions stipulated below：

Name Of Commodity & Specifications 商品名称及规格	Quantity 数量	Measurement 尺码	GW 毛重	Unit Price 单价	Amount（USD）总价
MELT-BLOWN CLOTH ［GYMB©KN95BH01］	900Cartons	40cm × 35cm × 30cm/ Cartons	18kgs each	56	50400.00
NON-WOVEN MASK（NON-MEDICAL）	200Cartons	56cm × 43cm × 45cm/ Cartons	15kgs each	2.16	64800.00

总金额：USD115,200.00（SAY U.S. DOLLAR ONE HUNDRED AND FIFTEEN THOUSAND AND TWO HUNDRED ONLY）

CPT TOKYO INCOTERMS 2010, AMOUNT & QUANTITY 10PCT MOLSOP.

1.包装：in cartons

2.装运时间：Middle of May. 2025

3.装运港：FUZHOU, CHINA

4.卸货港：TOKYO, JAPAN

5.转运及分装：Partial shipment and Transhipment are prohibited.

6.保险：to be covered by the buyer.

7.支付方式：100% of the total value will be paid by L/C at 30 days after sight.

8.装运通知：The seller shall advise by fax the buyers of the quantity, invoice value, gross weight, name of vessel and date of sailing within 2 days after the completion of the loading of the goods.

9.检验：The Seller shall have the goods inspected by 15 days before the shipment and have the Inspection Certificate issued by German Machinery I/E Inspection Corporation Guangzhou Branch. The Buyer may have the goods reinspected by Italy I/E Inspection Bureau after the goods arrived at the destination.

10.仲 裁：All disputes in connection with this contract or the execution thereof shall be settled in hong kong and English law applied.

11.其他条款：This contract is made in two originals, one original to be held by each party. The original pieces have the same law effect to each party.

买方签字　　　　　　　　　　　　卖方签字

TAKASHI OSKI CONTROL PLC LTD　　　　FUJIANYIDA TEXTILE CO., LTD

需要的素材如下。

1.集装箱信息

集装箱信息见表 3-17。

表 3-17　集装箱信息表

集装箱类型	长 × 宽 × 高（m）	载重（t）
20GP	内部尺寸：5.867 × 2.330 × 2.350 外部尺寸：6.058 × 2.438 × 2.591	21.00
40GP	内部尺寸：11.998 × 2.330 × 2.350 外部尺寸：12.192 × 2.438 × 2.591	26.82
40HQ	内部尺寸：11.998 × 2.330 × 2.655 外部尺寸：12.192 × 2.438 × 2.896	26.61

2.各船公司报价

船公司报价见表 3-18。

表 3-18　船公司报价表

CARRIER		ONE	WAN HAI	CMA	OOCL
SERVICE		CJT	JCV	CJK	CIX3
POL		FUZHOU	FUZHOU	FUZHOU	FUZHOU
POD		YOKOHAMA	YOKOHAMA	YOKOHAMA	YOKOHAMA
O/F（USD/CONTAINER）	20GP	460	510	450	430
	40GP	870	900	830	790
	40HQ	870	900	830	790
DOC FEE（CNY/BL）		300	400	300	400
EIR（CNY/CNTR）		50	50	50	50
JPCIC（JPY/CNTR）	20GP	2500	2500	2600	2500
	40GP	5000	5000	5200	5000
	40HQ	5000	5000	5200	5000

续表

FAF（USD/CNTR）	20GP	240	250	250	260
	40GP	480	500	500	520
	40HQ	480	500	500	520
YAS（CNY/CNTR）	20GP	160	150	160	120
	40GP	360	300	360	240
	40HQ	360	300	360	240
AFR（USD/BL）		30	35	30	30
TELEX RELEASE（CNY/BL）		350	300	400	300

注：
1. 集装箱数量少于 6TEU时，报价增加 25USD/TEU；
2. 集装箱数量大于或等于 6TEU时，报价增加 15USD/TEU；
3.1USD=6.8CNY，1JPY =0.06 CNY；
4. 报价有效期到 2025 年 6 月底。

3.货代公司服务费

FUJIAN SEAWEALTH FREIGHT FORWARDING CO., LTD.FUZHOU OFFICE

SERVICE CHARGES FROM FUZHOU

Ⅰ. PORT HANDLING

1. TERMINAL HANDLING CHARGE：RMB750/20GP，RMB900/40GP，RMB1000/40HQ

2. VGM：　RMB250/CONTAINER

3. SEAL FEE：　RMB80/CONTAINER

Ⅱ. CUSTOMS CLEARANCE

1. CUSTOMS CLEARANCE FEE：RMB300/BL

2. INSPECTIN AND QUARANTINE：Charged according to actual occurrence

3. CUSTOMS INSPECTION FEE：Charged according to actual occurrence

Ⅲ. OTHER CHARGES

1. SWITCH BILL：RMB200/BL

2. WAREHOUSE/INSURANCE/DETENTION ETC Charged according to actual occurrence

Remarks：The quotation is valid from 1st/jan 2025 to 30th/jun 2025.

福建海通国际货运代理有限公司福州分公司

FUJIAN SEAWEALTH FREIGHT FORWARDING CO., LTD.FUZHOU OFFICE

Tel：+86-591-23304444　Fax：+86-591-23305555

4. 拖车费

福州江阴新港（FUZHOU）拖车报价见表 3-19。

表 3-19　福州江阴新港（FUZHOU）拖车报价表

地区＼价格	20GP,single		20GP*2（pair container）	40GP 40HQ
	under 14.5tons	Over 14.5tons		
福州市区	CNY810	CNY910	CNY1520	CNY1110
福鼎	CNY900	CNY950	CNY1450	CNY1120
宁德	CNY950	CNY1050	CNY1550	CNY1200
莆田	CNY1060	CNY1120	CNY1720	CNY1620
南平	CNY1100	CNY1150	CNY1780	CNY1650
三明	CNY1260	CNY1320	CNY1820	CNY1700
龙岩	CNY1550	CNY1600	CNY2350	CNY1850

注：
1. 该报价有效期从 2025 年 1 月 1 日至 2025 年 6 月 30 日。
2. 以上拖车运费不含异地提柜费/税务发票税金（异地提柜每柜加收 200 元）。
3. 因工厂原因造成车辆压夜的，按每夜 RMB600 元/柜收取压夜费。
4. 因工厂原因造成车辆返空的，按去价的 80% 收取返空费。

三、工作任务

请为福建海通国际货运代理有限公司制作精确的报价表。

四、任务实施

步骤 1：计算集装箱数量。

集装箱类型	集装箱数量	货物名称	每箱装货数量

步骤 2：不同船公司成本核算。

承运公司	ONE	WAN HAI	CMA	OOCL
SERVICE	CJT	JCV	CJK	CIX3
成本（CNY）				

步骤 3：填制报价表

一、报价信息						
有效期						
产品名称		货源地			毛重	
装货港		目的港			最终目的地	
贸易术语		体积			集装箱数量	
二、费用信息						
费用项目	收费单位	单价			费用总额（CNY）	备注
		20GP	40GP	40HQ		1USD=6.8CNY
1.海运服务						
O/F	USD/箱					
DOC FEE	CNY/票					
EIR	CNY/箱					
JPCIC	JPY/箱					
FAF	USD/箱					
YAS	CNY/箱					
AFR	USD/票					
TELEX RELEASE	CNY/票					
小计						
2.货代服务						
VGM 申报费	CNY/箱					
封志费	CNY/箱					
发货港码头操作费	CNY/箱					
小计						
3.通关服务						
检验检疫服务费	CNY/票					发生即收，300CNY/票
报检服务费	CNY/票					发生即收，非法检货物收取 300CNY/票；法检货物 5 个品名以下收取 300CNY/票，每增加 5 个品名加收 60CNY/票（不足 5 个品名时按 5 个计算）

续表

报关服务费	CNY/票			5个品名以下时收取300CNY/票，每增加5个品名加收60CNY/票（不足5个品名时按5个计算）
查验服务费	CNY/票			发生即收，300CNY/票
小计				
4.拖车费				
拖车费	CNY/箱			实报实销
小计				
5.其他费用				
滞箱费	CNY/箱			实报实销
坏污箱费	CNY/箱			实报实销
掏箱费	CNY/箱			实报实销
小计				
总计				

注：1.当前不发生或实报实销的费用填“×××”；
2.结果保留两位小数；
3.装箱时保持货物正面向上。

五、任务评价

班级		任务名称		姓名		
学号		海运整箱货报价		组别		
评价项目	评价标准	小组自我评价（20%）	交互评价（30%）	教师评价（50%）	分值	得分
职业能力	团队合作、分工明确。				10	
	有独立工作能力，完成质量好。				10	

续表

班级		任务名称		姓名		
学号		海运整箱货报价		组别		
评价项目	评价标准	小组自我评价（20%）	交互评价（30%）	教师评价（50%）	分值	得分
专业能力	集装箱数量计算正确得 10 分				10	
	根据集装箱的数量计算船公司的成本，每正确一个得 5 分，共 20 分				20	
	多个船公司之间选择船公司正确，得 5 分				5	
	报价表中运费每计算错误 1 个扣 3 分，扣完为止				45	
个人总结与反思				成绩合计	100	
				指导老师综合评价		

综合训练二　海运拼箱货报价

一、训练目标

1. 能够识别货物能否进行拼箱操作；
2. 能够合理安排货物拼箱配载；
3. 能够按照客户需求核算费用并制作报价表。

二、任务情景

新元实业（上海）有限公司近期有一批货物需要从德国进口到上海，希望货代琳达能够提供一份基于EXW的LCL报价。客户提供的装箱单如表 3-20 所示。

表 3-20　装箱单

<table>
<tr><td colspan="2">TO：
Xyuan Industrial (Shanghai) Co. Ltd
Yanghebei rd.no.80
CN-201615 Shanghai</td><td colspan="2">LINDEY GMBH & CO.
LORENZSTR.2
76275 ETTLINGEN GERMANY</td></tr>
<tr><td colspan="4">DELIVERY NOTE
3241393 dated 25.08.23</td></tr>
<tr><td colspan="2" rowspan="2">To o/comm.no.2002020,your order：F01706027</td><td>Pos.1</td><td>Dated:04.07.23</td></tr>
<tr><td>282</td><td>pc (s)</td></tr>
<tr><td colspan="4">damping element HZTL454293P0175
microfibre inlet anthracite with cover felt black</td></tr>
<tr><td>Packing：</td><td colspan="3">1 one way pallet 120cm × 80cm × 120cm
1 one way pallet 120cm × 80cm × 120cm
1 one way pallet 120cm × 80cm × 120cm
1 one way pallet 120cm × 80cm × 120cm
1 one way pallet 120cm × 80cm × 120cm</td></tr>
<tr><td colspan="4">Gross weight：356.9kg net weight：199.9kg</td></tr>
<tr><td colspan="2" rowspan="2">To o/comm.no.：2002021,your order：F01706027</td><td>Pos.2</td><td>dated 04.07.23</td></tr>
<tr><td>190</td><td>pc (s)</td></tr>
<tr><td colspan="4">damping element Pos.P0170
A170-L,Zng.HZTL454293
microfibre inlet anthracite with cover felt black</td></tr>
<tr><td rowspan="2">Packing：</td><td colspan="3">1 one way pallet,120cm × 80cm × 185cm</td></tr>
<tr><td colspan="3">1 one way pallet,120cm × 80cm × 125cm</td></tr>
<tr><td colspan="4">Gross weight：110.0kg net weight：58.0kg</td></tr>
<tr><td>terms of delivery：</td><td colspan="3">ex works Ettlingen
ref.Incoterm 2010</td></tr>
<tr><td>Delivery address：</td><td colspan="3">Xyuan Industrial (Shanghai) Co. Ltd
Yanghebei rd.no.80
CN-201615 Shanghai</td></tr>
</table>

三、工作任务

根据以上任务情景，为琳达制作拼箱货报价单。

四、任务实施

填制报价单

报价单（min-selling）

LCL DE 76275 --SHANGHAI　　　total CBM:

运输条款：EXW　　　GW KG:

1. Origin Charge

Service project	LCL (EUR)	Unit	总价 (EUR)	Remark EUR/CNY: 7.8
Port of shipment miscellaneous	750	每车次		货物可重叠，含提货费
Customs clearance fee	55	每票		
BL Fee	50	每BL		
VGM	30	每BL		
TOTAL				

2. The sea freight　　　HAM-SHA

Service project	LCL (USD)	Unit	总价 (USD)	Remark EUR/CNY: 6.9
The sea freight	32	CBM		MIN 1CBM
TOTAL				

3. Port of destination to point of arrival　　　POD: Shanghai

Service project	LCL (CNY)	Unit	总价 (CNY)	Remark
D/o fee	424	每票		
Customs declaration and inspection fee	600	每票		
Tally fee	150	每票		
Distribution fees CFS	140	cbm		MIN CNY420
Warehouse pick-up service charge	150	cbm		MIN CNY450
THC	25	cbm		MIN CNY75
Shanghai delivery charge	900	每车次		
TOTAL				
总价（CNY）				

五、任务评价

<table>
<tr><td>班级</td><td></td><td colspan="2">任务名称</td><td>姓名</td><td colspan="2"></td></tr>
<tr><td>学号</td><td></td><td colspan="2">海运整箱货报价</td><td>组别</td><td colspan="2"></td></tr>
<tr><td>评价项目</td><td>评价标准</td><td>小组自我评价（20%）</td><td>交互评价（30%）</td><td>教师评价（50%）</td><td>分值</td><td>得分</td></tr>
<tr><td rowspan="2">职业能力</td><td>团队合作、分工明确</td><td></td><td></td><td></td><td>10</td><td></td></tr>
<tr><td>有独立工作能力，完成质量好</td><td></td><td></td><td></td><td>10</td><td></td></tr>
<tr><td rowspan="2">专业能力</td><td>计费重量计算正确得 10 分</td><td></td><td></td><td></td><td>10</td><td></td></tr>
<tr><td>报价表填制正确每空 3.5 分，共计 70 分</td><td></td><td></td><td></td><td>70</td><td></td></tr>
<tr><td rowspan="2">个人总结与反思</td><td colspan="3" rowspan="2"></td><td>成绩合计</td><td>100</td><td></td></tr>
<tr><td>指导老师综合评价</td><td></td><td></td></tr>
</table>

项目四

国际货代海运业务操作

➡任务目标

◇ 知识目标	1.熟悉不同船公司的订舱模式，能操作不同航线的订舱业务； 2.熟悉集装箱码头，熟悉装箱方式及注意事项，能填写设备交接单； 3.熟悉报关报检流程，熟悉报关报检所需要的单据； 4.了解提单的种类，理解提单的内容； 5.了解货物跟踪的方式，熟悉货代操作中的各项费用，了解结算费用的流程； 6.掌握不同类型货物装箱事项； 7.掌握提单的缮制，理解电放的概念； 8.学会船舶到港前的资料准备，能够在船舶到港后进行提货。
◇ 能力目标	1.能够填写订舱单，与业务部门做好衔接； 2.根据客户要求，设计符合需求的运输方案； 3.能够编制提单，并做好费用结算； 4.能够根据客户需求，进行提箱做箱作业。
◇ 思政目标	1.培养学生的专业性、责任心等职业素养； 2.培养学生的创新思维； 3.强化安全责任意识。

➡任务情景

货代琳达向客户李响报价后，出于对琳达的信任，李响很快发来了委托邮件，邮件中还包含了销售合同、发票及装箱单。

卸货港：意大利港口

品名：CHIP SHOOTER

数量：2880 cartons

包装：One set in one carton, keep upright.

尺寸：39 cm × 58 cm × 62 cm
净重：50 kgs
毛重：55 kgs
贸易术语：DAP
装运要求：ETA POD not later than 7th/Nov.2025 due to customer demand.
提货地址：中国广东省江门市广安江路 1 号

➡ 任务驱动

根据以上任务情景，假如你是琳达，你会怎样为客户代理出口操作业务？

➡ 相关知识

任务一　国际货代营销与报价

货代服务的销售，是指货代公司从船东市场取得运输代理服务资格后，就要想办法把这些服务卖出去，才能形成企业的利润。这里所指的“销售”具体来说是指开发和维护稳定的发货人和收货人，通常面对的是国际进出口贸易公司、外贸行业，向他们销售货代服务，由此谋取利润。国际货代企业服务的销售，实际上就是一个揽货、货代合同磋商与签订合同的过程，而这些工作通常都是由国际货运代理企业的业务部门来完成的。

一、认知揽货业务

揽货（Canvass），顾名思义就是招揽货源的意思，是指国际货运代理企业通过一定的营销手段争取对货物的承运权，以期获得最好的经营效益的行为，所以也称为揽载。

揽货有广义和狭义之分。狭义上指，货运代理公司的业务人员到货主单位进行业务联系，承接进出口货物运输工作。从广义上看，货运代理公司所做的各种宣传，包括广告宣传、传送船期表、电话咨询、网站发布、信息咨询等都是揽货活动。揽货业务是货代公司重要的业务环节，也是第一个业务环节。

国际货运代理企业服务的一切来自货物的承揽，有了货物的承运权才有国际货运代理业务的开始。如果没有货源，货代公司就没有经营活动，就谈不上对货运代理业务的管理。因此，各货代公司都把货源作为自己业务的争夺对象。货代公司从揽货开始，直到把货物完全、无误地运送到目的地，要经历许多业务环节。揽货和货运操作的成功与否，取决于货代公司的实力、素质和服务态度。这种综合能力决定货代公司在市场竞争中的优与劣。

（一）认知揽货员和业务部门的职能

揽货员（Canvasser），按行业习惯通常被称为业务人员或业务代表，而其所在部门则称为业务部。

一方面，国际货代企业的一切市场营销活动都以增加货源为目标，揽货成绩直接关系企业的兴衰存亡，其重要性不言而喻。另一方面，企业是个整体，揽货员就像一个冲锋陷阵的骑兵，旨在争取核心客户群。要赢得客户信任及建立长久的伙伴关系，业务部门所发挥的作用非常重要。"人人都是揽货员"的说法不无道理。揽货员的收入一般是基本工资加业务提成。

国际货运代理公司其他部门都是为业务部服务的。当然业务部的具体名称会因公司而异。如中远国际货运有限公司设置了市场部，并把特别运输组织方式的业务分离出来分别设置成多式联运部和拼箱部；华运国际物流集团虽然设置有业务部，但它把具有相同特征的业务集中为另外三个部门：整箱市场部、拼箱市场部和海外部。

（二）国际货代企业开发客户的方式及特点

一般而言，国际货代企业在招揽货源、开发客户（货主）方面主要运用以下方式。

1.人员揽货

人员揽货是指国际货运代理企业利用揽货员推销服务产品，这是国际货运代理企业与客户建立业务联系，取得客户信任的一种最有效的方式之一，但它并非揽货的全部。其特点是揽货员可以同客户直接接触，信息双向传递，揽货员可以根据客户的态度反应及时调整营销策略，并准确了解客户的真实需求。有利于揽货员与客户培养感情、增进友谊，便于企业与客户建立长期稳定的业务联系。

2.广告宣传

国际货运代理企业可以通过网络、杂志、报纸、电视、广告牌或各种流动载体等形式向目标客户传递企业的产品、商标、服务、企业文化等信息。广告可以促进客户和公众对国际货运代理企业及其服务的认识，同时能够提高企业的知名度，加快揽货速度，是企业品牌策略的一部分。其优点是可以在揽货员到达前或到达不了的地方宣传企业和服务产品，传递服务信息。

3.销售促销

为了正面吸引有需求的客户而采取的各种促销措施，包括有奖销售、点数赠送或优惠折扣、路线折扣或货类折扣、推广会等，其共同特点是可以有效吸引客户或使客户转换代理，因而促销的短期效果显著。

4.公共关系

公共关系是指为了使公众理解企业的经营方针和让经营策略符合公众利益，并有计划地加强与公众联系、建立和谐的关系、树立企业信誉的一系列活动。其特点是不以直接的短期促销效果为目标，通过公共关系的宣传报道使潜在客户对企业及其产品产生好感，并在社会上树立良好的企业形象。

广告宣传、销售促销、公共关系是吸引上门客户的重要手段，许多指定货（Nomination Shipment）的来源是因为客户慕名而来，买方会提供货物供方的名称、联系人、电话和地址。企业的知名度提高了，也使企业的柜台推销和会议推销更加方便。

知识拓展

货源信息收集的渠道

在信息时代，每个揽货员应该学会在浩瀚的信息中查寻到有用的货源资料。货源资料包含客户名称、联系电话、地址、客户简介等，如果有公司网页、E-mail、部门负责人联络方式等将更有帮助。

（1）电话簿。电话簿因其常用黄纸印制俗称黄页，对揽货员有用的是目标货源区的黄页。

（2）互联网。充分利用无国界的互联网，查找合适的货源企业，特别是一些专业网页，如香港付货人委员会网、中国外经贸企业网、中国企业网、中华大黄页网等；目标货源区的企业网最重要。

（3）商场。揽货员从各大商场、百货公司收集资料，包装盒上生产厂家的地址、网址、联络电话是最新、最可靠的。这些资料加强了揽货员对产品形状、体积、重量等方面的感性认识，对揽货员的算箱、船务人员的配载有很大的帮助。

（4）海报、报纸、电视等各种媒体。外贸工厂和外贸公司从来不会刊登需要国际货运代理的广告，揽货员要像情报人员善于从公开的信息里找到有用的资料，许多看似无关的资料在有经验的揽货员的眼里可能是十分有用的。如一则急聘销售人员的广告，可能传递该外贸企业处在高速增长期或企业处在销售旺季或是产品推广期的信息，对国际货运代理企业来说就是该企业有更多的货物运往世界各地，也许以往的国际货运服务已经满足不了该企业的要求。

（5）各种会展。展销会、交易会或博览会等各种会展往往万商云集，这些会展不仅是外销员的战场，也同样是国际货运揽货员的战场。因为交易的双方就是国际货运代理企业的直接委托人。会展上散发的大量的宣传资料是货物信息的最好载体，是揽货员研究货物运输方式、判断货物销售季节的分析资料。如果潜在客户在场，揽货员要及时为自己公司的国际货运代理服务作推介。

（6）社会关系、业务关系网。社会关系是揽货员重要的货源来源，多参加一些社会交际活动，如同学会、同乡会、某某协会等，在这些聚会上可以认识许多合作伙伴。

货源信息也可以来自老客户的引荐，或把其竞争者或相关产品公司纳入潜在客户。相关业务单位，如报关行、拖车行、码头公司、仓储公司、海关、出入境检验检疫局、税务局、外汇管理局等单位的客户同样也可能成为本企业的客户。

资料来源：陈彩凤.国际货运代理［M］.北京：北京交通大学出版社，2010.

二、国际货代企业的营销策略

（一）影响货主选择的基本因素

1.运价

运价是货主选择国际货代企业时考虑的主要因素。中国产品的出口市场多年来是买方市场，一个国外买家出现时往往有十几个国内卖家在报价，而一个国内卖家又会有十几家国际货代企业来承揽货运业务。企业间的激烈竞争导致它们主要靠拼价格抢占市场，在其他影响因素不变时，运价决定着国际货代产品的市场需求。客户选择国际货代企业时，首先考虑的就是运价。在目前国际货代企业同质化竞争严重的情况下，国际货代企业要想取得竞争优势，必须放弃单一的价格策略，采用差异化策略。

2.服务质量

服务质量是货主选择国际货代企业时考虑的第二个重要因素。货主在服务质量方面考虑的主要因素如下。

（1）航线与船期的密度是否可以满足托运人的出货时间要求；

（2）航行时间的长短，较短的在途时间可以降低交易风险；

（3）船舶、集装箱等设施设备是否先进；

（4）货运单证制作的质量。

3.社会文化

社会文化因素有时也是货主选择国际货代企业时考虑的重要因素，比如，有的货主排斥外国船，有的货主因为不喜欢某货运公司的企业文化而排斥该货运公司。

（二）货代营销策略

1. 深入了解目标市场

货代企业在进行营销之前，需要深入了解目标市场。这包括目标市场的政策法规、消费习惯、竞争对手等方面的信息。只有深入了解目标市场，货代企业才能更好地制定营销策略，找到切入点，避免盲目进入市场而导致失败。

2. 建立稳固的国际物流网络

国际货代营销离不开高效的国际物流网络。货代企业需要建立稳固的国际物流合作伙伴关系，确保货物能够快速、安全地运抵目的地。同时，优质的物流服务能够提升货代企业在国际市场的竞争力，为客户提供更好的服务体验。

3. 提供定制化的物流解决方案

针对不同的客户和市场需求，货代企业需要提供定制化的物流解决方案。这包括根据客户的需求，为他们提供适合的运输方式、时效和服务。通过提供定制化的物流解决方案，货代企业能够更好地满足客户需求，提升客户满意度，从而在国际市场上获得更多的业务。

4. 加强品牌建设和营销推广

在货代营销过程中，货代企业需要加强品牌建设和营销推广。这包括建立国际化的品牌形象，提升品牌知名度，以及通过各种渠道进行营销推广，包括展会、网络营销、合作推广等。通过加强品牌建设和营销推广，货代企业能够更好地吸引目标客户，提升企业在国际市场上的竞争力。

5. 关注客户体验和售后服务

在货代营销过程中，货代企业需要关注客户体验和售后服务。优质的客户体验和售后服务能够帮助企业赢得客户的信任和忠诚度，为企业带来更多的商机。因此，货代企业需要不断优化客户体验，提升售后服务水平，以赢得客户的长期支持。

知识拓展

货代营销注意事项

1.接触前的准备

（1）与客户初次电话沟通

通过一定的方式（电话、E-mail、QQ、MSN等）和有意向的客户交流，了解到货运要求后，马上电话联系客户。联络过程中要学会绕过守门人（Gate Keeper）找出货运决策关键人（Decision Maker），以提高交易成功概率。在实际揽货时可以这样提问："请问贵公司是谁在负责进出口货运?"

（2）进一步了解客户要求

了解客户要求是很重要的一个环节，向关键负责人介绍公司服务流程和谈论出运要求，不要把时间浪费在无关人员或说不清楚的下属人员身上，应具体询问以下细节。

①货物的目的或来源国家、出货时间，是否指定货。

②货物性质：数量、品名、价值、包装，是否是危险品（注意危品级别）或特种货物，监管证件要求及特殊保管要求。

③运输方式：海运、空运、汽运、铁运等。

④时限要求：特别是国际速递要问清楚。

⑤操作质量要求：货差率、货损率、接货及时性、包装等。

⑥财务要求：付款方式、保险、发票、代收款等。

当客户问到一些业务员不明白的具体操作问题，要根据对方语气来判断客户的耐性，耐性较好的可以请他稍等；耐性较差的跟他说待会回复他，记得请客户留下电话、姓氏等联系要素。一放下电话马上请教相关部门人员或资深业务员，在尽可能短的时间内回复。如果客户没有时间在电话里同你谈以上细节，把这些内容留到见面时谈。

（3）业务报价

业务员不但要求报价准，也要对市场行情随时了解，对于自己没有的价格要善于向同行询价。

按对象不同，报价可分为直客报价、同行报价、网络报价。

按环节划分，报价可分为分项报价与全包价（如多式联运报价）。分项报价对各环节如海运、空运、驳船、拖车、报关、报检、仓储、保险等分别计费；全包价中分为整箱价和散货价。

按公司价格管理层次不同，报价分为底价（或称成本价）、对外标准报价、合同客户报价。各种服务的底价管理是由业务主管负责，有的公司也专设市场价格员来负责；特殊价格或同行报价就需要由这些负责人来决定，普通业务员无权决定。

报价内容包括运杂费、船期或航班、运价走势等。不同的客户，报价方式不同价格也会不同。报价必须慎重，同时需要灵活发挥，看情况报价，注意客户的出价并存档。合适的报价是从竞争对手手中"抢"客户的重要手段之一。业务员在应付客户的询价时对市场价、公司底价、报价方式及佣金给付方式要相当清楚。大部分公司都会给不同等级业务员一个谈价的幅度，第一次报价要留有余地，可以是试探性的，为面谈做好铺垫。

2. 业务洽谈

业务洽谈是整个揽货工作的核心内容，直接关系到揽货的成败。因此每位揽货员都应高度重视洽谈的技巧和艺术性。和直客及同行洽谈的技巧是有很大区别的，揽货员应根据客户的具体情况做出具体分析，灵活机动地搞好洽谈。首先，揽货员在同客户的商谈中要善于把握谈话的气氛，及时调整自己，注意得体的称呼、穿着，礼貌的举止和交谈距离。融洽的谈话就算成功了一半，幽默的揽货员往往较受欢迎。揽货员要善于倾听，注意对方肢体语言，如表情、姿势，适时地给予回应。通过交谈可以知道客户关心的是什么，这是得到客户信息的重要途径。揽货员要善于把握关键点，如优惠的运价、通关能力、良好的服务、信用等。其次，要懂得必要的告辞，不要浪费在不必要的谈话上。不易于应付的客户实际上并不热衷与你合作，但也不要轻言放弃，一次的面谈并不能说明一切，每隔一段时间就应找机会和客户电话沟通或登门拜访，感情投入有助于客户在将来需要的时候想到你。客户主动表示有兴趣的例子是极为稀少的，揽货员通常需要向准客户提出交易，才有望成功。假如在揽货过程中，揽货员没有抓住客户意愿，错过交易机会，所做的一切工作便白费了。

资料来源：陈彩凤.国际货运代理［M］.北京：北京交通大学出版社，2010.

任务二　订舱

一、订舱

（一）订舱概念

订舱是指货物托运人（shipper）或其代理人根据其具体需要，选定适当的船舶向承运人（班轮公司或其营业机构）以口头或订舱函电进行预约舱位装货、申请运输，承运人对这种申请给予承诺的行为。

订舱单上通常会有货名、重量及尺码、启运港、目的港、收发货人、船名等内容。承运人对这种申请（预约）给予承诺后，就会在舱位登记簿上登记，即表明承托双方已建立了有关货物运输的关系，并着手开始货物装承运的一系列准备工作。

（二）订舱方式

1. 在线订舱和离线订舱

在线订舱也称为电子订舱（E-booking），它可以提供给客户一个交易平台，通过电子数据交换（EDI）或互联网等把客户的询价和服务供应商的报价在网上进行对接使双方达成交易。方法：登录船公司的电子订舱系统，填写订舱单，等待船公司确认，并将准确无误的订舱单与托运人确认。具体可参见图 4-1。

离线订舱主要是通过电话、传真或者 E-mail 等途径实现的。也有船公司填写纸质订舱单。

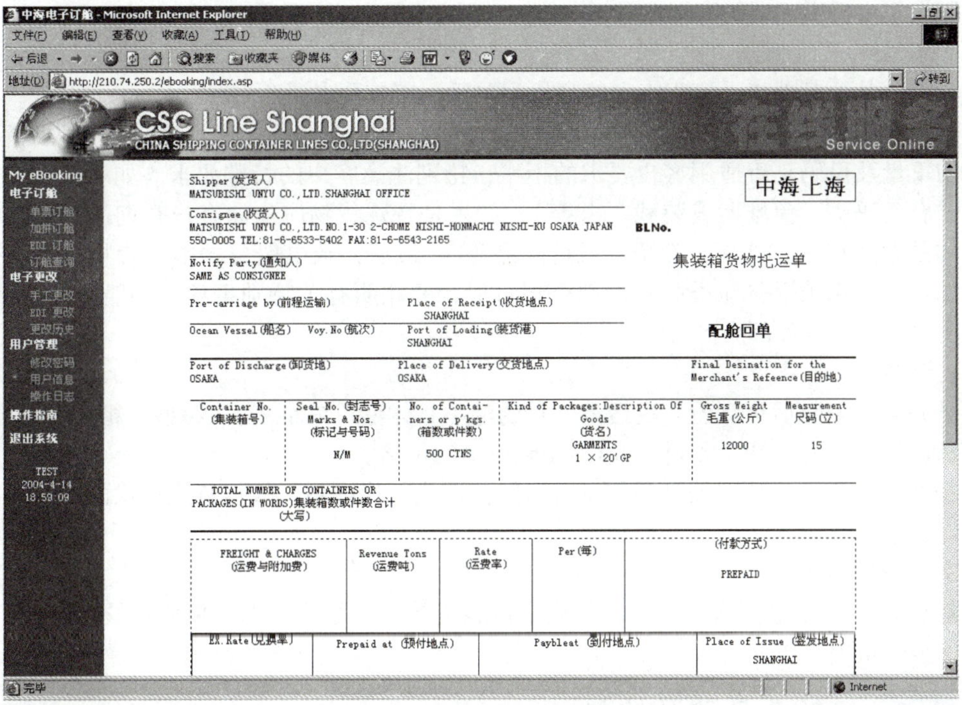

图 4-1　某船公司电子订舱界面

2. 向同行订舱和向船东订舱

向同行订舱包括以下情况：当客户指定船东，但该船东并非本货代公司的合作伙伴时；当本货代公司所有自有船东的货柜用完，排不下时；当客户船期需求与本货代公司自有船东船期不符时；当揽到的是非航线货物时。

除了以上情况需要向同行订舱，其他均可向船东订舱。

订舱以价格优先、航线好为宗旨，选择有优势的船东或货代订舱。通常在旺季或高峰期舱位紧张时，可提前两周左右向船东预订舱位，无须确定货物的明细，只需预报舱位数和船期即可。

知识拓展

向船东订舱需要注意以下几点：该船东的航线是否有货主所述的目的港；是否可以接超重柜；是直航还是中转船，在哪里转；几天可以到达目的港；该航次挂靠哪些码头，该航次舱位是否紧张，是否可以保证舱位。

若货主指定船东，还应在订舱前确认以下几个问题：在出提单时，是否要改 shipper 或其他资料；在货主有要求的情况下，是否可以申请目的港免柜期；提单签发是 MB/L（船东提单）还是 HB/L（货代提单）。

（三）订舱流程

货运代理业务员每一单订舱面对的可能是不同的船东或船代，因此，可以根据各家不同的操作规定提供不同的海运服务。

1.审单

操作部从业务部接手流程卡和客户托运单后，审核两者是否一致。

进行订舱前，还要检查以下事项：仔细阅读客户的委托单；审核货物是否为危险品，货物的重量及尺码是否适用客户要求的柜型；特别注意客户的特殊要求（如船证、信用证船期、启运码头、免堆期或装载要求等）；如果是特殊货物应先向客户查询清楚货物的特征（如是否超重货、食品、冷藏货或危险品等）。最后，致电船公司落实货物托运可否接受。如可行，则填写订舱委托书向船公司订舱，并注明有关特别事项；如船公司不接受，则注明原因退回业务部。

2.订舱

备齐以下资料后可订舱：启运港、目的港（具体港口或堆场）、箱型、箱量、船公司、截关日、货物品名；PP（预付）或CC（到付）的价格。

操作部与客户确认相关必要信息后与船公司或船代联系，根据货主提供的信息，准确填制订舱单。

3.放舱

船公司在订舱单上确认舱位，货代取得装货单（订舱确认书，也要审核）。无误后准备下一步的报关工作。

二、订舱业务涉及的单证

（一）托运单

托运单（Booking Note，B/N），也叫订舱申请书，是出口企业向货运代理申请租船订舱的一张单据，是日后缮制提单的主要依据。如果缮制错漏，就会影响结汇单证的正确制作，从而影响安全结汇。

1.订舱单的内容和填写要求

订舱单由托运人填写，并对所填写的内容负责。

（1）订舱单是承运货物、安排运输和制作舱单的依据，各项内容必须认真填写。

（2）货物的各项资料包括件数、货名、重量、尺码等必须填全。

（3）运费与附加费栏，需认真填写金额，如有协议或合约，则加填协议号或合约号，请勿空白。

（4）订舱单中的船名和航次是在承运人同意承运后，由承运人填写，然后返还给托运人的。所以托运人第一次填写时，此处空白即可。

2.样式

“十联单”的前两联就是订舱联单，因其格式与装货单、场站收据以及提单的格式基本一致，有的货代公司一般只要求发货人按此格式提交相关信息。现在，传统“十联单”已基本不再使用了。如果货主用自己的格式也可以，只要申报内容全面、清楚即可。

订舱单没有统一的格式，不同船公司有不同的版式设计。如果直接向船公司订舱，则一般采用电子订舱的方式。但货主需要注册，并登录到船公司的网站，通过订舱模块，提交订舱信息，然后等待船公司的回复。如果通过货代代为订舱，则只需向货代提供订舱所需的信息，没有格式的要求，具体可参考表 4–1。

表 4–1　托运单样本

托运单 /BOOKING ORDER

<table>
<tr><td colspan="7">TIPS: when choose your answer, please use √</td></tr>
<tr><td>Shipper:</td><td colspan="6"></td></tr>
<tr><td>Consignee:</td><td colspan="6"></td></tr>
<tr><td>Notify Party:</td><td colspan="6"></td></tr>
<tr><td>1. Port of Loading</td><td></td><td colspan="2">2. Port of Discharge</td><td colspan="2"></td><td></td></tr>
<tr><td>3. Booking Vessel</td><td></td><td colspan="2">4. Voyage</td><td colspan="2"></td><td></td></tr>
<tr><td>5. Ocean Carrier Name</td><td></td><td colspan="2">6. ETD Date</td><td colspan="2"></td><td></td></tr>
<tr><td>Marks & Nos
（标记唛头）</td><td>No & Package
（包装及件数）</td><td colspan="2">Description of Goods
（品名及货号）</td><td colspan="2">Gross Weight
（毛重）</td><td>Measurement
（体积）</td></tr>
<tr><td></td><td></td><td colspan="2"></td><td colspan="2"></td><td></td></tr>
<tr><td>7. Inco term:</td><td colspan="6"></td></tr>
<tr><td>8. Container</td><td colspan="6"></td></tr>
<tr><td>9. Freight Term</td><td colspan="3">Freight Prepaid (　)</td><td colspan="3">Freight Collect (　)</td></tr>
<tr><td>10. B/L Type</td><td colspan="2">Originals B/L
Required (　)</td><td colspan="2">Telex–Release
Required (　)</td><td colspan="2">Express Seaway
B/L Required (　)</td></tr>
<tr><td colspan="4">Remark:</td><td colspan="3">Date:</td></tr>
</table>

（二）订舱确认书（BOOKING CONFIMATION）

货代向船公司订舱以后，船公司会根据订舱情况确认订舱。订舱完成以后，货代会收到船公司发出的订舱确认书，然后就可以安排提柜、装箱、还柜、报关等一系列作业。

如果采用电子订舱的形式，则船公司会以邮件或传真形式回复一份订舱确认书（装货单），表示船公司接受订舱申请，运输协议达成。

有时船公司的订舱量会很大，业务处理需要时间较长，船公司不能及时回复，托运人会误认为船公司没有收到订舱信息而再次提交申请。为避免同一票货物重复订舱，船公司在接到第一次申请后，就回复一份订舱回执，表示已接到订舱申请，但并没有承运，协议还没有达成。

订舱确认书如表 4-2 所示，上面会有很多信息，货代要认真核对。

（1）订舱号（Shipping order No 或 Booking No）；

（2）船名/航次（vessel/voyage）；

（3）起运港 POL；

（4）卸货港 POD；

（5）预计开船日期 ETD；

（6）截港日期（closing date）；

（7）提空柜地点（contractor）；

（8）还柜地点（full-in terminal）；

（9）箱型重量（container type/size）。

以及堆场联系方式以及注意事项等，不同的船公司发出的订舱确认书，给出来的词汇可能会有不一样的叫法，但大致相同。

表 4-2　中远集运订舱确认书样本

中国远洋海运集团有限公司
CHINA COSCO SHIPPING CORPORATION LIMITED

BOOKING CONFIMATION
订舱确认书

TO: GUANGZHOU SILVER GULF FREIGHT TRANSPORTATION CO.,LTD
FROM: COSCO SHIPPING CO.LTD GUANGZHOU BRANCH
DATE: SEPT 29, 2024

B/L NO.: COSNSGN202410008
FORWARDER REFERENCE:
预配头程船名航次：MV. COSCO KILIMANJARO V. 0RE77W1MA　　航线：REX1
预配二程船名航次：　　航线：
SHIPPER：GUANGDONG YIGE FOREIGN TRADE CO., LTD..
NO. 1, GUANG JIANG ROAD, JIANGMEN, GUANGDONG, CHINA
POL：NANSHA, CHINA
POD：Genoa , ITALY　　PLACE OF DELIVERY：Genoa， ITALY
QUANTITY：6×40’ HQ
CNTR NO.：CMAU2661425　CMAU4008874　CMAU4351432　CMAU6991527
CMAU6454149　CMAU9452314
CARGO：CHIP SHOOTER
SHIPPING TERMS：CY−CY

备注：敬请留意
预计开舱时间：2024/09/25 10:00
预计截重时间：2024/10/01 12:00
预计截关时间：2024/10/01 18:00
预计开航时间：2024/10/03 12:00
预计截文件时间：2024/10/01 17:00
预计到目的港时间：2024/11/02 08:00

*以上时间如有变动，以另行通知为准。
*如贵公司自行安排拖车报关，请仔细阅读下列事项。
打单提箱地点：广州南沙集装箱码头
放行条交接地点：广州南沙集装箱码头
空箱提取地点：广州南沙集装箱码头
重箱返回地点：广州南沙集装箱码头
Tel: +86-20-66665555　　　　Fax: +86-20-66665555

知识拓展

CY OPENING DATE：开仓日，即重柜可以还回船公司码头的时间，如果提前还柜会产生仓租和柜租费用。

CY CLOSING：截关时间，重柜还码头的截止时间，过了这个时间原则上无法赶上船期，不过可以向船公司申请LATECOME。

SI cut-off time 是截补料时间，SI=shipping instruction；

CY cut-off time 是截关（截重柜）时间，CY=container yard；

CV cut-off time 是截放行条时间，CV=customs release voucher submission;

VGM CUT-OFF VGM 申报截止时间；

RECEIVING 收货时间；

ETA 预计到港时间，ETD 预计离港时间，ETB 预计船舶靠岸时间。

装运期中：after/before 都不包括当天，from/within 都包括当天，about 是前 5 天后 5 天加当天。

任务三　做箱

一、集装箱码头

集装箱专业码头的建造成本非常高，一般由多方投资完成。比如，青岛前湾集装箱码头是由青岛港集团、阿联酋迪拜环球港务集团、中远集团、丹麦马士基集团合资经营；上海集装箱码头有限公司是由上海国际港务股份有限公司与和记港口集团有限公司共同投资组建的，双方各占 50%。港口经营人一般以某港务公司或某集装箱码头公司形式出现。

集装箱码头有以下的布局结构。

（一）堆场

堆场（Container Yard，CY）是交接和保管空箱和重箱的场所，也是集装箱换装运输工具的场所。

堆场有前方堆场和后方堆场之分，前方堆场是为了加速船舶装卸作业，暂时堆放集装箱的场地。后方堆场是集装箱重箱或空箱进行交接、保管和堆存的场所。有些国家不分前后方堆场。集装箱堆场是集装箱装卸区的组成部分，是“场到场”的交接场所。

（二）货运站

货运站（Container Freight Station，CFS）是拼箱交接和保管的场所，也是拼箱货装箱和拆箱的场所。堆场和货运站也可以同处一处。一般由拼箱集运公司经营。

（三）泊位

泊位是供船舶停靠的水域。

（四）码头前沿

码头前沿是指靠近海水的一段路域，由岸壁和船舶装卸作业区域构成。船舶装卸区域主要设有集装箱装卸桥（也称桥吊、岸吊）及轨道、集装箱牵引车车道。

（五）闸口

闸口也称检查桥、道口，是整个场区与内陆腹地的连接关卡，也是港口码头与运箱人或海关于各相关方面责任划分的界限。箱体的查验、单证的交接和处理都在这里进行。

（六）控制中心

通常安排在港口办公大楼的最顶层，便于瞭望。

（七）清洗和维修车间

清洗和维修车间是集装箱码头的重要功能区域，主要负责对集装箱进行清洗、消毒、维护和修理，以确保集装箱的正常使用和安全运输。

二、集装箱的交接

（一）集装箱的交接地点

货物运输中的交接地点是指根据运输合同，承运人与货方交接货物、划分责任风险和费用的地点。目前集装箱运输中货物的交接地点主要有门、集装箱堆场、集装箱货运站。其中，门（Door）是指收发货人的工厂、仓库或双方约定收、交集装箱的地点，在多式联运中经常使用。

（二）集装箱的交接方式和交接形态

从承运人（运输经营人）的角度来讲，根据集装箱货物的交接地点不同，可以有不同的交接方式。常见的有以下九种。

1.门到门交接方式

门到门（Door to Door）交接方式是指运输经营人在发货人的工厂或仓库接收货物，并负责将货物运至收货人的工厂或仓库交付。在这种交付方式下，货物的交接形态都是整箱交接。

2.门到场交接方式

门到场（Door to CY）交接方式是指运输经营人在发货人的工厂或仓库接收货物，并负责将货物运至卸货港码头堆场或其内陆堆场，在CY处向收货人交付。在这种交接方式下，货物也是整箱交接。

3.门到站交接方式

门到站（Door to CFS）交接方式是指运输经营人在发货人的工厂或仓库接收货物，并负责将货物运至卸货港码头的集装箱货运站或其在内陆地区的货运站，经拆箱后向各收货人交付。在这种交接方式下，运输经营人一般是以整箱形态接受货物，以拼箱形态交付货物。

4.场到门交接方式

场到门（CY to Door）交接方式是指运输经营人在码头堆场或其内陆堆场接收发货人的货物（整箱货），并负责把货物运至收货人的工厂或仓库向收货人交付（整箱货）。

5.场到场交接方式

场到场（CY to CY）交接方式是指运输经营人在装货港的码头堆场或其内陆堆场接收货物（整箱货），并负责运至卸货码头堆场或其内陆堆场，在堆场向收货人交付。

6.场到站交接方式

场到站（CY to CFS）交接方式是指运输经营人在装货港的码头堆场或其内陆堆场接收货物（整箱货），负责运至卸货港码头集装箱货运站或其在内陆地区的集装箱货运站，一般经拆箱后向收货人交付。

7.站到门交接方式

站到门（CFS to Door）交接方式是指运输经营人在装货港码头的集装箱货运站及其内陆地区的集装箱货运站接收货物（经拼箱后），负责运至收货人的工厂或仓库交付。在这种交接方式下，运输经营人一般是以拼箱形态接收货物，以整箱形态交付货物。

8. 站到场交接方式

站到场（CFS to CY）交接方式是指运输经营人在装货港码头或其内陆地区的集装箱货运站接收货物（经拼箱后），负责运至卸货港码头堆场或其内陆堆场交付。在这种交接方式下，货物的交接形态一般也是以拼箱形态接收货物，以整箱形态交付货物。

9. 站到站交接方式

站到站（CFS to CFS）交接方式是指运输经营人在装货港码头或其内陆地区的集装箱货运站接收货物（经拼箱后），负责运至卸货港码头或其内陆地区的集装箱货运站，（经拆箱后）向收货人交付。在这种交接方式下，货物的交接方式一般都是拼箱交接。

在不同的交接方式下，集装箱运输经营人与货方承担的责任、义务有很大不同。在整箱货交接情况下，承运人承担在箱体完好和封志完整的状况下接受并在相同的状况下交付整箱货的责任，即承运人对整箱货，以箱为交接单位。交货时，只要集装箱外表与收箱时相似和铅封完整，承运人就完成了承运责任。承运人不负责箱内的货损、货差。除非货方举证确属承运人责任事故的损害，承运人才负责赔偿。

在拼箱货交接情况下，承运人负责在箱内每件货物外表状况明显良好的情况下接受并在相同状况下交付拼箱货物。

在目前的海上货运实践中，班轮公司通常承运整箱货，而拼箱货则经常是由集拼经营人（拼箱集运公司）承办。因此，相应地，CY to CY 就成为班轮公司通常采用的交接方式，而CFS to CFS则是集拼经营人（拼箱集运公司）通常采用的交接方式。

三、做箱

做箱，常见于集装箱班轮运输的操作环节中。有的也称装箱，但不是简单的装箱，还包括货代按货主要求提取空箱并派车到工厂并将货物运至码头进行装箱后返场。对集装箱合理地进行搭配装载，提高集装箱的装载率，减少集装箱的使用量，这无论对承运人还是对货主来说都是十分有利的。装箱人在装箱前应按规定认真检查箱体，发现集装箱不适合装运货物时，应拒绝装箱，并立即通知集装箱所有人。

（一）做箱方式

根据集装箱的装箱地点，可以把集装箱分为两种，即场装和拖装。

1. 场装

顾名思义，堆场装箱，即客户将货物送到指定堆场装箱（图 4−2）。其注意事项主要有以下几个方面。

图 4−2　场装流程

（1）确定要走货，及时安排吊柜。若柜吊好而货未运到，则会产生空吊费。

（2）轻泡货的场装，务必先吊柜，否则进仓要产生费用。

（3）货主将货物运至堆场应先将柜子吊好，柜号应与船公司确认，货物盖进场章及封签。若一票货有多个集装箱应记录各个集装箱的货名、件数和唛头。

（4）若货主在没有订舱时将货物运至堆场，首先应将货进库，待卸载完再装柜。

2.拖装

拖装指拖车公司将集装箱拖到客户指定地点装货（图 4-3）。其程序主要是订舱排载；拖装计划；跟踪上柜、回柜；盖进场章；盖申报章（或换单）。

图 4-3　拖装流程

3.集装箱装箱注意事项

（1）根据货物选用箱型，并持有有关部门发放的合格证；

（2）箱内货物分布均匀；

（3）根据货物包装强度，决定货物堆码高度；

（4）混装时要将货隔开，“轻上重下”；

（5）货物装载严密，不留空隙；

（6）使用清洁、干燥的垫材；

（7）装箱完毕，关箱前采取措施，防止箱口货物倒塌。

4.冷藏货装箱注意事项

（1）冷冻集装箱在装货过程中，冷冻机要停止运转；

（2）在装货前，冷冻集装箱内使用的垫木和其他衬垫材料要预冷，要选用清洁卫生的衬垫材料，避免污染货物；

（3）不要使用纸、板等材料做衬垫，以免堵塞通风管和通风口；

（4）装货后箱顶与货物顶部一定要留出空隙，使冷气能有效地流通；

（5）必须注意到冷藏货要比普通杂货更容易滑动，也容易破损，因此对货物要加以固定，固定货物时可以用网等做衬垫材料，这样不会影响冷气的循环和流通；

（6）严格禁止将已降低鲜度或已变质发臭的货物装进箱内，以避免损坏其他正常货物。

知识拓展

危险货物装箱作业

1.危险货物分类

在海运业务中，凡具有爆炸、易燃、毒害、腐蚀、放射性等性质，在运输、装卸和储存保管过程中容易造成人身伤亡和财产损毁而需要特别防护的货物，均属危险货物。海运危险货物分为以下九类。

第一类：爆炸物品，如炸药、烟花爆竹。

第二类：压缩气体，如氧气、氢气、一氧化碳。

第三类：易燃液体，如汽油、乙醇。

第四类：易燃固体，如火柴、三硫化磷

第五类：氧化剂和过氧化物，如漂白剂。

第六类：有毒物质和传染性物质，如砒霜、医疗废弃物。

第七类：放射性材料，如铀。

第八类：腐蚀性物质，如硫酸、氢氧化钠。

第九类：杂项和海洋污染物。

通常一类、二类危险货物不允许海运，这是因为海上颠簸，运输条件不稳定，无法操控。危险货物九类就是将危险货物分为九等级（CLASS NO.），危险货物等级数字越小，危险系数越高。每个品名有一个联合国危险货物编码（UN NO.），根据UN NO.不同，收取不同的费用。

2.如何区分危险货物与一般货物

在进行货物的进出口操作时，货品属性是不是危险品，需要放在某个特定环境中去判断。

例如，乒乓球作为一项体育健身器材，其本身在使用时是没有危险性的，但是在海洋运输过程中就存在一定的运输风险；又如杀虫剂，其本身属性中存在危险，但其在运输要求中并未有明确的规定。

判定时根据商品属性和运输环节对其是否引发危险做定性。目前，上海化工研究院、商检局都可以对货物进行属性认定，最终出具官方MSDS（Material Safety Data Sheet，化学品安全说明书）。

3.可承接危险品的船公司

可承接危险品的船公司有长荣海运、地中海航运（MSC）、马士基航运（MSK）、现代商船（HMM）、川崎汽船（KLINE）、中国远洋运输集团等。

4.危险货物订舱

危险货物海运出口一般需要货主提前10个工作日将相关文件传真给负责帮助出运的货运代理公司。

所需资料：

（1）海运托书。货主给承运人委托其安排运输的单据。

（2）出境危险货物运输包装使用鉴定结果单。简称“危包证”，表明该单所列包装容器已经过检验检疫机构鉴定合格，并按“国际海运危规”或“空运危规”的规定盛装货物。

（3）包装危险货物技术说明书。详细说明发生情况后的一些具体操作事项。

（4）化学品安全说明书（MSDS）。国际上称作化学品安全信息卡，是化学品生产商和经销商按法律要求必须提供的化学品理化特性、毒性、环境危害以及对使用者健康可能产生危害的一份综合性文件。

注意事项：

（1）海运托书上应注明中英文品名、箱型、危险货物级别（CLASS NO.）、联合国危险货物编码（UN NO.）、货物包装以及特殊要求，以方便申请舱位和危险货物申报。

（2）如果涉及转运，需要向船公司确认中转港是否有限制。

5. 危险货物装箱基本要求

（1）装箱前，应了解危险货物的特性、处理方法、应急措施等情况。

（2）应选择无阳光直射、无热源或火源、通风良好的地点进行装箱作业，作业地点应有足够的场地和必要的设备。

（3）装货前应仔细检查集装箱的强度、结构，不符合装危险货物要求的集装箱不能使用。

（4）装箱操作人员在作业时应按有关规定穿好工作衣，戴防护面具或橡皮手套等防护用品，作业完毕及时清洗，作业中不得饮食。

（5）装箱时应对集装箱内部进行仔细清扫，要注意有些爆炸品和氧化剂与箱内残存的垃圾等杂物相遇时有起火和爆炸等危险。

（6）要详细检查所装货物的容器、包装、标志是否完整，与运输单证上所载明的内容是否一致，严禁包装有损伤、容器有泄漏现象的危险货物装进箱内。

（7）危险货物的装载和固定方法，根据其包装的形态，可按普通货的装载方法处理，但在选择固定货物的用具和材料时，应具有更大的安全系数和强度。

（8）压缩、液化或加压溶解的气体类危险货物，根据其容器的形状，可以纵向装载，也可以横向装载。横向装载时，货物之间要充分插入衬垫，使容器的金属部分不能直接接触。管状的高压瓶原则上采用纵向装载方法，并用衬垫材料围成栅栏状进行保护，再用钢丝绳把货物拉紧，予以固定。

（9）有些用纸袋、纤维板箱和纤维板桶包装的危险货物遇水后会引起化学反应，有的会发热、自燃或产生有毒气体，故应严格进行防水检查。应特别重视的是，由于在运输途中无法对集装箱内装载的货物进行检查，故无法及时发现箱内装载不良或容器损坏情况，而且万一发生事故，由于不能移动而容易扩大事故范围，这些特殊情况与普通货船运输危险货物完全不同。

6. 危险品拼箱操作要点

（1）原则上没有规定危险货物不能与普通货物混装在同一集装箱内。

（2）装货前先制订装载计划，应考虑各种货物的相容性及其性质，即包件和其涉及的包装类型或强度，还应考虑货物气味和粉尘交叉污染的可能性、物理或化学的相容性。

（3）危险性质不相容的货物不得同箱装运。货物具有单一副危险性质时，如副危险性要求严于主危险性，则选择适合副危险性的隔离。

（4）货物在箱内拼装时，应按涉及危险货物的最严格要求进行隔离。拼箱审核查阅危险货物运输规则中各类隔离表，并重点查阅危险货物一览表中的隔离要求。

（5）危险货物与普通货物拼箱时，危险货物应坚持后装先卸，并装于箱门口易卸处。

（6）严禁危险货物与食品混合积载。

7.危险情况处置

装载过程中应轻拿轻放，禁止肩扛、背负、冲撞、摔碰、翻滚，以防包装破损若在装载过程中危险货物包装发生损坏、渗漏，则应在装箱检验人员的监督下，立即按货物特性进行有效处置。渗漏的危险货物会造成爆炸、自燃、毒害或类似重大危险的，应立即将人员撤离到安全地带，并通知有关应急部门。

8.装箱作业情况记录

（1）从事海运危险货物装箱作业的单位应将每次危险货物装箱作业情况按要求如实记录。记录内容应包括积载计划、装箱时间、装箱货况、集装箱箱体状况、货物包装状况、装箱衬垫、加固情况等事项。装箱作业情况应由负责装箱的现场检查员记录并将危险货物装箱情况拍摄存档。

（2）使用集装箱装运危险货物的，应提交由装箱检查人员检查后签发的集装箱装箱证明书。

资料来源：苏兆河.货运代理［M］.北京：中国劳动社会保障出版社，2021.

（二）做箱涉及的单证

1.集装箱设备交接单

集装箱设备交接单是指集装箱所有人或租用人委托集装箱装卸区、中转站或内陆站与货方即用箱人或其代表之间交接集装箱及承运设备的凭证。交接单由承运人或其代理人签发给货方，据以向区、站领取或送还重箱或轻箱。交接单第一张背面印有交接使用条款，主要内容是集装箱及设备在货方使用期中，产生的费用以及遇有设备及所装货物发生损坏、灭失的责任划分，以及对第三者发生损害赔偿的承担。设备交接一般在区、站大门口办理。交接单分“出门（场）”和“进门（场）”两种。出场单如图 4-4 所示。

集装箱交接地点应详细认真进行检查记录，并将进出场集装箱的情况及时反馈给集装箱代理人，积极配合集装箱代理人的工作，使集装箱代理人能够及时、准确地掌握集装箱的利用情况，及时安排集装箱的调运、修理，追缴集装箱延期使用费，追缴集装箱的损坏、灭失费用等工作。

设备交接单的流转过程如下。

（1）由管箱单位填写设备交接单交用箱人/运箱人。

（2）由运箱人/用箱人到码头、堆场提箱或还箱时出示设备交接单，由经办人员对照设备交接单，检查集装箱的表面状况后，双方签字，码头、堆场留下管箱单位联和码头、堆场联，将用箱人、运箱人联退还给用箱人/运箱人。

ONE OCEAN NETWORK EXPRESS　　　　**提空专用**

提柜有效时间：2022-02-24 17:01 到 2022-02-25 17:01　　　　打印时间：2022-02-24 20:05

箱　主：	ONEY		[illegible]197400-C1E9		
提箱地点：	盐田码头 地址：深圳市盐田区沙头角盐田码头 电话：25180000				
船名/航次：	ONE GRUS/015E				
卸货港：	USLGB/LONG BEACH, CA	装货港：	CNYTN	交货地：	USLGB/LONG BEACH, CA
温　度：	湿度：	通风口：		冻柜备注：	
柜　型：	40HQ（40' 96 GENERAL PURPOSE）	柜号：		封条号：	
备注信息：	LBS 请提柜时在闸口处领取船公司封条				

承运拖车公司（加公章）	拖车车牌	司机姓名	司机电话
深圳市[illegible]流有限公司			

图 4-4　ONE公司设备交接单（提空专用）样本

（3）码头、堆场将留下的管箱单位联退还给船公司或船代。

经交接双方签字的设备交接单是划分交接双方责任和核算有关费用的依据，也是对集装箱进行跟踪管理的必要单证。因此其内容填写要如实、明确，任何人不得擅自更改。

设备交接单的填制并非由一方单独完成。其中，船公司或其代理填写的栏目有：用箱人/运箱人，提箱地点，船名/航次，集装箱的类型及尺寸，集装箱状态，免费使用期限及进（出）场目的等。由用箱人、运箱人填写的栏目有：运输工具牌号；如果是进场设备交接单，还须填写来自地点，集装箱号，提单号，铅封等。由堆场、码头填写的栏目则主要是：集装箱进出场日期，检查目录；如果是出场设备交接单，还须填写提箱地点和集装箱号等。

2.装箱单

集装箱装箱单是详细记载每一个集装箱内所装货物名称、数量、尺码、重量、标志和箱内货物积载情况的唯一单证。集装箱货运站装箱时由装箱的货运站缮制；发货人装箱时，由发货人或其代理人的货运站缮制。

（1）装箱单的主要用途。

①装箱单是发货人向承运人提供集装箱内所装货物的明细清单；

②装箱单是在装箱地向海关申报货物出口的单据，也是集装箱船舶进出口报关时海关提交的载货清单的补充资料；

③装箱单是集装箱货运站与集装箱码头之间的货物交接单；

④装箱单是集装箱装、卸两港编制装、卸船舶计划的依据；

⑤装箱单是集装箱船舶计算船舶吃水和稳定性的数据来源；

⑥装箱单是在卸箱地作为办理集装箱保税运输手续和拆箱作业的重要单；

⑦当发生货损时，装箱单是索赔的原始依据之一。

（2）装箱单的格式。

表 4–3 装箱单

上海园美国际贸易有限公司

SHANGHAI PERFECT INTERNATIONAL BUSINESS CO., LTD

RM 301, BLDG 26, 558 STREETS. BAOCHUN ROAD, SHANGHAI. CHINA

Tel: +86–21–54172965 Fax: +86–21–54172969 Post code: 201199

装箱单

PACKING LIST

Invoice No. ____________ Date:____________________

标志及箱号	品名及规格	数量	件数	毛重	净重	尺码
TOTAL						

（3）装箱单的内容及填写要求。

①出口商名称、地址，要与发票一致。

②发票号码、制单日期，要与商业发票一致。

③装运港和目的港，一般只简单地标明运输路线及运输方式，如 FROM×× TO×× BY SEA/AIR。

④唛头必须与商业发票保持一致。

⑤装箱单货物描述可以使用统称，但不得与信用证的规定相抵触，而且装箱单上不得标明商品的单价和总价。

⑥规格应列明不同产品的型号、大小、花色等。

⑦外包装数量及内产品数量，要写明包装物的名称及数量，如每箱 18 只（18PCS/CTN）。

⑧每个外包装尺寸、毛重及净重，要按实际情况填写，外包装尺寸即每箱的长 × 宽 × 高，如 50 cm × 30 cm × 20 cm。

⑨总毛重、总体积，即将单件包装进行合计。

⑩出口商签章。若合同或信用证有要求，则需要签章。

知识拓展

不管客户是散货还是集装箱货物，只要需要货代提供运输到港口的服务，就一定要了解清楚客户对提货的需求，然后安排好车及时到工厂去提货，比如客户说全天都可以提货，你就需要问清楚客户的中午吃饭时间和晚上下班时间，装货大概要多久等。如果安排上午提货，确保在中午吃饭前加上装货时间；如果安排下午提货，则在下班前加上装货时间。此处，这个安排还有个“+1 原则”，就是真正安排车队的是中午吃饭时间加上装货时间“+1 小时”，下午是下班时间加上装货时间“+1 小时”，这个“+1”是至少，意思是要至少留这一小时的意外事件，这样才能把国内运输途中意外（堵车、不认识路、车子抛锚等）情况对装运货物的影响减少，尽量把等待的时间留给司机，而不是工厂。

任务四　报关、提交VGM

一、报关的含义

报关是进出口货物必经的手续。一般国家的海关都设在对外开放的港口、国际联运火车站、国际航空站、陆路边境和国界江河岸上准许旅客、货物、交通工具通行的地点以及国际邮件、邮包交换地点等。这些设在口岸的海关、边境的陆关和内地的陆关等对输出输入货物及物品进行监管和征税任务的关口，统称为海关。

需要说明的是，在进出境活动中，我们还经常使用“通关”这一概念。通关与报关既有联系又有区别。两者都是对运输工具、货物、物品的进出境而言，但报关是从海关管理相对人的角度，仅指向海关办理进出境手续及相关手续；而通关不仅包括海关管理相对人向海关办理有关手续，还包括海关对进出境运输工具、物品依法进行监督管理，核准其进出境的管理过程。

二、报关所需单据

报关所需单证有报关委托书（电子）、进出口货物报关单、货物发票、海运出口的装货单（陆运单、空运单和海运进口的提货单）、货物装箱单等。

（1）报关委托书。电子报关委托书又叫无纸化通关，不再采用纸质版的报关委托书。

首先，登录电子口岸，点击无纸化通关，选择你经常通关的口岸海关，进行电子口岸的备案。

其次，报关行将名称和组织机构代码或者其他的信息给货代或托运人，托运人在网上发起委托，填写内容与纸质要求一致。也可以报关行发起委托，托运人在网上确认。这样电子版委托书就完成了。

采用电子委托书，托运人确认完毕，报关行会直接收到报关委托书，不需要货代再次发给报关行。

（2）进出口货物报关单。一般进口货物应填写一式两份；需要由海关核销的货物，如加工贸易货物和保税货物等，应填写专用报关单一式三份；货物出口后需国内退税的，应另填一份退税专用报关单。

（3）货物发票。要求份数比报关单少一份，对货物出口委托国外销售，结算方式是待货物销售后按实销金额向出口单位结汇的，出口报关时可准予免交。

（4）陆运单、空运单和海运进口的提货单及海运出口的装货单。海关在审单和验货后，在正本货运单上签章放行退还报关单，凭此提货或装运货物。

（5）货物装箱单。其份数同发票，但是散装货物或单一品种且包装内容一致的件装货物可免交。

（6）海关认为必要时，还应交验贸易合同、货物产地证书等。

（7）其他有关单证。

①经海关批准准予减税、免税的货物，应交海关签章的减免税证明，北京地区的外资

企业需另交验海关核发的进口设备清单。

②已向海关备案的加工贸易合同进出口的货物，应交验海关核发的“登记手册”。

三、报关的基本程序

报关程序包括备案、申报/审单、查验、征税/缴税、放行和结关、放行后的海关监管和稽查等。

（1）申报步骤：接受报关委托（报关委托书）—准备报关单证—报关单预录入（海关报关自动化系统）—递单（报关随附单证及进出口货物报关单交进出口口岸海关）—海关审单。

（2）配合查验：海关查验时进出口货物的收、发货人或其代理人应当到场。查验一般在海关监管区内进行。

查验的方式：彻底查验、抽查、外形查验。在使用上述方法的同时，还需要结合使用地磅、X光机等设施和设备进行查验。

海关查验货物时货物代理人负责搬移货物，开拆和重封货物的包装。海关认为必要时，可以进行复验。

（3）缴纳税费。

$$税费=进出口货物的完税价格 \times 税率$$

（4）放行（提取或装运货物）。

进口货物放行章签盖在进口货物提货单、货运单或特制的放行条上。出口货物放行章盖在出口货物装货单或特制的放行条上。

知识拓展

海关查货常见查验出错的问题

A.核对品名

核对品名时，比较容易出错的是将产品学名和俗名弄错，英文单词多层意思翻译过来的中文品名和实际品名对不上。

B.核对规格

核对规格时，容易出错的是有些工厂客户打上纸箱包装规格；还有就是规格有很多种需要一个最大的和一个最小的；再有就是一些不规则的产品长度的规格有两个，一个是上面的长度，另一个是下面的长度。

C.核对数量

应仔细核对总数量，容易出错的都是少报多出，特别是退税的，这里经常出错的原因就是报关资料是提前做的，做柜装货的时候数据有变动忘记更新。

D.核对重量

重量比较容易出错的地方有两个。

一是大宗货物毛重和净重与实际重量上下幅度超过3%。

二是以重量计价的产品只知道毛重，但是净重是计算出来的。很多客户有了毛重，再通过毛重减去净重除以件数不超过1千克或2千克这个公式来倒推净重，导致与实际净重不符合。曾经有客户用这种方法计算错误的净重，最后查验时海关不用开箱称重就判定有问题，原因竟然是客户定制的纸箱上面每一个都有箱唛，箱唛上面都有单件毛重和净重，和报关单的重量完全对不上，估计纸箱是提前做的。

E. 核对件数

比较容易出错的地方就是尾箱、样品和赠送的东西没有计算进去，曾经有客户出了一个柜子自己生产的货物，装柜时又在柜门口帮国外客户装了在中国买的四五箱其他厂的产品，总件数没有求和。

F. 核对唛头

有些产品有唛头，有些没有，有些唛头会体现一些产品LOGO信息，如果有唛头一定要体现在报关单上。

G. 核对是否侵权

名牌、仿牌、厂牌、吊牌、R标识、LOGO注意区分开来。

H. 核对产终地

就是货源地，有些工厂会在包装上透露一些产品的货源地的信息或广告信息，特别是三方贸易时容易出现错误的产地信息或目的地信息。

I. 核对归类

核对海关编码是否准确；核对多功能的产品归类是否准确，例如带有通话功能的平板电脑应该归类手机而不是平板电脑。

G. 核对新旧

旧的很多东西都不能出口，容易出错的就是平板柜开顶柜的机器露天淋雨容易让人误判是旧的。

K. 核对价格

海关进出口的每一款货物对应的编码在海关系统内都有一个价格区间，这个区间一般有两个，一个是当地出口口岸的价格区间，另一个是全国范围内的限价区间，特别是进口价格的审核特别严格。

L. 取样送检

这种比较少见，一般都是通过肉眼无法判断的需要化验的化工品等产品。

M. 检查车体

检查托运集装箱的货柜车。

N. 检查箱体

检查集装箱，一般是对特种柜仔细检查。

O. 是否夹藏

是否夹带一些工厂没有生产的或漏报的东西。

资料来源：苏兆河. 货运代理［M］. 北京：中国劳动社会保障出版社，2021.

四、提交VGM

国际海事组织于2014年11月通过了《国际海上人命安全公约》（SOLAS）的修正案，规定载货集装箱于装船前必须取得经验证的集装箱重量（Verified Gross Mass，VGM）。《国际海上人命安全公约》为全球性法规，该修正案于2016年7月1日起生效。

（一）VGM包括的内容

所有VGM信息中应当至少包括以下内容：订舱号或者提单号、箱号、经验证的集装箱重量及重量单位、重量验证方法（整体称重法、累加计算法）、托运人的载货集装箱重量验证声明、托运人的正式授权人签字（被授权代表托运人提交VGM的第三方）、责任方（提单上指明的托运人）。

（二）VGM计算方法

1. 整体称重法

VGM = 装载有集装箱拖车总重量 − 拖车头、车架以及油箱的重量

2. 累加计算法

VGM = 货物的重量 + 包装的重量（托盘、衬垫等）+ 集装箱皮重

VGM偏差不得超过+/−5%或1吨（两者取小者）。比如：当一个VGM实际是35吨的货柜，申报重量为33.5吨，虽然偏差1.5吨（超过1吨），但因其百分比为（35−33.5）÷35 = 4.29%，在超过1.5吨和4.29%中相比取小，所以仍然是在可接受范围内。当一个VGM实际是12吨的货柜，申报重量为11.2吨，虽然偏差没有超过1吨，但其百分比为（12−11.2）÷12 = 6.67%，在超过0.8吨和6.67%中相比取小，所以仍然是在可接受范围内。

集装箱的皮重可以通过显示在集装箱箱门的外部的数据或在船公司网站上查询的方式获取。

（三）VGM的提交方式（以MSC船公司为例）

1. 通过My MSC.com提交。
2. 通过MSC自有程序Magic Hand提交。
3. 通过第三方电子平台提交，如INTTRA、GT NEXUS或Cargo Smart。
4. 通过电子邮件方式提交。

（四）提交VGM的截止时间

通过电子方式提交VGM的截止时间，即船公司制定的进港截止时间。

通过发送邮件方式提交VGM的截止时间，一般是船舶标准到港日前48小时。

有的码头要求在重箱进港前提供VGM。未提供VGM的集装箱将有可能被拒绝进港，在场外等待提交VGM时可能会产生额外费用。因此，建议托运人在重箱进港前尽早提交VGM。

（五）费用

鼓励客户通过电子渠道提交VGM，目前不收取任何费用。由于未按时提交VGM而导致的额外费用，应当由托运人或其授权人承担。

对于拼箱货物，即多个托运人合并货物装进同一个集装箱，请务必指定其中一个托运人提交该集装箱的VGM信息（可以由货代完成）。

任务五　签发提单

一、提单的含义

海运提单（Ocean bill of Lading），简称为提单（Bill of Lading，B/L），是国际结算中的一种最重要的单据。是指用以证明海上货物运输合同和货物已经由承运人接收或者装船，以及承运人保证据以交付货物的单证。提单中载明的向记名人交付货物，或者按照指示人的指示交付货物，或者向提单持有人交付货物的条款，构成承运人据以交付货物的保证。

提单的主要关系人是签订运输合同的双方：托运人和承运人。提单的作用如下。

（一）货物收据

提单是承运人签发给托运人的收据，确认承运人已收到提单所列货物并已装船，或者承运人已接管了货物并已装船。

（二）运输契约的证明

它是托运人与承运人的运输契约证明。承运人之所以为托运人承运有关货物，是因为承运人和托运人之间存在一定的权利义务关系，双方权利义务关系以提单作为运输的凭证。

（三）货权凭证

提单是货物所有权的凭证，谁是提单上的收货人，谁就有权要求承运人交付货物，并且享有占有和处理货物的权利，提单代表了其所载明的货物。

二、提单的填制

（一）提单式样

海运提单式样见表 4-4。

表 4-4　海运提单

Shipper Insert Name, Address and Phone 1	B/L No. 10
Consignee Insert Name, Address and Phone 2	中远集装箱运输有限公司 COSCO CONTAINER LINES TLX：33057 COSCO CN FAX：+86(021) 6545 8984 ORIGINAL
Notify Party Insert Name, Address and Phone (It is agreed that no responsibility shall attach to the Carrier or his agents for failure to notify) 3	

<table>
<tr><td>Combined Transport *
Pre-carriage by</td><td>Combined Transport*
Place of Receipt 4</td><td rowspan="3">Port-to-Port or Combined Transport
BILL OF LADING
RECEIVED in external apparent good order and condition except as other-
wise noted. The total number of packages or unites stuffed in the container,
The description of the goods and the weights shown in this Bill of Lading arefurnished by the Merchants, and which the carrier has no reasonable meansof checking and is not a part of this Bill of Lading contract. The carrier has issued the number of Bills of Lading stated below, all of this tenor and date, one of the original Bills of Lading must be surrendered and endorsed or signed against the delivery of the shipment and whereupon any other original bills of Lading shall be void. The Merchants agree to be bound by the terms and conditions of this Bill of Lading as if each had personally signed this Bil of Lading.
SEE clause 4 on the back of this Bill of Lading (Terms continued on the back Hereof, please read carefully).
*Applicable Only When Document Used as a Combined Transport Bill of Lading.</td></tr>
<tr><td>Ocean Vessel Voy. No
5 6</td><td>Port of Loading
7</td></tr>
<tr><td>Port of Discharge
8</td><td>Combined Transport *
Place of Delivery
9</td></tr>
</table>

Container / Seal No.	Marks & Nos.	No. of Containers or Packages	Description of Goods	Gross Weight (Kgs)	Measurement (M^3)
16	11	12	13	14	15

Total Number of containers and/or packages (in words) 17

Freight & Charges 18	Revenue Tons 19	Rate 20	Per 21	Prepaid 22	Collect 23

<table>
<tr><td rowspan="2">Ex. Rate</td><td>Prepaid at
24</td><td>Payable at
25</td><td>Place and date of issue
26</td></tr>
<tr><td>Total Prepaid
27</td><td>No. of Original B(s)/L
28</td><td>Signed for the Carrier,
29</td></tr>
</table>

LADEN ON BOARD THE VESSEL

DATE 30 BY 31

（二）提单的内容及缮制

提单项目和填制要求见表 4–5。

表 4–5　海运提单填制要求

序号	项目名称	应填写的内容及要点提示
1	托运人 Shipper	发货人全称和地址
2	收货人 Consignee	提单“抬头人”： （1）信用证下根据信用证规定填写，分为三种情况：记名收货人、凭指示、记名指示。 （2）托收项下填写“To Order”或“To Order of shipper”，要避免做成买方为抬头人的提单，防止物权过早转移
3	被通知人 Notify Party	
4	收货地点 Place of Receipt	
5	船名 Vessel	（1）如要转船，需列明，以“/”间隔，顺序列出各程船名。 （2）如为预订船只，装船时发生变化，应在单据上做相应的修改或待装船时填写该栏
6	航次 Voy. No .	
7	装运港 Port of Loading	货物实际装船港口名称
8	卸货港 Port of Discharge	货物实际卸下的港口名称，一般为目的港。 （1）与信用证描述一致，若有同名港口，需注明国家、地区或州城市，如经转船，应在卸货港名称后加注转船港名称。 （2）若信用证规定的目的港为选择港，则应是同一航线上的，同一航次挂靠的基本港
9	交货地点 Place of Delivery	填写最终目的地名称
10	提单号码 B/LNo	按托运单上的号码填写。 必须注明提单号码，否则提单无效
11	唛头 Marks	与信用证和合同一致。没有唛头填写“N/M”或“No Marks”
12	包装件数和种类 Nos. Kinds of PKGS	按照发票的有关栏目填写。 （1）散装货物，此栏填写“IN BULK”。 （2）提单内不能加注关于包装状况的描述。 （3）包装的数量应该大小写都有
13	对货物的描述 Shipper's description of goods	（1）信用证下，严格与信用证中的货物描述一致。 （2）托收项下，可参照合同按实际情况进行填写

续表

序号	项目名称	应填写的内容及要点提示
14	毛重 G. W. (kg)	(1)以公吨或千克表示，公吨以下保留小数点后三位，千克以下四舍五入处理。 (2)若是裸装货，应在净重前加注NW。 (3)与发票、装箱单、托运单上的数据一致
15	尺码吨 MEAS(m^3)	与托运单一致
16	合同号 Contract No.	
17	总的集装箱数或件数(大写) Total number of containers or packages(in words)	(1)整箱货物可以只填写集装箱数量，同时提单内要加注Shipper's Load&Count.。 (2)如果用托盘装运，本栏目填写托盘数量，同时在括号内加注货物的包装件数
18	运费 Freight&Charges	运费支付情况
19	计费吨 Revenue Tons	
20	费率 Rate	
21	每 Per	
22	预付 Prepaid(PP)	
23	到付 Collect(CC)	
24	预付地点 Prepaid at	装运港名称
25	运费到付地点 Payable at	要与合同一致。若为CIF、CFR条件下，即装运港名称；若为FOB、FAS条件下，即为卸货港名称
26	签单地点和日期 Place and date of issue	(1)签发日期为装运日期，应不晚于信用证或合同规定最迟装运日期。 (2)如转船，填写一程船装货港地点
27	预付总金额 Total Prepaid	
28	正本提单数 Number of Original B(s)/L	(1)信用证和合同规定相符。 (2)承运人一般签发提单正本2～3份，签发的份数应英文大写注明
29	署名 Signature	

续表

序号	项目名称	应填写的内容及要点提示
30	装船日期 Date	承运人接管货物的时间。 签发日期为装运日期，应不晚于信用证或合同规定最迟装运日期
31	承运人 By	

三、提单的分类

按不同的标准，提单可以划分为很多类。

（一）按货物是否已装船为标准

1. 已装船提单

已装船提单（On Board B/L; Shipped B/L）是指整票货物全部装船后，由承运人或其代理人向托运人签发的货物已经装船的提单。该提单上除了载明其他通常事项，还须注明装运船舶名称和货物实际装船完毕的日期。

2. 收货待运提单

收货待运提单（Received for Shipment B/L），简称待装提单或待运提单，是指承运人虽已收到货物但尚未装船，应托运人要求而向其签发的提单。由于待运提单上没有明确的装船日期，而且又不注明装运船的船名，所以在跟单信用证的支付方式下，银行一般不受理此类提单。

（二）按提单收货人一栏的记载为标准

1. 记名提单

记名提单（Straight B/L）指在提单“收货人”一栏内具体填上特定收货人名称的提单，记名提单只能由提单上所指定的收货人提取货物。记名提单不得转让。记名提单可以避免因转让而带来的风险，但也失去了其代表货物可转让流通的便利。银行一般不愿意接受记名提单作为议付的单证。

2. 不记名提单

不记名提单（Open B/L; Blank B/L; Bearer B/L）是指在提单“收货人”一栏内记明应向提单持有人交付货物（To the Bearer; To the Holder）或在提单“收货人”一栏内不填写任何内容（空白）的提单。不记名提单，无须背书即可转让。这就意味着，不记名提单由出让人将提单交付受让人即可转让，谁持有提单，谁就有权提货。

3. 指示提单

指示提单（Order B/L）是指在提单“收货人”一栏内只填写“凭指示”（To Order）或“凭某人指示”（To the Order of...）字样的提单。指示提单，经过记名背书或空白背书转让。指示提单除由出让人将提单交付给受让人外，还应背书，这样提单才得到转让。如果提单的收货人一栏只填写“To Order”，则称为托运人指示提单，记载“To the Order of the Shipper”与记载“To Order”一样是托运人指示提单。在托运人未指定收货人或受让人以前，货物仍属于托运人。如果提单的收货人一栏填写了“To the Order of.”，则称为记名指示提单。在这种情况下，由记名的指示人指定收货人或受让人。记名的指示人可以是银行，也可以是贸易商等。

（三）按对货物外表状况有无批注为标准

1. 清洁提单

清洁提单（Clean B/L）是指没有任何有关货物残损、包装不良或其他有碍于结汇的提单，事实上提单正面已印有“外表状况明显良好”（In Apparent Good Order and Condition）的字样，承运人或其代理人在签发提单时未加任何相反的批注，则表明承运人确认将货物装船时外表状况良好的同样货物交付给收货人。在正常情况下，向银行办理结汇时，都应提交清洁提单。

2. 不清洁提单

不清洁提单（Unclean B/L or Foul B/L）是指承运人在提单上加注有货物及包装状况不良或存在缺陷，如水湿、油渍、污损、锈蚀等批注的提单。承运人通过批注，声明货物是在外表状况不良的情况下装船的，在目的港交付货物时，若发现货物损坏可归因于这些批注的范围，从而减轻或免除自己的赔偿责任。在正常情况下，银行拒绝以不清洁提单办理结汇。实际操作中，当货物及外包装状况不良或存在缺陷时，托运人会出具保函，并要求承运人签发清洁提单，以便能顺利结汇。

（四）按提单签发人不同为标准

1. 船公司所签发的提单

船公司签发的提单（Master Bill of Lading，MBL）也称主提单，俗称船东提单、船东单，通常也被称为主单。一般是为整箱货签发的提单。

2. 货运代理签发的提单

由货运代理签发的提单（House Bill of Lading，HBL）称为分提单，俗称货代提单、货代单。在集装箱班轮运输中，货代通常为拼箱货签发提单，因为拼箱货是在集装箱货运站内装箱和拆箱，而货运站又大多有仓库，所以有人称其为仓提单（House B/L）。也有少部分人把货代提单叫作 forwarder bill of loading。

MBL在目的港可以直接向船公司、船东办理提货，而HBL在目的港必须先向代理换取船东提单（MBL），然后凭换来的MBL去船公司或其代理处办理提货。

（五）按签发提单的时间划分

1. 倒签提单

倒签提单（Ante-Dated B/L）是指承运人或其代理人应托运人的要求，在货物装船完毕后，以早于货物实际装船日期为签发日期的提单。当货物实际装船日期晚于信用证规定的装船日期，若仍按实际装船日期签发提单，托运人就无法结汇。为了使签发提单的日期与信用证规定的装运日期相符，以利结汇，承运人应托运人的要求，在提单上仍以信用证的装运日期填写签发日期，以免违约。

2. 顺签提单

顺签提单（Post-Date B/L）是指在货物装船完毕后，应托运人的要求，由承运人或其代理人签发的提单。但是该提单上记载的签发日期晚于货物实际装船完毕的日期，托运人从承运人处得到的以晚于货物实际装船完毕的日期作为提单签发日的提单。

3. 预借提单

预借提单（Advanced B/L）是指货物尚未装船或尚未装船完毕的情况下，信用证规定的结汇期（信用证的有效期）即将届满，托运人为了能及时结汇，而要求承运人或其代理人提前签发的已装船清洁提单，或者可以理解为托运人为了能及时结汇而从承运人那里借用的已装船清洁提单。

4. 过期提单（Stale B/L）

过期提单有两种含义：一是指出口商在装船后延滞很久才交到银行议付的提单。国际商会 500 号出版物《跟单信用证》1993 年修订本第四十二条规定："如信用证无特殊规定，银行将拒受在运输单据签发日期后超过 21 天才提交的单据。在任何情况下，交单不得晚于信用证到期日。"二是指提单晚于货物到达目的港，这种提单也称为过期提单。因此，近洋国家的贸易合同一般都规定有"过期提单也可接受"的条款（Stale B/L is acceptance）。

四、提单业务

（一）海运提单的签发

签署提单的凭证是大副收据，签发提单的日期应该是货物装船后大副签发收据的日期。有权签发提单的人有承运人及其代理、船长及其代理、船主及其代理。代理人签署时必须注明其代理身份和被代理方的名称及身份。

提单有正本和副本之分。正本提单一般签发一式两份或三份，这是为了防止提单在流通过程中万一遗失，可以应用另一份正本。各份正本具有同等效力，但其中一份提货后，其余各份均告失效。副本提单承运人不签署，份数根据托运人和船方的实际需要而定。副本提单只用于日常业务，不具备法律效力。

正本提单一般都标有"original"的字样，副本标有"copy"的字样。有些国家的提单也会用original、duplicate、triplicate分别表示全套正本提单的第一联、第二联和第三联。

提单上记载的提单签发日期应该是提单上所列货物实际装船完毕的日期。在集装箱运输的实际业务中，为了给承运人签发提单方便，一般都以船舶开航之日作为提单签发日期。但是要注意，开航日期不一定是装船日期。

（二）海运提单的更正、补发

海运提单签发之后，如果托运人、订舱人提出更改已确认的提单，应尽量赶在船舶开航之前办理，以减少因改单产生的费用和手续。如果船舶已经开航，提单已经签发，托运人才提出更改提单的要求，如果更改的内容不涉及主要问题，在不妨碍其他提单利害关系人利益的前提下，承运人可以考虑更改，但要收取一定的改单费；如果更改的内容涉及主要问题，且影响妨碍其他提单利害关系人利益，或影响承运人交货条件，承运人要征得相关方的同意才能更改或收回原提单。

提单的补发。如果托运人不慎将提单遗失或损毁，要求补提单，承运人要根据具体情况具体处理，一般要求其提供担保或交纳保证金，而且要依据一定的法定程序将原提单声明作废，才能补发新提单。

（三）电放

电放是指在应当签发或已签发正本提单，货代公司根据托运人要求，向船公司提出申请，在不签发正本提单或收回已签发的全部正本提单前提下，以电子邮件、传真、电报等方式通知其在目的港的代理，将运输的货物交付给提单上载明的收货人。

电放操作要点：

（1）使用电报放货，并非不出提单，只是不出正本提单。

（2）托运人申请电放，应提出书面申请，通常要其出具公司保函。

任务六　货物跟踪和费用结算

一、海上货物运输跟踪

（一）海上货物跟踪及其作用

海上货物跟踪通常是货交实际承运人后，相关当事人利用承运人网站上的跟踪功能模块，通过输入提单号或集装箱号以及电子数据交换（EDI）技术及时获取有关货物运输状况的信息。

海上货物跟踪要求实际承运人企业能够提供货物跟踪网络平台并及时更新相关信息。一般而言，实际承运人将提单号或集装箱号等货物信息，通过公共通信线路、专用通信线路或卫星通信线路传送到总部的中心计算机进行汇总整理，并随时提交货物的最新状态到货物跟踪网络平台。

海上货物的跟踪系统提高了承运人企业的服务水平，其具体作用表现在以下四个方面。

（1）当客户需要对货物的状态进行查询时，只要通过互联网在承运人的网站输入货物相应的提单号或集装箱号，马上就可以知道货物状态的信息。查询作业简便迅速，信息及时准确。

（2）通过货物状态信息可以知道货物是否将在预定的时间内运抵目的港，能及时发现没有在预定的时间内把货物运抵目的港的情况，便于马上查明原因并及时采取措施，从而提高运输货物的准确性和及时性，提高客户服务水平。

（3）作为获得竞争优势的手段，提高承运人运输效率，提供差别化承运人服务。

（4）通过货物跟踪系统查询平台，承运人企业提供了丰富的信息分享资源，有关货物运输状态信息的分享有利于收货人预先做好接货工作的准备；有助于收货人提前做好原材料加工、货物销售等工作，加快货物流转速度，提高资金利用率，获取最大收益。

（二）网上在线查询的方法

（1）利用搜索引擎查询承运人网站。

（2）登录承运人网站，查找货物跟踪界面，输入需要查询货物的提单号或集装箱号，可了解货物运输状态信息。

比如，查找到货物跟踪界面，中远提供三种跟踪方式：

①根据订舱号、提单号、箱号跟踪。

②根据电子邮件跟踪，在邮件标题输入集装箱号，几分钟后即可收到集装箱最新动态的邮件。

③短信跟踪（限中国大陆用户）。

二、费用结算

（一）统计应收款项

船公司费用：海运费+THC+文件费。

车队费用：做箱提柜费用（运费）。

报关行费用：报检报关代理费用。

海关：税款。

商检：商检费。

其他费用：比如按票收的电话费、快递费、人员办公费等。

上述费用分为实际操作成本和代垫费用（代垫费用应实报实销，凭相关方开具的发票向货主企业据实收取）。作为货代从业人员，一定要熟悉各项操作可能产生的费用及标准，以避免漏收费用。比如成本项目有快递费、电话费、办公费、人员费用等运营费用，实报实销项目有海运费、THC、文件费、运费、通关代理费、码头费、办单费、货物查验费等。

这里需要说明的是，一些应付费用，如果收款方还未收取，货代公司也要按照供应商提供的报价或对账单所显示金额来据实统计。否则，如果未代垫的费用没有统计在内，会造成漏收客户费用。因为供应商将会在以后去向货代公司收取该项费用，货代公司已经与货主企业对账收款，再次更改对账单将会带来麻烦，而且对公司的信誉也会造成不利影响。作为货代从业人员，一定要熟悉各项操作可能产生的费用及标准，以避免漏收费用。

另外，货代从业人员一定要熟悉公司的财务制度，如公司使用外拖车、外堆场的结算原则，公司的结算倾向于选择转账支票还是现金结算等。

（二）操作成本和代垫费用

按照报价单准确区分应付款项中的操作成本和代垫费用。因为给予不同客户的报价模式可能不一样，故要以给予客户的报价单为依据，来区分统计的应付款项中的成本及实报实销项目。

就本任务而言，成本部分有快递费、电话费、办公费、人员费用等运营费用。实报实销项目有海运费、THC、文件费、运费、通关代理费、码头费、办单费、货物查验费等。

另外，在操作过程中，如果发生意外的实报实销费用（报价单中未列明的项目）或发生大额的实报实销费用时，应及时通知货主，以免在对账时客户以完全不知情为由而拒绝支付该项费用。

（三）制作对账单，与货主企业确认后通知公司财务部门开具发票

制作好应收款项对账单后，再次检查核对无误后，即可发送给货主企业相关负责人核对，一般采用邮件或传真形式。邮件或传真发出后，应及时与收件人电话确认，并委婉要求对方及时对账并回复邮件或回复传真确认为宜。当然，上述要求也可写入对账单。

收到客户的传真或邮件确认件后，打印一份送交公司财务部，由财务人员按照对账单内容开具发票。

这里需要说明的是，财务开具的发票一般是对账单中的包干费部分，因为实报实销项目为代垫费用，已有各供应商开具的发票，但是，有些货主企业不想一票业务操作下来，收到太多单位开具的发票，会要求部分实报实销费用也由货代公司开具发票，这样的话，货代公司应提前与货主企业确认，在操作过程中应及时告知各供应商应开具以货代公司名称为抬头的发票，以便货代公司可以转开发票给货主企业。

（四）送发票给货主企业并催收相关款项

财务部门开好相关发票后，和实报实销的发票一起邮寄给客户，并电话追踪客户的签收情况。确认客户收到发票，应向客户催收相关款项。与货主企业确认其付款后，让其传真付款水单。收到付款水单后，转交财务并让财务查询付款到账情况。

三、提单、发票等单证的送达及客户签收

货主自来取件的，需签收。

通过EMS、快递公司的，应填制签收单，标明诸如“提单号”“发票号”“核销单号”“许可证号”等单证的编码要素，要求客户签收回收或回寄货代处以备日后查证。

（1）与货主企业确认其付款后，让其传真付款水单。

（2）收到付款水单后，转交财务并让财务查询付款到账情况。

（3）与财务确认款项到账后，整理全套结汇单证（结汇报关单、出口收汇核销单）及应交付给客户的其他单证（提单、发票等），邮寄或直接送交客户。

知识拓展

费用结算注意事项

1. 如果是FOB条款下，由于海运段货代是由海外客户（进口商）指定的，所以与指定货代间的运费结算一般是付款买单，即付款再放提单/核销单。

2. 如果内陆报关、拖车等服务也需要指定货代操作，可以指定货代协商付款买核销单或者月结（30天）。

3. 货主跟货代票结，这种情况一般是货主先给货代付款，然后货代给船代或船公司付款买单，也可能是货代先给船代或船公司付款买单，然后货主再给货代付款买单，多数为前者。

4. 货主跟货代月结，这种情况都是货代先去船代或船公司买单，先将提单交给货主，然后货主会在双方月结协议中规定的时间将一段时间内所出的货的费用交付货代。

5. 货代业务牵涉货代、报关行、车队、船公司、码头、堆场等，货主只要和货代结账就可以。货代下游的各个供应商都由货代去处理，和货主基本不发生直接关系，一般来说，费用都是货代垫付或者是货代和下游的供应商由协议规定。

6. 代垫费用中，结账前会牵涉货主的一般就是税款及海运费，货代公司为了不付大额资金，一般会单独提供税单和海运费费率给货主，待货主确认这些费用后，货代公司一般会要求货主企业先行预付款项，货代公司收到款项后才会去操作。货主企业也可以要求货代公司垫付这些费用，这就要看货主企业的公司背景，在市场上的信用及与货代公司的合作关系和合作记录。

任务七 进口提货准备

一、接单

从委托人那里取得包括正本提单在内的全套运输及商业单据，查清由哪家船公司承运，哪家作为船舶代理，在哪儿可以换到供通关用的提货单。

全套单据包括带背书的正本提单或电放副本、装箱单、发票、合同等。

二、船舶到港前的资料准备

（一）建立航次档案

船舶到港前，收到船公司或其他代理的传真舱单/放货特别指示（如有）等有关资料，建立相应的船舶航次档案。

（二）初步审核相关资料

初步审核传真舱单，主要根据海关要求审核舱单上每票货物的中文货名、收货人、质量、件数等。

（三）预报船舶动态

船舶到港前 10 日、7 日、5 日、3 日、1 日，向进口舱单的收货人或通知人发“船期预报”，并向收货人确认舱单内容是否正确，补充中文货名等（集装箱班轮除外）。

（四）电脑预录入

在客户确认舱单传真件后，在电脑系统上输入舱单的各项内容，输入时注意提单号、收货人、卸货港、存货地、中文货名、规格型号、件数、毛重、体积、箱号等的准确性。

（五）处理往来函电

对于船舶到港前收到的船公司或其代理有关修改进口舱单的函电指示，在电脑系统上做相应更改，并尽快通知外勤业务员在给口岸单位的舱单上做相应的修改。

（六）处理扣货通知

（1）收到扣货通知后，应在台账和该票程提单正反面盖“暂不放货”专用章并登记时间，通知货主货已到，但暂不放货。

（2）接到放货通知后，立即在台账和提单正反面加盖“可以放货”专用章并登记时间、签名，同时通知货主办理提货。

（3）放货通知和其他进口资料一并归档。

三、船舶到港后的提货准备

（一）进口舱单、提单等资料的接收

（1）船舶到港后，从船务部外勤处接收进口舱单、提单等有关进口单证、资料等，并在单证交接本上签收。

（2）如有需要货代公司转交货主的随船文件，应妥善保管并在舱单位相应的提单下注明，交货主以便其提货。

关于进口舱单收集，应注意以下几点。

①对于散杂货船进口，如无随船正本提单，根据委托方的要求，代理应严格按照委托方或船长所提供的资料制作进口舱单，并要求确认。

②对于班轮，要求班轮公司提供符合要求的进口舱单，在多家班轮公司共用舱位的情形下，应将多家班轮的进口舱单收集齐全。

③将制作或收集齐全的进口舱单，在船舶到港前交给外勤人员签收。

④对所有预抵船舶，按船舶航次、到港时间进行初步归档，并做适当标识。

（二）正本舱单的审核

根据收到的进口正本舱单，仔细核对已录入电脑的舱单资料，主要核对总票数、提单号、收货人、卸货港、存货地、中文货名、规格型号、件数、毛重、体积、箱号等，如发现不符合，应以进口正本舱单为准进行修改，有疑问时，与船公司核实不符之处。

（三）制作进口提货单（见图 4-5）

打印进口提货单和条形码，将打印的提货单和舱单，随船提单进行核对。

货代凭带背书的正本提单（如电报放货，可带电报放货的传真与保函）去船公司或船舶代理部门打印提货单和设备交接单。

提货单（Delivery Order，D/O）又称小提单，是交货记录联单的第二联，通常由船公司或船代签发，是提货凭证。收货人在目的港须以正本提单向船代换取提货单，凭此提货。提货单不是物权凭证，不可流通。

提　货　单　①

DELIVERY ORDER

船档号：24113　IMO：91606624

致　　　　港区、场站

<table>
<tr><td colspan="2">收货人：
COMAX(COREANA-MAXPEED) TIANJIN CO., LTD
ROOM 3222, TLANJIN GOLDEN BUILDING,
NANJING ROAD, HEXI DISTRICT, TIANJIN
CHINA</td><td colspan="3">下列货物已办妥手续，运费结清，准予交付收货人。</td></tr>
<tr><td>船名：SINOKOR QINGDAO</td><td>航次：0122W</td><td colspan="2">启运港：PYONGTAEK</td><td>目的港：XINGANG</td></tr>
<tr><td>提单号：TMSCQX0122W006</td><td>交付条款：CY/CY</td><td colspan="3">到付运费：</td></tr>
<tr><td>抵港日期：2023-03-13</td><td>箱数：1 × 20GP</td><td colspan="3">第一程运输：</td></tr>
<tr><td>卸载地点：</td><td>进场日期：</td><td colspan="3">箱进口状态：</td></tr>
<tr><td>标记与集装箱号、铅封号</td><td>货物名称</td><td>件数与包装</td><td>重量（kgs）</td><td>体积（m³）</td></tr>
<tr><td>TSEM
TIANJIN
CHINA P/T3
MADE IN KOREA
GCSU2047522/674248/20GP</td><td>DUST COLLECTOR</td><td>3 PACKAGE</td><td>3680</td><td>20.31</td></tr>
<tr><td colspan="5">请核对放货：

国际船务代理公司
2023 年 03 月 12 日
凡属法定检验，检疫的进口商品，必须向有关监督机构申报。</td></tr>
<tr><td>收货人章</td><td>海关章</td><td colspan="3">货主自付港口费用</td></tr>
</table>

图 4–5　提货单

（四）将进口电子舱单发送海关

根据已审核无误的进口舱单于当日传输到海关电脑系统，并在海关电脑资料（脸单）传送登记本上登记，注明海关舱单航次号、发送人和发送时间。

（五）提货和退箱

货物提清后，应及时退还空箱并从场站取回设备交接单（借条），去船公司或船舶代理部门取回押箱金。

练一练

一、单项选择题

1. 班轮公司可以向（　　）支付揽货佣金。

A. 无船承运人　　B. 货运代理人

C. 托运人　　D. 出口商

2. 国际货代业务员首次开发客户，一般先采用的营销方式为（　　）。

A. 关系营销　　B. 网络营销

C. 电话营销　　D. 登门拜访

3. 目前在中国货运市场上，货主选择货运代理时考虑的首要因素是（　　）。

A. 班期　　B. 航行时间

C. 航线多少　　D. 运价

4. 世界经济从繁荣到衰退、从萧条到复苏，对国际贸易、国际运输、国际货代等市场影响的先后顺序是（　　）。

A. 国际贸易市场—国际货代市场—国际运输市场

B. 国际货代市场—国际贸易市场—国际运输市场

C. 国际运输市场—国际货代市场—国际贸易市场

D. 同时影响，没有滞后性

5. 服务营销组合因素在有形产品营销组合的基础上又增加了（　　）。

A. 分销渠道　　B. 人员

C. 过程　　D. 有形展示

6. FCL进场如发现箱体外表有损坏，堆场应在（　　）单证上做批注。

A. D/O　　B. CLP　　C. S/O　　D. EIR

7. 反映集装箱内货物内容的原始单证是（　　）。

A. 装箱单　　B. 场站收据　　C. 提单　　D. 舱单

8. 集装箱进口专用单证是（　　）。

A. 装箱单　　B. 场站收据

C. 交货记录　　D. 设备交接单

9. 海运提单收货人栏内显示“To Order”表示该提单（　　）。

A. 不可转让　　B. 经背书后，可以转让

C. 不经背书即可转让　　D. 可以由持有人提货

10. CFS/CFS集装箱运输条款是指（　　）。

A. 一个发货人，一个收货人　　B. 多个发货人，多个收货人

C. 一个发货人，多个收货人　　D. 多个发货人，一个收货人

11. 货物装船后，托运人要求承运人签发的提单是（　　）。

A. 已装船提单　　B. 收货待运提单

C. 倒签提单　　D. 不清洁提单

12. 根据整箱与拼箱货，最常采用的集装箱交接地点与交接方式是（　　）。

A. Door/Door　CY/CY　CFS/CFS　Hook/Hook

B. Door/Door　Door/CFS　Door/CFS　Door/Hook

C. CY/Door　CY/CY　CY/CFS　CY/Hook

D. CY/CY　CY/CFS　CFS/CY　CFS/CFS

13. 设备交接单的当事人是（　　）。

A. 发货人与承运人　B. 收货人与承运人

C. 用箱人与箱主　D. 发货人与货运代理人

14. LCL–FCL 货物交接的运输条款包括（　）。

A. CY–CY　B. CY–DOOR

C. CFS–CY　D. CY–CFS

15. 提单上的批注依据（　　）。

A. 提货单　B. 场站收据

C. 设备交接单　D. 装箱单

16. 为货主（发货人或收货人）订舱，取送货，追踪、查询货物情况，代报关，代商检，仓储，包装，制单，分拨等，利用专业人员、设施、设备和业务网络，从而大大减轻货主的物流业务难度的行业称为（　　）。

A. 报关行　B. 承运人

C. 货运代理　D. 承运人代理

17.TEU 表示（　　），是指标准集装箱。

A.40 英尺集装箱　B.20 吨集装箱

C.20 英尺集装箱　D.10 吨集装箱

18. 我国规定海运出口货物在装船前（　　）小时向运输工具所在地或出境地海关申报。

A.12　B.24　C.36　D.48

19. 最常用的国际运输方式是（　　）。

A. 空运　B. 海运

C. 多式联运　D. 公路运输

20. 国际货运代理人在签发自己的提单时，他就是（　　）。

A. 货主代理人　B. 托运人代理人

C. 收货人代理人　D. 承运人

21. 无论国际物流出口业务还是进口业务，业务流程的第一步都是（　　）。

A. 办理各项进、出口手续　B. 安排货物接运工作

C. 仓储和集运　D. 与客户订立合同

22. 提货单是（　　）。

A. 货物收据　B. 交货凭证

C. 运输合同　D. 运输合同证明

23. 订舱单的当事人是（　　）。

A. 托运人与承运人　B. 收货人与承运人

C. 代理人与承运人　D. 货代与承运人

24. 提货单的当事人是（　　）。

A. 货主与承运人　　B. 收货人与承运人

C. 第三方与承运人　　D. 货代与承运人

25. 提货单（D/O）的签发表明（　　）。

A. 已交货完毕　　B. 发货人责任终止

C. 收货人有权提货　　D. 承运人责任终止

26. 到付运费的支付时间是在（　　）。

A. B/L 签发前　　B. B/L 签发前后

C. D/O 签发前或当时　　D. 交货后

27. 出口商在货物装船取得提单后未能及时到银行议付，该提单将成为（　　）。

A. 顺签提单　　B. 待运提单

C. 过期提单　　D. 预借提单

28. 某国际货代公司接受货主委托后，以自己的名义到船公司办理了订舱业务，并向保险人投保了货代责任险。由于信用证规定的装运期为 8 月 10 日至 20 日，而货物于 8 月 22 日装船。为了不影响货主办理结汇业务，该货代公司向货主签发了日期为 8 月 20 日的倒签提单，由此给收货人造成了损失。本案例中应对损失承担赔偿责任的是（　　）。

A. 保险人　　B. 国际货代公司

C. 货主　　D. 船公司

29. 出口公司一批货物于 2020 年 8 月 3 日装运，并于同日船舶开航。经出口公司要求，船公司签发已装船提单的日期为 2020 年 7 月 28 日。该提单为（　　）。

A. 倒签提单　　B. 顺签提单

C. 过期提单　　D. 预借提单

30. 理论上，集装箱班轮运输下签发的提单通常是（　　）。

A. 倒签提单　　B. 收货等运提单

C. 已装船提单　　D. 预借提单

31. 某外贸公司出口的一批货物于 2020 年 9 月 7 日开始装船，9 月 9 日装船完毕，9 月 10 日船舶开航，该外贸公司于 9 月 11 日凭大副签名的收货单向船公司换取正本提单，提单的日期为（　　）。

A. 2020 年 9 月 7 日　　B. 2020 年 9 月 9 日

C. 2020 年 9 月 10 日　　D. 2020 年 9 月 11 日

32. 在集装箱出口流程中，托运人委托司机到空箱堆场提取空箱时，设备交接单出场目的与状态栏是（　　），当装箱完毕将重箱交回堆场时，进场目的与状态是（　　）。

A. 还箱　空箱　　B. 装箱　空箱

C. 装船　重箱　　D. 卸箱　重箱

33. 下列单证中（　　），是海运集装箱进口货运中特有的单证。（　　）

A. 场站收据　　B. 装箱单

C. 设备交接单　　D. 交货记录单

二、判断题

1. 基本港通常指船公司的船定期挂靠的港口。　　（　　）

2. 接到托运书后，负责将客户的货装上船是货代单证员的主要工作。 （ ）

3. 一般一级国际货代企业都具有报关权，能直接从船公司那里拿到舱位。 （ ）

4. 在中国货运市场上，运价始终是客户考虑的首要因素，但是在某些特殊情况下，社会文化因素可能上升为最主要因素。 （ ）

5. 国际货代企业中负责确认提单的人员是报关员。 （ ）

三、案例分析题

小周是某国际货代企业的一名新业务员，他进入国际货代行业的时候竞争已经很激烈。如何才能将别人的客户争取过来呢？小周苦思冥想，想到了一个好办法。他知道现在客户都非常注重价格，于是他报的价格总是比别的货代企业低，有时候甚至低于航线的成本运价。他的想法是先把客户的货物争取过来，等到货物报关放行后、签发海运提单前再跟客户讲，因为船公司涨价了，或者因为增加了某附加费等方面的因素，客户需要补付多出的运费。由于提单或核销单掌握在货代企业手里，客户只好乖乖地付钱，有时候一票货的利润就相当于他 1 个月的额定任务。

思考：你认为小周的办法好吗？谈谈你的看法。

➡任务训练页

综合训练一 海运提单填制

一、训练目标

1. 了解海运提单的结构及作用；
2. 掌握海运提单的填写规范；
3. 能够根据客户要求进行海运提单填制。

二、任务情景

根据以下资料，请代琳达为客户填制海运提单，提单要求：FULL SET OF CLEAN “ON BOARD” OCEAN BILLS OF LADING MADE OUT TO ORDER MARKED FREIGHT PREPAID AND NOTIFY APPLICANT.

资料 1：

表 4–6 商业发票

<table>
<tr><td rowspan="2">ISSUER
GUANGDONG YIGE FOREIGN TRADE CO., LTD.
NO. 1, Guang Jiang Road, Jiangmen, Guangdong, China</td><td colspan="2">COMMERCIAL INVOICE</td></tr>
<tr><td colspan="2"></td></tr>
<tr><td>TO
KUNGSANGS INTEROR CO.,LTD
NO. 168, KATAR ROAD, Genova CITY, Genova , Italy</td><td>NO.
YG–P38–01</td><td>DATE
OCT.02.2024</td></tr>
</table>

续表

<table>
<tr><td colspan="2" rowspan="2">TRANSPORT DETAILS
From NANSHA, CHINA to Genoa , Italy
by vessel</td><td colspan="2">S/C NO.
YGKS20-38</td><td>TRADE TERMS
DAP GENOA</td></tr>
<tr><td colspan="3">TERMS OF PAYMENT
100% of the total value will be paid by D/P at 30 days after sight.</td></tr>
<tr><td>MARKS AND NUMBERS</td><td>NUMBER AND KIND OF PACKAGE
DESCRIPTION OF GOODS</td><td>Quantity</td><td>Unit Price</td><td>Amount</td></tr>
<tr><td>N/M</td><td>chip shooter
2880 setS in cartons
CARTON SIZE: 39cm × 58cm × 62cm</td><td>2880 SETS</td><td>USD 158
PER SET</td><td>USD
455040.00</td></tr>
<tr><td colspan="2">TOTAL:</td><td>2880 SETS</td><td></td><td>USD455040.00</td></tr>
<tr><td>SAY TOTAL:</td><td colspan="4">SAY U.S. DOLLARS FOUR HUNDRED AND FIFty-FIVE thousand and FORTY ONLY</td></tr>
<tr><td colspan="5">Remarks:
We hereby certify that the value of this invoice is in all respects true and correct.</td></tr>
</table>

资料 2：

表 4-7　装箱单

<table>
<tr><td colspan="3">Issuer
GUANGDONG YIGE FOREIGN TRADE CO., LTD.
NO. 1, Guang Jiang Road, Jiangmen, Guangdong, China</td><td colspan="4" rowspan="2">PACKING LIST</td></tr>
<tr><td colspan="3" rowspan="2">TO
KUNGSANGS INTEROR CO.,LTD
NO. 168, KATAR ROAD, Genova CITY, Genova, Italy</td></tr>
<tr><td colspan="2">Invoice No.
YG-P38-01</td><td colspan="2">Date
OCT.02.2024</td></tr>
<tr><td>Marks and Numbers</td><td>Number and kind of package
Description of goods</td><td>Quantity</td><td>Package</td><td>G.W.(KG)</td><td>N.W.(KG)</td><td>Meas. (CBM)</td></tr>
</table>

续表

N/M	chip shooter 2880 sets in cartons CARTON SIZE: 39cm × 58cm × 62cm	2880 SETS	CARTON	158400.00	144000.00	403.9
Total:		2880 SETS		158400.00	144000.00	403.9
Say Total:	SAY TWO THOUSAND EIGHT HUNDREDS AND EIGHTY SETS ONLY					

资料 3：

表 4–8　订舱确认书

中国远洋海运集团有限公司
CHINA COSCO SHIPPING CORPORATION LIMITED

BOOKING CONFIMATION

订舱确认书

TO: GUANGZHOU SILVER GULF FREIGHT TRANSPORTATION CO.,LTD

FROM: COSCO SHIPPING CO.LTD GUANGZHOU BRANCH

DATE: SEPT 29, 2024

B/L NO.: COSNSGN202410008

FORWARDER REFERENCE:

预配头程船名航次：MV. COSCO KILIMANJARO V. 0RE77W1MA　　航线：REX1

预配二程船名航次：　　航线：

SHIPPER：GUANGDONG YIGE FOREIGN TRADE CO., LTD..
NO. 1, GUANG JIANG ROAD, JIANGMEN, GUANGDONG, CHINA

POL：NANSHA, CHINA

POD：Genoa , ITALY　　PLACE OF DELIVERY：Genoa , ITALY

QUANTITY：6 × 40’ HQ

CNTR NO.：CMAU2661425 CMAU4008874 CMAU4351432 CMAU6991527
CMAU6454149 CMAU9452314

CARGO：CHIP SHOOTER

SHIPPING TERMS：CY−CY

备注：

预计开舱时间： 2024/09/25 10:00

预计截重时间： 2024/10/01 12:00

续表

预计截关时间：2024/10/01 18:00 **预计开航时间**：2024/10/03 12:00 **预计截文件时间**：2024/10/01 17:00 **预计到目的港时间**：2024/11/02 08:00 * 以上时间如有变动，以另行通知为准。 * 如贵公司自行安排拖车报关，请仔细阅读下列事项。 **打单提箱地点**：广州南沙集装箱码头 **放行条交接地点**：广州南沙集装箱码头 **空箱提取地点**：广州南沙集装箱码头 **重箱返回地点**：广州南沙集装箱码头 **Tel**: +86-20-66665555 **Fax**: +86-20-66665555

三、工作任务

制作海运提单。

四、任务实施

请在表 4-9 的序号空白处填制海运提单。

表 4-9　空白海运提单

Shipper (1)	B/L NO.（4） COSCO SHIPPING 中国远洋海运集团有限公司 CHINA COSCO SHIPPING CORPORATION LIMITED COMBINED TRANSPORT BILL OF LADING Received in apparent good order and condition except as otherwise noted the total number of container or other packages or units enumerated below for transportation from the place of receipt to the place of delivery subject to the terms hereof. One of the signed Bills of Lading must be surrendered duly endorsed in exchange for the Goods or delivery order. On presentation of this document (duly) Endorsed to the Carrier by or on behalf of the Holder, the rights and liabilities arising in accordance with the terms hereof shall (without prejudice to any rule of common law or statute rendering them binding on the Merchant) become binding in all respects between the Carrier and the Holder as though the contract evidenced hereby had been made between them.
Consignee (2)	
Notify Party (3)	

续表

<table>
<tr><td colspan="2">Vessel and Voyage Number
（5）　　　（6）</td><td colspan="2">Port of Loading
（7）</td><td colspan="2">Port of Discharge
（8）</td></tr>
<tr><td colspan="2">Place of Receipt</td><td colspan="2">Place of Delivery</td><td colspan="2">Number of Original Bs/L
（9）</td></tr>
<tr><td colspan="6">PARTICULARS AS DECLARED BY SHIPPER – CARRIER NOT RESPONSIBLE</td></tr>
<tr><td colspan="2">Container Nos/Seal Nos.
Marks and/Numbers</td><td colspan="2">No.　of Container / Packages /
Description of Goods</td><td>Gross Weight
(Kilos)</td><td>Measurement
(cu–metres)</td></tr>
<tr><td colspan="2"></td><td colspan="2">（10）　　　（11）</td><td>（12）</td><td>（13）</td></tr>
<tr><td colspan="3" rowspan="3">FREIGHT & CHARGES
（14）</td><td colspan="3">Number of Containers/Packages (in words)</td></tr>
<tr><td colspan="3">Shipped on Board Date:
（15）</td></tr>
<tr><td colspan="3">Place and Date of Issue:

In Witness Whereof this number of Original Bills of Lading stated
Above all of the tenor and date one of which being accomplished
the others to stand void.

for COSCO SHIPPING CORPORATION LIMITED
as Carrier</td></tr>
</table>

五、任务评价

<table>
<tr><td>班级</td><td></td><td colspan="2">任务名称</td><td>姓名</td><td colspan="2"></td></tr>
<tr><td>学号</td><td></td><td colspan="2">海运提单填制</td><td>组别</td><td colspan="2"></td></tr>
<tr><td>评价项目</td><td>评价标准</td><td>小组自我评价（20%）</td><td>交互评价（30%）</td><td>教师评价（50%）</td><td>分值</td><td>得分</td></tr>
<tr><td rowspan="2">职业能力</td><td>团队合作、分工明确</td><td></td><td></td><td></td><td>10</td><td></td></tr>
<tr><td>有独立工作能力，完成质量好</td><td></td><td></td><td></td><td>10</td><td></td></tr>
</table>

续表

班级		任务名称		姓名		
学号		海运整箱货报价		组别		
评价项目	评价标准	小组自我评价（20%）	交互评价（30%）	教师评价（50%）	分值	得分
专业能力	能够分析发票、装箱单及订舱确认书主要内容，教师适当提问，共计 20 分				20	
	海运提单每填写正确 1 个得 4 分，共计 60 分				60	
个人总结与反思				成绩合计	100	
				指导老师综合评价		

项目五

国际货代航空业务操作

➡任务目标

◇ 知识目标	1. 熟悉航空货运基础知识； 2. 熟悉货物托运书的填写要求和审核要点； 3. 了解国际航空运输协会及常用代码； 4. 掌握航空货运单的作用和填写要点； 5. 掌握航空运费的计算方法； 6. 了解航空出口货代操作流程。
◇ 能力目标	1. 能够根据客户需求，选择合适的运输路线及航空公司； 2. 能够根据客户需求，进行航空进出口货代操作； 3. 能够对客户进行报价； 4. 能够根据客户需求进行航空运单的审核与制作。
◇ 思政目标	1. 通过学习航空基础知识，了解中国的航空运输事业的发展，培养家国情怀； 2. 通过学习运输方案的制订，培养学生的成本观念及大局观； 3. 在航空运单的填制与审核环节，强化学生认真细致的工作作风。

➡任务情景

广东大宇贸易有限公司（以下简称“大宇公司”）现需要向日本长崎出口一批货物，出口清单中有纺织品、银壶、仓鼠和哈密瓜，根据大宇公司和日本客商签订的合同，大宇公司要在2025年5月底前装运，目的港为日本长崎。大宇公司在4月已将货物准备好，并及时联系了广州银湾国际货运代理有限公司作为其货代，大宇公司的市场贸易部刘经理要求公司为其提供航空物流解决方案。广州银湾国际货运代理有限公司航空业务部的Jiessie在看了货物的详细清单及信用证中关于运输的条款后，向大宇公司提供了较为合理的报价，安排适当的线路。大宇公司在认真比较后，认为方案还比较合理，遂与广州银湾国际货运代理有限公司签订了代理报关与运输协议，把国际运输和报关任务委托给广州银湾国际货运代理有限公司。

➡任务驱动

根据以上任务情景，如果你是广州银湾国际货运代理有限公司航空业务部的Jiessie，在接下来的业务中需要做什么呢？你该怎样安排接下来的工作？

➡相关知识

任务一 航空货运基础知识

一、航空线和航空港

（一）航空线

航空线也称空中交通线，是指飞机飞行的路线。这些航线不仅确定了飞机飞行的具体方向、起讫点和经停点，而且根据空中交通管制的需要，规定了航线的宽度和飞行高度，以维护空中交通秩序，保证飞行安全。

航空线按飞机飞行的路线分为国内航线和国际航线。飞机飞行的线路起讫点、经停点均在国内的称为国内航线，而飞机飞行的线路跨越本国国境，通达其他国家的航线则称为国际航线。

航空运输是使用民用航空器运送旅客和货物的全部航空活动，包括国内航空运输和国际航空运输两大类。

世界上最繁忙的航空货运线路如下。

1. 西欧—北美间的北大西洋航空线

该航线主要连接巴黎、伦敦、法兰克福、纽约、芝加哥、蒙特利尔等航空枢纽。

2. 西欧—中东—远东航空线

该航线连接西欧各主要机场至北京、中国香港、东京等机场，并途经雅典、开罗、德黑兰、卡拉奇、新德里、曼谷，新加坡等重要航空站。

3. 远东—北美间的北太平洋航线

这是北京、中国香港、东京等机场经过北太平洋上空至北美西海岸的温哥华、西雅图、旧金山、洛杉矶等机场的航空线，并可延伸至北美东海岸的机场。太平洋中部的檀香山是该航线的主要中继加油站。

此外，还有北美—南美、西欧—南美、西欧—非洲、西欧—东南亚—澳新、远东—澳新、北美—澳新等重要国际航空线。

在我国，目前主要在北京、上海、天津、沈阳、大连、哈尔滨、青岛、广州、南宁、昆明和乌鲁木齐等机场接办国际航空货运业务。

（二）航空港

航空港是指位于航线上的、为保证航空运输和专业飞行作业用的机场及其有关建筑物和设施的总称，是空中交通网的基地。航空港由飞行区、客货运服务区和机务维修区三部分组成。其中，飞行区是航空港面积最大的区域，设有指挥台、跑道、滑行道、停机坪、无线电导航系统等设施。航空港的主要任务是完成客货运输服务，保养与维修飞机，保证旅客、货物和邮件正常运送以及飞机安全起降。

航空港按照所处的位置分为干线航空港和支线航空港。按业务范围分为国际航空港和国内航空港，其中国际航空港需经政府核准，可以用来供国际航线的航空器起降营运，空港内配有海关、移民、检疫和卫生机构；而国内航空港仅供国内航线的航空器使用，除特殊情况外不对外国航空器开放。

世界各大洲重要的航空港如下。

1. 亚洲重要航空港

亚洲重要航空港包括北京、上海、中国香港、东京、马尼拉、曼谷、新加坡、雅加达、仰光、加尔各答、孟买、新德里、卡拉奇、德黑兰、贝鲁特、吉达等。

2. 欧洲重要航空港

欧洲重要航空港包括伦敦、巴黎、苏黎世、维也纳、柏林、哥本哈根、莫斯科、布加勒斯特、雅典、里斯本等。

3. 北美洲重要航空港

北美洲重要航空港包括纽约、华盛顿、芝加哥、蒙特利尔、亚特兰大、洛杉矶、旧金山、温哥华及位于太平洋的檀香山等。

4. 非洲重要航空港

非洲重要航空港包括开罗、喀土穆、内罗毕、约翰内斯堡、布拉柴维尔、拉各斯等。

5. 拉丁美洲重要航空港

拉丁美洲重要航空港包括墨西哥城、加拉加斯、里约热内卢、布宜诺斯艾利斯、圣地亚哥、利马等。

6. 大洋洲重要航空港

大洋洲重要航空港包括悉尼、奥克兰、布里斯班、墨尔本等。

7. 世界主要货运机场

世界主要货运机场包括法国的戴高乐机场、德国的法兰克福国际机场、荷兰阿姆斯特丹的希普霍尔机场、英国伦敦的希斯罗机场、美国的芝加哥机场、日本的成田机场、中国香港的赤鱲角机场等。

知识拓展

2023 年全球货运吞吐量最多的十大航空港

机场货运吞吐量是指机场在一定时间里，所有货物和邮件起降总数。这是衡量一座机场吞吐能力的重要指标，不仅可以评价机场的货物邮件起降量，也可以评估机场的实际货运能力。以下介绍 2023 年全球货运吞吐量最多的十大航空港。

1. 中国香港机场，433.2 万吨

香港国际机场，位于中国香港，为 4F 级民用国际机场，世界最繁忙的航空港之一，全球超过 100 家航空公司在此运营，货运量连续 18 年居全球第 1 位。

2. 美国孟菲斯机场，388.2 万吨

孟菲斯国际机场，是美国田纳西州孟菲斯的国际机场，为世界最大货运机场之一。该机场是美国西北航空的第三大转运中心，也是联邦快递的总部。

3. 美国安克雷奇机场，360 万吨

泰德·史蒂文斯安克雷奇国际机场，位于美国阿拉斯加州安克雷奇市，是全球第三大货运机场。

4. 中国上海浦东机场，344 万吨

上海浦东国际机场，位于中国上海市浦东新区，为 4F 级民用机场，中国三大门户复合枢纽之一、华东区域第一大枢纽机场、门户机场。

5. 美国迈阿密机场，278 万吨

迈阿密国际机场，位于美国迈阿密西部，是美国连接中南美洲的重要门户，也是美利坚航空公司的 4 大中枢之一。

6. 韩国仁川机场，274.4 万吨

仁川国际机场，位于韩国仁川广域市，为 4F 级国际机场、大型国际枢纽机场。

7. 美国路易斯维尔机场，272.8 万吨

路易斯维尔国际机场，位于美国肯塔基州路易斯维尔市，是一座军民合用机场，它是肯塔基州最繁忙的机场之一，也是美国主要的货运机场之一。

8. 卡塔尔多哈哈马德机场，234.1 万吨

哈马德国际机场，位于卡塔尔国多哈市，为 4F 级军民合用国际机场，是国家门户枢纽机场、多哈国际机场民航部分的承接机场。

9. 中国台北桃园机场，211.3 万吨

台湾桃园国际机场，简称桃园机场，位于中国台湾省桃园市，为 4F 级民用国际机场。

10. 中国广州白云机场，203.1 万吨

广州白云国际机场，位于中国广东省广州市，为 4F 级民用国际机场，是中国三大门户复合枢纽机场之一，世界前五十位主要机场。

资料来源：https://www.yoojia.com/

二、航空公司

航空公司（Airlines）是指以各种航空飞行器为运输工具，以空中运输的方式运载人员或货物的企业。航空公司是以各种航空飞行器为运输工具为乘客和货物提供民用航空服务的企业。航空公司使用的飞行器可以是自己拥有的，也可以是租来的，可以独立提供服务，或者与其他航空公司合伙或者组成联盟。

航空公司的规模可以从只有一架运输邮政或货物的飞机到拥有数百架飞机提供各类全球性服务的国际航空公司。航空公司的服务范围可以分洲际的、洲内的、国内的，也可以

分航班服务和包机服务。各大航空公司通常已经在国际民航组织登记自己的呼号。呼号通常都是航空公司的名称，但也有例外的，再在呼号后加上航班编号，一些满载的大型航机会在呼号后再加上HEAVY（Cathay-seven-one-seven-heavy），让航空管制员知道该航班特重，不能执行一些指令（如保持低速、飞到更高高度等）。

截至2023年年底，我国共有运输航空公司66家，全国客运航空公司共执行航班467.17万班次，平均航班正常率为87.80%。

任务训练

请查询目前全球最具品牌价值的十家国际航空运输公司，了解其所属国家及主要业务范围。

三、国际航空运输协会

（一）国际航空运输协会

国际航空运输协会（International Air Transport Association，IATA）是一个由世界各国航空公司所组成的大型国际组织，其前身是1919年在海牙成立并在第二次世界大战时解体的国际航空业务协会，总部设在加拿大的蒙特利尔，执行机构设在日内瓦。和监管航空安全和航行规则的国际民航组织相比，它更像是一个由承运人（航空公司）组成的国际协调组织，管理在民航运输中出现的诸如票价、危险品运输等问题。IATA被用作该协会的标志，如图5-1所示。

图5-1　IATA标志

1.性质

国际航空运输协会即“航协”，从组织形式上是一个航空企业的行业联盟，属非官方性质组织，但是由于世界上的大多数国家的航空公司是国家所有，即使非国有的航空公司也受到所属国政府的强力参与或控制，因此航协实际上是一个半官方组织。它制定运价的活动，必须在各国政府授权下进行，它的清算所对全世界联运票价的结算是一项有助于世界空运发展的公益事业，因而国际航协发挥着通过航空运输企业来协调和沟通政府间政策，解决实际运作困难的重要作用。

2.宗旨

宗旨是“为了世界人民的利益，促进安全、正常和经济的航空运输，扶植航空交通，并研究与此有关的问题”；“对于直接或间接从事国际航空运输工作的各空运企业提供合作的途径”；“与国际民航组织及其他国际组织协力合作”。

3. 基本职能

协会的基本职能包括国际航空运输规则的统一、业务代理、空运企业间的财务结算、技术上合作、参与机场活动、协调国际航空客货运价、航空法律工作、帮助发展中国家航空公司培训高级和专门人员。

4. 主要活动

国际航空运输协会的活动主要分为以下三种。

（1）同业活动

代表会员进行会外活动，向具有权威的国际组织和国家当局申述意见，以维护会员的利益。

（2）协调活动

监督世界性的销售代表系统，建立经营标准和程序，协调国际航空运价。

（3）行业服务活动

承办出版物、财务金融、市场调研、会议、培训等服务项目。

通过上述活动，统一国际航空运输的规则和承运条件，办理业务代理及空运企业间的财务结算，协调运价和班期时刻，促进技术合作，参与机场活动，进行人员培训等。

知识拓展

IATA中国主要成员

1993年8月，中国国际航空公司、中国东方航空公司和中国南方航空公司正式加入IATA。1994年4月15日，IATA在北京设立了中国代理人事务办事处。1995年7月21日，中国国际旅行社总社正式加入IATA，成为IATA在中国大陆的首家代理人会员。国际航空运输协会国旅总社取得IATA指定代理人资格后，便有权使用国际航协代理人的专用标志，可取得世界各大航空公司的代理权，使用IATA的统一结算系统，机票也同世界通用的中性客票相同。1997年3月3日，中国西南航空公司正式成为IATA的多边联运协议成员。多边联运协议（MITA）的主要职能是为成员航空公司进行旅客、行李、货物的接收、中转、更改航程及其他相关程序提供统一的标准，成员航空公司间可互相销售而不必再签双边联运协议。MITA使成员公司相互接受运输凭证，使用标准的国际航空运输协会客票和货单，将世界各航空公司各自独立的航线，结合成有机的全球性航空运输网络。全球共有300家航空公司加入MITA。中国西南航空公司是中国民航继中国国际航空公司、中国东方航空公司、中国南方航空公司之后，第四家成为MITA成员的航空运输企业。

（二）空运常用代码

1. 城市IATA代码

中国部分城市的IATA代码见表5-1。

表 5-1　中国城市的IATA代码（部分）

城市	IATA代码	城市	IATA代码	城市	IATA代码
北京	PEK	上海	SHA	广州	CAN
深圳	SZX	天津	TSN	大连	DLC
连云港	LYG	青岛	TAO	厦门	XMN
福州	FOC	秦皇岛	BPE	烟台	YTG
香港	HKG	澳门	MFM	台北	TPE
高雄	KHH	杭州	HGH	武汉	WUH
成都	CTU	重庆	CKG	宁波	NGB
南京	NKG	沈阳	SHE	西安	XIY

亚洲国家主要城市的IATA代码见表 5-2。

表 5-2　亚洲国家主要城市的IATA代码（部分）

国家	城市	IATA代码	国家	城市	IATA代码	国家	城市	IATA代码
新加坡	新加坡市	SIN	马来西亚	吉隆坡	KUL	泰国	曼谷	BKK
阿拉伯联合酋长国	迪拜	DXB	缅甸	仰光	RGN	韩国	首尔	SEL
日本	大阪	OSA	日本	东京	TYO	日 本	福冈	FUK
菲律宾	马尼拉	MNL	伊朗	德黑兰	THR	印度	孟买	BOM
斯里兰卡	科伦坡	CMB	巴基斯坦	卡拉奇	KHI	印度尼西亚	雅加达	JKT
科威特	科威特	KWI	沙特阿拉伯	利雅得	RUH	印度	新德里	DEL
土耳其	安卡拉	ANK	越南	胡志明市	SGN	越南	河内	HAN

欧洲国家主要城市的IATA代码见表 5-3。

表 5-3　欧洲国家主要城市的IATA代码（部分）

国家	城市	IATA代码	国家	城市	IATA代码	国家	城市	IATA代码
英国	伦敦	LON	英国	曼彻斯特	MAN	英国	利物浦	LPL
法国	巴黎	PAR	法国	马赛	MRS	法国	里昂	LYS
德国	法兰克福	FRA	德国	慕尼黑	MUC	德国	斯图加特	STR
德国	汉堡	HAM	德国	纽伦堡	NUE	德国	柏林	TXL
意大利	米兰	MIL	意大利	罗马	ROM	意大利	热那亚	GOA
意大利	那不勒斯	NAP	荷兰	阿姆斯特丹	AMS	西班牙	马德里	MAD
西班牙	巴塞罗那	BCN	奥地利	维也纳	VIE	奥地利	林茨	LNZ

续表

国家	城市	IATA代码	国家	城市	IATA代码	国家	城市	IATA代码
俄罗斯	莫斯科	MOW	丹麦	哥本哈根	CPH	芬兰	赫尔辛基	HEL
爱尔兰	都柏林	DUB	瑞士	日内瓦	GVA	瑞士	苏黎世	ZRH
瑞典	斯德哥尔摩	STO	葡萄牙	里斯本	LIS	挪威	奥斯陆	OSL
比利时	布鲁塞尔	BRU	希腊	雅典	ATH	捷克	布拉格	PRG
塞尔维亚	贝尔格莱德	BEG	罗马尼亚	布加勒斯特	BUH	波兰	华沙	WAW

北美洲国家主要城市的IATA代码见表5-4。

表5-4 北美洲国家主要城市的IATA代码（部分）

国家	城市	IATA代码	国家	城市	IATA代码	国家	城市	IATA代码
美国	纽约	NYC	美国	芝加哥	CHI	美国	旧金山	SFO
美国	洛杉矶	LAX	美国	西雅图	SEA	美国	迈阿密	MIA
美国	亚特兰大	ATL	美国	波士顿	BOS	美国	华盛顿	WAS
加拿大	多伦多	YYZ	加拿大	温哥华	YVR	加拿大	渥太华	YOW

2. 机场IATA代码

世界主要机场的IATA代码见表5-5。

表5-5 世界主要机场IATA代码

洲名	国家名称	城市中文名	城市英文名	三字码
亚洲	阿联酋	阿布扎比	ABU DHABI	AUH
亚洲		迪拜	DUBAI	DXB
亚洲	阿曼	马斯喀特	MUSCAT	MCT
亚洲	巴基斯坦	伊斯兰堡	ISAMABAD	ISB
		卡拉奇	KARACHI	KHI
亚洲	朝鲜	平壤	PYONG YANG	FNJ
亚洲	菲律宾	马尼拉	MANILA	MNL
亚洲	哈萨克斯坦	阿拉木图	ALMA-ATA	ALA
亚洲	韩国	仁川	INCHEON	ICN
		釜山	PUSAN	PUS
亚洲	柬埔寨	金边	PHNOM PENH	PNH
亚洲	卡塔尔	多哈	DOHA	DOH
亚洲	科威特	科威特	KUWAIT	KWI
亚洲	马尔代夫	马累	MALE	MLE

续表

洲名	国家名称	城市中文名	城市英文名	三字码
亚洲	马来西亚	吉隆坡	KUALA-LUMPUR	KUL
亚洲		槟城	PENANG	PEN
亚洲	蒙古国	乌兰巴托	ULAN BATOR	ULN
亚洲	缅甸	仰光	YANGON	RGN
亚洲	尼泊尔	加德满都	KATHMANDU	KTM
亚洲	日本	东京成田机场	TOKYO	NRT
		大阪	OSAKA	OSA
亚洲		东京首都机场	TOKYO	TYO
亚洲	沙特阿拉伯	利雅得	RIYADH	RUH
亚洲	斯里兰卡	科伦坡	COLOMBO	CMB
亚洲	泰国	曼谷	BANGKOK	BKK
亚洲	土耳其	伊斯坦布尔	ISTANBUL	IST
亚洲	新加坡	新加坡	SINGAPORE	SIN
亚洲	伊朗	德黑兰	TEHRAN	THR
亚洲	以色列	特拉维夫	TEL AVIV	TLV
亚洲	印度	孟买	BOMBAI	BOM
		加尔各答	CALCUTTA	CCU
亚洲	印度尼西亚	雅加达	JAKARTA	JKT
亚洲	越南	胡志明市	HO CHI MINH CITY	SGN
大洋洲	澳大利亚	阿德莱德	ADELAIDE	ADL
		布里斯班	BRISBANE	BNE
		墨尔本	MELBOURNE	MEL
		悉尼	SYDNEY	SYD
大洋洲	新西兰	奥克兰	AUCKLAND	AKL
欧洲	丹麦	哥本哈根	COPENHAGEN	CPH
欧洲	德国	柏林	BERLIN	BER
		汉堡	HAMBURG	HAM
		法兰克福	FARNKFURT	FRA
欧洲	俄罗斯	圣彼得堡	ST.PETERSBURG	LED
		莫斯科	MOSCOW	MOW
		符拉迪沃斯托克	VLADIVOSTOK	VVO

续表

洲名	国家名称	城市中文名	城市英文名	三字码
欧洲	法国	巴黎戴高乐机场	PARIS-CHARLES DE GAULLE	CDG（PAR）
		里昂	LYON	LYS
		马赛	MARSEILLE	MRS
欧洲	荷兰	阿姆斯特丹	AMSTERDAM	AMS
欧洲	挪威	奥斯陆	OSLO	OSL
欧洲	葡萄牙	里斯本	LISBON	LIS
欧洲	瑞典	斯德哥尔摩	STOCHHOLM	ARN（STO）
欧洲	瑞士	日内瓦	GENEVA	GVA
欧洲	西班牙	巴塞罗那	BARCELONA	BCN
欧洲	意大利	米兰	MILAN	MIL
		米兰马尔本萨机场	MILAN，MALPENSA APT	MXP
		罗马	ROME	ROM（FCO）
欧洲	英国	爱丁堡	EDINBURGH	EDI
		伦敦盖特威克机场	LONDON-GATWICK	LGW
		伦敦希思罗机场	LONDON-HEATHROW	LHR
非洲	埃塞俄比亚	亚的斯亚贝巴	ADDIS ABABA	ADD
非洲	埃及	开罗	CAIRO	CAI
非洲	南非	开普敦	CAPE TOWN	CPT
非洲	苏丹	喀土穆	KHARTOUM	KRT
非洲	毛里求斯	毛里求斯	MAURITIUS	MRU
非洲	肯尼亚	内罗毕	NAIROBI	NBO
非洲	突尼斯	突尼斯	TUNIS	TUN
美洲	阿根廷	布宜诺斯艾利斯	BUENOS AIRES	BUE（EZE）
美洲	巴西	里约热内卢	RIO DE JANEIRO	RIO
美洲	加拿大	蒙特利尔	MONTREAL	YMQ（YUL）
		温哥华	VANCOUVER	YVR
		多伦多	TORONTO	YYZ（YTO）

续表

洲名	国家名称	城市中文名	城市英文名	三字码
美洲	美国	波士顿	BOSTON	BOS
		亚特兰大	ATLANTA	ATL
		底特律	DETROIT	DTW
		纽约纽瓦克机场	NEW YORK/NEWARK	EWR
		夏威夷（檀香山、火奴鲁鲁）	HONOLULU	HNL
		纽约肯尼迪机场	NEW YORK	JFK（NYC）
		拉斯维加斯	LAS VEGAS	LAS
		洛杉矶	LOS ANGELES	LAX
		迈阿密	MIAMI	MIA
		纽约	NEW YORK	NYC
美洲	墨西哥	墨西哥城	MEXICO CITY	MEX
美洲	乌拉圭	蒙得维的亚	MONTEVIDEO	MVD
美洲	智利	圣地亚哥	SANTIAGO	SCL

中国主要机场IATA代码见表5–6。

表5–6　中国主要机场IATA代码

省市	IATA代码	城市名称	机场名称	省市	IATA代码	城市名称	机场名称
安徽省	HFE	合肥	新桥国际机场	辽宁省	SHE	沈阳	桃仙国际机场
澳门	MFM	澳门	澳门国际机场	辽宁省	DLC	大连	大连国际机场
北京市	PEK	北京	首都国际机场	内蒙古	HET	呼和浩特	白塔国际机场
福建省	FOC	福州	长乐国际机场	宁夏	INC	银川	河东国际机场
甘肃省	LHW	兰州	中川国际机场	青海省	XNN	西宁	曹家堡机场
广东省	CAN	广州	白云国际机场	山东省	TNA	济南	遥墙国际机场
广东省	SZX	深圳	宝安国际机场	山西省	TYN	太原	武宿国际机场
广西	NNG	南宁	吴圩国际机场	陕西省	XIY	西安	咸阳国际机场
贵州省	KWE	贵阳	龙洞堡国际机场	上海市	PVG	上海	上海浦东机场
海南省	HAK	海口	美兰国际机场	上海市	SHA	上海	虹桥国际机场
河北省	SJW	石家庄	正定国际机场	四川省	CTU	成都	双流国际机场
河南省	CGO	郑州	新郑国际机场	天津市	TSN	天津	滨海国际机场
黑龙江	HRB	哈尔滨	太平国际机场	西藏	LXA	拉萨	贡嘎国际机场
湖北省	WUH	武汉	天河国际机场	香港	HKG	香港	香港赤鱲角国际机场

续表

省市	IATA代码	城市名称	机场名称	省市	IATA代码	城市名称	机场名称
湖南省	CSX	长沙	黄花国际机场	新疆	URC	乌鲁木齐	地窝堡国际机场
吉林省	CGQ	长春	龙嘉国际机场	云南省	KMG	昆明	长水国际机场
江苏省	NKG	南京	禄口国际机场	浙江省	HGH	杭州	萧山国际机场
江西省	KHN	南昌	昌北国际机场	重庆市	CKG	重庆	江北国际机场

3. 部分航空公司 IATA 代码

部分航空公司IATA代码见表 5–7。

表 5–7 部分航空公司 IATA 代码

航空公司的英文全称	中文全称	两字代码	所在国家	IATA票证代码
Air China International Corp	中国国际航空公司	CA	中国	999
China Southern Airlines	中国南方航空公司	CZ	中国	784
China Eastern Airlines	中国东方航空公司	MU	中国	781
American Airlines	美国航空公司	AA	美国	001
Air Canada	加拿大航空公司	AC	加拿大	014
Korean Air	大韩航空公司	KE	韩国	180
Japan Airlines Co., Ltd.	日本航空公司	JL	日本	131
All Nippon Airlines Co., Ltd.	全日空航空公司	NH	日本	205
Deutsche Lufthansa AG	汉莎航空公司	LH	德国	020
Northwest Airlines Inc.	美国西北航空公司	NW	美国	012
Asiana Airlines	韩亚航空公司	OZ	韩国	181
Singapore Airlines Ltd.	新加坡航空公司	SQ	新加坡	618
Air France	法国航空公司	AF	法国	057
British Airways	英国航空公司	BA	英国	125
Royal Dutch Airlines	荷兰皇家航空公司	KLM	荷兰	074

4. 常见航空货运操作代码

常见航空货运操作代码见表 5–8。

表 5–8 常见航空货运操作代码

操作代码	英文全称	中文全称
AOG	AIRCRAFT ON GROUND	航材
AVI	LIVE ANIMAL	活动物
BIG	OUTSIZED	超大货物
CAO	CARGO AIRCRAFT ONLY	仅限货机

续表

操作代码	英文全称	中文全称
DIP	DIPLOMATIC MAIL	外交邮袋
EAT	FOODSTUFFS	食品
FIL	UNDEVELOOPED/UNEXPOSED FILM	未冲洗/未曝光的胶卷
FRO	FROZEN GOODS	冷冻货物
HUM	HUMAN REMAINS IN COFFINS	尸体
ICE	DRY ICE	干冰
LHO	LIVING HUMAN ORGANS/BLOOD	人体器官/鲜血
NWP	NEWSPAPERS, MAGZINES	报纸、杂志
OBX	OBNOXIOUS CARGO	有强烈异味的货物
OHG	OVERHANG ITEM	拴挂货物
PEF	FLOWERS	鲜花
PEM	MEAT	肉
PER	PERISHABLE CARGO	易腐货物
PES	FISH/SEAFOOD	鱼/海鲜
VAL	VALUABLE CARGO	贵重物品
WET	SHIPMENTS OF WET MATERIAL NOT PACKED IN WATERTIGHT CONTAINERS	湿潮货
HEA	HEAVY CARGO, 150kgs AND OVER PER PIECE	单件 150 公斤以上的货物

5. 危险货物代码

危险货物代码见表 5–9。

表 5–9　危险货物代码

危险货物代码	英文全称	中文全称
RCL	CRYOGENIC LIQUIDS	低温液体
Rcm	CORROSIVE	易腐蚀的货物
RCX	EXPLOSIVES 1.3C	爆炸物 1.3C 类
RFL	FLAMMABLE LIQUID	易燃液体
ROP	ORGANIC PEROXIDE	有机过氧化物
RPG	TOXIC GAS	有毒气体
RPW	RADIOACTIVE MATERIAL,GATEGORY I–WHITE	I 级放射性物质—白色

6. 常见航空货运缩写代码

常见航空货运缩写代码见表 5-10。

表 5-10 常见航空货运缩写代码

常见的缩写代码	英文全称	中文全称
AWB	AIR WAYBILL	货运单
CASS	CARGO ACCOUNTS SETTLEMENT SYSTEM	货运账目清算系统
CC	CHARGES COLLECT	运费到付
CCA	CARGO CHARGES CORRECTION ADVICE	货物运费更改通知书
LAR	LLIVE ANIMALS REGULATIONS	活动物运输规程
NVD	NO VALUE DECLARED	无声明价值
PP	CHARGES PREPAID	运费预付
SLI	SHIPPERS LETTER OF INSTRUCTION	托运书
ULD	UNIT LOAD DEVICE	集装器
HWB	HOUSE AIR WAYBILL	分运单
MWB	MASTER AIR WAYBILL	主运单

7. 航空运单"其他费用"费用代码

航空运单"其他费用"费用代码见表 5-11。

表 5-11 航空运单"其他费用"费用代码

其他费用代码	英文全称	中文全称
AC	Animal Container	动物容器租费
AS	Assembly Service Fee	集中货物服务费
AT	Attendant	押运员服务费
AW	Air Waybill	货运单费
BR	Bank Release	银行放行
DB	Disbursement fee	代垫付款手续费
DF	Distribution Service	分发服务费
FC	Charges Collect fee	运费到付手续费
GT	Government tax	政府捐税
HR	Human Remains	尸体、骨灰附加费
IN	Insurance Premium	代办保险服务费
LA	Live Animals	动物处理费

续表

其他费用代码	英文全称	中文全称
MA	Miscellaneous−Due Agent	代理人收取的杂项费
MZ	Miscellaneous−Due Carrier	填开货运单的承运人收取的杂项费用
PK	Packaging	包装服务费
RA	Dangerous Goods Surcharge	危险品处理费
SD	Surface Charge Destination	目的站地面运输费
SI	Stop In Transit	中途停运费
SO	Storage Origin	始发站保管费
SR	Storage Destination	目的站保管费
SU	Surface Charge Destination	地面运输费
TR	Transit	地境费
TX	Taxes	捐税
UH	ULD Handling	集装设备操作费

四、航空货运代理

（一）航空货运代理公司

航空货运代理公司是专门从事航空货运的公司，它们提供一系列服务，包括从航空公司接货接单、制单、报关、送货或转运等。这些服务不仅包括出口货运，还包括进口货运，涵盖了从发货人到收货人的整个物流过程。航空货运代理公司可以是货主的代理，也可以是航空公司的代理，或者二者兼是。它们的工作必须谨慎认真，因为空运货物一般价值高、时间紧，处理不当可能会造成经济损失和不良后果。

（二）航空货运代理公司存在的意义

随着航空货运业务的发展，航空货运代理业应运而生。航空货运代理业之所以存在并得以发展，是因为其所提供的服务能为货主及航空公司双方带来方便和好处。

1.从航空公司的角度

航空货运代理的存在使航空公司能更好地致力于自身主业，无须负责处理航运前和航运后繁杂的服务项目。航空公司主要业务为飞行保障，受人力、物力等诸因素影响，难以直接面对众多的客户，处理航运前和航运后复杂的服务项目。这就需要航空货运代理公司为航空公司出口揽货、组织货源、出具运单、收取运费、进口疏港、报关报验、送货、中转，使航空公司可以集中精力做好自身业务，进一步开拓航空运输市场。

2.从货主的角度

航空货运代理可使货主不必花费大量的精力去熟悉繁复的空运操作流程。采用航空货运形式进出口货物，需要办理一定的手续。例如，出口货物在始发地交航空公司承运前的出舱、储存、制单、报关、交运等；进口货物在目的地机场的航空公司或机场接货、监管储存、制单、报关、送货及转运等。航空公司一般不负责上述业务，收、发货人必须通过航空货运代理公司办理航空货运业务，或自行向航空公司办理航空货运业务。

3.航空货运代理自身优势

航空货运代理大多对航空运输环节和有关规章制度十分熟悉，并与各航空公司、机场、海关、商检、卫检、动植检及其他运输部门有着广泛而密切的联系，具有代办航空货运的各种设施和必备条件。同时，各航空货运代理公司在世界各地或有分支机构，或有代理网络，能够及时联络，掌握货物运输的全过程。因此，货主委托航空货运代理公司办理进出口货物运输，比自行安排货物进出口运输更便利。

任务训练

请查询几家国内知名的航空货运代理公司，了解其主要业务范围。

____

____

____

____

五、航空货运经营方式

（一）国际航空货物运输的特点

在国际货物运输中，航空运输以航空器作为运输工具，与其他运输方式相比，具有不可比拟的优势，主要特点有以下几点。

（1）速度快，因为空运是以600千米/小时的速度飞行在天空中的，和其他的运输工具火车、轮船等相比，具有速度快的优势。

（2）不受地面条件影响，航空运输利用天空这一自然通道，不受地理条件的限制，对于地面条件恶劣、交通不便的内陆地区非常合适，有利于货物的进出口，能促进经济的发展。

（3）节约包装、保险、利息等费用。由于采用航空运输方式，货物在途中的周转时间短，周转速度快，企业存货可以相应减少，也有利于资金的回收，减少利息的支出。

（4）破损率低，安全性好，由于航空的货物本身的价格比较高，操作流程比其他运输方式严格得多，因此在整个货物环节中，货物的破损率低。

航空货运经营包括五种方式：班机运输（Scheduled Airline）、包机运输（Chartered Carrier）、集中托运（Consolidation Transport）、联合运输（TAT Combined Transport）、航空快递（Air Express）。

（二）班机运输

班机是指定期开航、定航线、定始发站、定目的港、定途经站的飞机。按业务对象不同，班机运输分为客运航班和货运航班。客运航班一般使用客货混合型飞机，可搭载旅客，又可以运送少量货物；货运航班只承揽货物运输，使用全货机，由一些规模较大的航空运输公司在货源充足的航线上开辟。班机运输特点如下。

1. 迅速准确

班机由于固定航线，固定停靠港和定期开航，所以国际航空货物大多使用班机运输方式，能安全迅速地到达世界上各个通航地点。

2. 方便货主

收、发货人可确切掌握货物启运和到达的时间，这对市场上急需的商品、鲜活易腐货物以及贵重商品的运送非常有利。

3. 舱位有限

班机运输一般是客货混载，因此舱位有限，不能使大批量的货物及时出运，往往需要分期、分批运输，这也是班机运输的不足之处。

（三）包机运输

当班机运输无法满足需要或发货人有特殊需要时，可选择包机运输。包机人为一定的目的租用航空公司的飞机运载货物的形式，称为包机运输。包机运输按租用舱位的大小，分为整机包机和部分包机两类。

1. 整机包机

整机包机即包租整架飞机，是指航空公司按照与租机人事先约定的条件及费用，将整架飞机租给包机人，从一个或几个航空港装运货物至目的地。

包机人一般要在货物装运前一个月与航空公司联系，以便航空公司安排运载和向起降机场及有关政府部门申请办理过境或入境的有关手续。

包机的费用一次一议，随国际市场供求情况而变化。原则上包机运费是按每一飞行千米固定费率核收费用，并按每飞行一千米费用的80%收取空放费。因此，大批量货物使用包机时均要争取来回程都有货载，这样费用比较低，如果只使用单程则运费相对比较高。

2. 部分包机

部分包机是指由几家航空货运公司或发货人联合包租一架飞机或由航空公司把一架飞机的舱位分别卖给几家航空货运公司装载货物。部分包机适用于托运不足一架整飞机舱容，但货量又较多的货物运输。

3. 包机运输的优点

（1）可解决班机舱位不足的矛盾。

（2）货物全部由包机运出，节省时间和多次发货的手续。

（3）弥补没有直达航班的不足，且不用中转。

（4）减少货损、货差的现象。

（5）在空运旺季缓解航班紧张状况。

（6）可解决海鲜、活动物的运输问题。

4. 包机运输的局限性

包机与班机相比，其局限性如下。

（1）时间比班机长，尽管部分包机有规定时间表，却往往因其他原因不能按时起飞。

（2）各国政府为了保护本国航空公司利益，常对从事包机业务的外国航空公司实行各种限制。例如，包机的活动范围比较狭窄，降落地点受到限制，需降落非指定地点外的其他地点时一定要向当地政府有关部门申请，同意后才能降落（如申请入境、通过领空和降落地点）。

（四）集中托运

1. 集中托运的含义

集中托运是指航空货运代理公司把若批单独发运的货物，组成一批向航空公司办理托运，填写一份总运单，将货物发运到同一目的站，然后由航空货运代理公司在目的站的代理人负责收货、报关，并将货物分拨后交给各收货人的一种运输方式。

2. 集中托运的服务过程

集中托运的流程如图 5–2 所示。

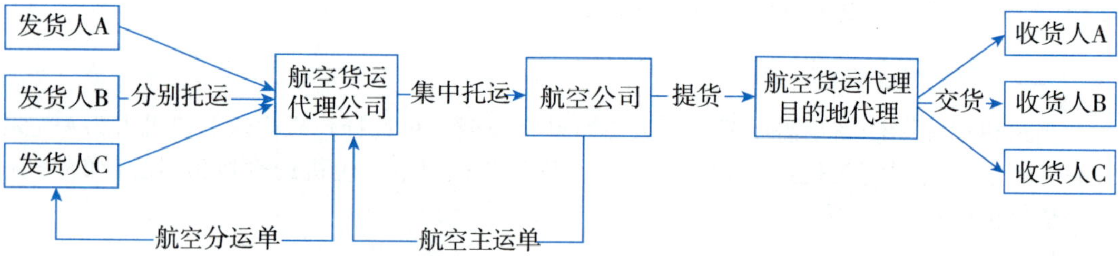

图 5–2　集中托运的流程

（1）各发货人将发运人的货物送交集中托运人，即航空货运代理公司，集中托运人收到货物后签发分运单，作为与发货人的运输合同。

（2）集中托运人将从各发货人处收到的货物组成一整批，填写一份总运单，集中向航空公司办理托运，航空公司给集中托运人签发一份航空主运单。

（3）集中托运人将航空主运单和航空分运单寄给集中托运人在目的地机场的分公司或其代理人。

（4）货物到达目的机场后，由集中托运人在目的机场的代理提货、报关，再将货物转交给收货人。

3. 集中托运的优点

作为最主要的一种航空货运方式，集中托运有鲜明的特征，同时给托运人带来了极大的便利，主要表现在以下几个方面。

（1）节约运费

航空运输的运费率随着托运货物数量的增加而逐级递减，运量越多，运价越低。

（2）提供便利

将货物集中托运，可使货物到达航空公司到达地以外的地方，延伸了航空公司的服务，方便了货主。同时，集中托运人的专业性服务也会使托运人受益，这包括完善的地面服务网络、拓宽的服务项目以及更高的服务质量。

（3）提早结汇

因为航空公司的主运单与集中托运人的分运单效力相同，在集中托运形式下，发货人将货物交于航空货运代理后，即可取得货物分运单，可持分运单到银行提早办理结汇，从而使托运人结汇时间提前，资金周转加快。

4.集中托运的局限性

（1）贵重物品、活动物、尸体、骨灰、危险品、外交信袋等根据航空公司的规定不得采用集中托运的形式。

不是所有的货物都可以采取集中托运的方式。在集中托运时，代理人把来自不同托运人的货物合并在一个主单上运输，对于航空公司来说，对待主单上所有货物的方式一定是一样的，不可能在一张主单上的两种货物采取两种不同的操作方法，因此对于集中托运的货物的性质有一定的要求。

（2）由于在集中托运的情况下，货物的出运时间不能确定，不适合易腐烂变质的货物、紧急货物或其他对时间要求高的货物的运输。

在航空运输中，不同货物对航空运输时间要求不同，集中托运难以在比较短的时间内，保证托运人的货物及时到达目的地。因此，许多时候一些对时间要求高的货物还是要采取直接运输的方式。

（3）对书本等可以享受航空公司优惠运价的货物来讲，采用集中托运的形式可能不仅不能享受到运费的节约，反而使托运人运费负担加重。

思考：

广东大宇贸易有限公司向日本长崎出口的货物中，有纺织品、银壶、仓鼠和哈密瓜，那么，这些货物能否办理集中托运呢？请思考原因。

任务二　航空运输报价

一、航空运输货物类型

航空运输货物根据其性质和特点可以分为以下类型。

（一）普通货物

普通货物是指那些没有特殊要求的一般性商品，如衣物、电子设备、家具等。 这类货物通常采用常规包装和标记，并遵循国际贸易的一般运输规定。

（二）特种货物

1.贵重物品（Valuable Cargo）

毛重每千克运输声明价值，国际货超过 1000 美元或等值货币、国内货超过 2000 元人民币的货物，以及含有下列物品中的一种或多种的货物：

（1）黄金、白金、铱、铑、钯等稀贵金属及其制品；

（2）各类宝石、玉器、钻石、珍珠及其制品；

（3）珍贵文物（包括书、古玩、字画等）；

（4）现钞、有价证券。

2. 活动物

活动物是指活的家禽、家畜、鱼苗、野生动物（包括鸟类）、试验用动物和昆虫等。

3. 鲜活易腐货物

鲜活易腐货物是指在一般运输条件下，因温度、湿度、气压的变化或地面运输时间等原因易于死亡或变质腐烂的物品。例如，虾、蟹类；肉类；花卉；水果、蔬菜类；沙蚕、活赤贝、鲜鱼类；植物、树苗；蛋种；乳制品；冰冻食品；药品；血清、疫苗、人体蛋白、胎盘球蛋白等。

4. 灵柩和骨灰

5. 枪械

枪械含枪支、警械。

6. 烟草

7. 危险品

危险品是指在航空运输中，可能危害人身健康、安全或对财产造成损害的物品或物质。按照《危险物品手册》（DGR）进行。根据所具有的不同危险性，危险物品分为 9 类。

二、航空运价体系

（一）航空运价

空运运价又称费率，是指承运人对所运输的每重量单位货物（千克/公斤或磅）收取的自始发地机场至目的地机场的航空运输费用。

货物的空运运价一般以运输始发地的本国货币公布，有的国家以美元代替本国货币公布，以美元公布货物运价的国家视美元为当地货币。我国的航空运价与国际海运计价货币不同，航空运价是以人民币来公布及计算运费的。

（二）航空运价体系

1. 空运运费（Freight Charges）

空运运费是指航空公司将一票货物自始发地机场运至目的地机场所应收取的航空运输费用。该费用根据每票货物所适用的空运运价和货物的计费重量计算而得，每票货物是指使用同一份航空货运单的货物。航空运费是指自始发地机场至目的地机场间的运输货物的航空运输费用，不包括其他费用。

2. 其他费用（Other Charges）

其他费用是指由承运人、代理人及其他部门收取的与航空货物运输有关的费用。在组织一票货物自始发地运输至目的地的全过程中，除了航空运输，还包括地面运输、仓储、制单、国际货物的清关等环节，提供这些服务的部门所收取的费用即其他费用。

3. 计费重量（Chargeable Weight）

计费重量是指用以计算货物空运运费的重量。货物的计费重量或者是货物的实际毛重，或者是货物的体积重量，根据国际航空运输协会（以下简称“国际航协”）的规定，取两者中比较大的重量为计费重量。

（1）实际毛重（Actual Gross Weight）。包括货物包装在内的货物重量称为货物的实际毛重。由于受飞机最大起飞全重及货舱可用业载的限制，一般情况下，对于高密度货物（High Density Cargo），会将其货物实际毛重作为计费重量。

（2）体积重量（Volume Weight）。按照国际航协规则将货物的体积按一定的比例折合成的重量称为体积重量。由于受货舱空间体积的限制，一般情况下，对于低密度的货物（Low Density Cargo），即轻泡货物，考虑将其体积重量作为计费重量。

体积重量的计算规则是，无论货物的形状是否为规则的长方体或正方体，计算货物体积时，均应以最长、最宽、最高的三边的厘米长度计算。长、宽、高的小数部分按四舍五入取整。体积重量的折算，换算标准为每 6000 立方厘米折合 1 千克。其公式为：

体积重量（kg）= 长（cm）× 宽（cm）× 高（cm）÷ 6000（cm^3/kg）

国际航协规定，国际货物的计费重量以 0.5 千克为最小单位，重量尾数不足 0.5 千克的，按 0.5 千克计算；0.5 千克以上不足 1 千克的，按 1 千克计算。

例如，38.01 kgs 按 38.5 kgs 计算；38.51 kgs 按 39.0 kgs 计算。

4. 最低运费（Minimum Charge）

最低运费是指一票货物自始发地机场至目的地机场空运运费的最低限额。货物按其适用的空运运价与其计费重量计算所得的空运运费，与货物最低运费相比，取高者。

练一练

出口一批纺织品，货物的毛重为每卷 25 公斤，共 48 卷，货物尺寸是每卷直径 37 厘米，高 160 厘米，请计算该批纺织品的体积重量和计费重量。

经计算：

（1）体积重量（Volume Weight）：________________________________

（2）毛重（Gross Weight）：________________________________

（3）体积重量与毛重相对比，选择较大者作为计费重量。

因此，计费重量（Chargeable Weight）是：________________________

（三）IATA运价和协议运价

目前，国际空运运价按制定途径不同，主要分为 IATA 运价和协议运价。

1. IATA 运价

IATA 运价是国际航协公布的运价，该运价将 IATA 的运价手册（Tact Rates Book）结合国际货物运输规则（Tact Rules）使用。按照 IATA 运价的公布形式划分，IATA 运价可分为公布直达运价和非公布直达运价，如图 5-3 所示。

制定 IATA 运价的主要目的是协调各国的货物运价，但是从实际操作看，很少有航空公司完全遵照 IATA 运价，大多进行了一定的折扣，但不能说明这种 IATA 运价没有实际价值。首先，它把世界上各个城市之间的运价通过运价手册公布出来，每个航空公司都能找到一种参照运价，所以每个航空公司在制定本公司运价时，都是按照这种标准运价进行的。其次，国际航协对特种货物运价进行了分类，航空公司在运输特种货物时一般采用 IATA 运价。最后，IATA 运价是在全世界范围内制定的一种标准运价，使得国际航空货物的运输价格有了统一的基准，使市场得到了规范。

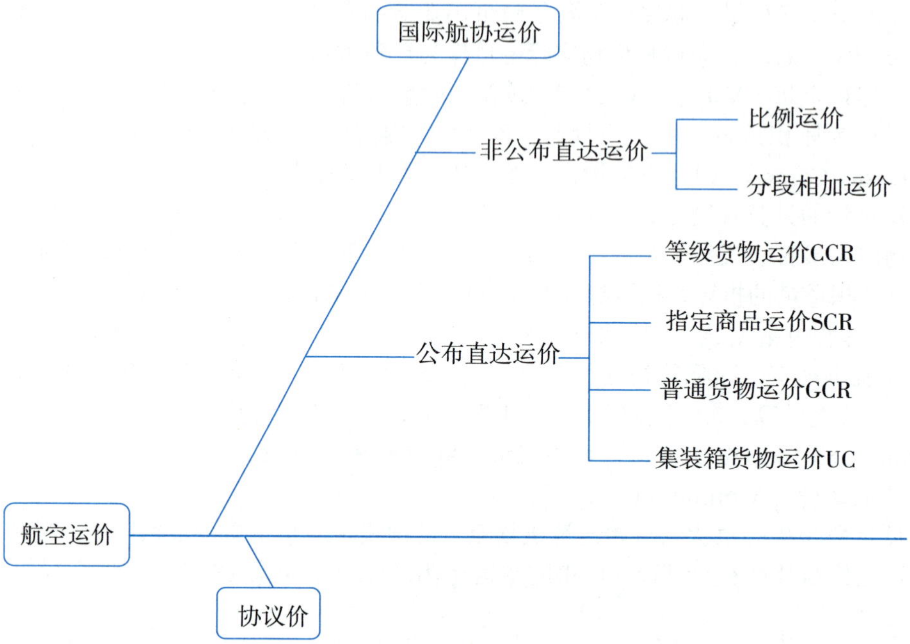

图 5-3 航空运价体系

在相同运价种类、相同航程、相同承运人的条件下，公布直达运价的使用规则是：优先使用指定商品运价，如果指定商品运价条件不完全满足，则可以使用等级货物运价和普通货物运价。在等级货物运价和普通货物运价的选择上，又会优先使用等级货物运价。

2. 协议运价

协议运价是指航空公司与托运人签订协议，托运人保证每年向航空公司交运一定数量的货物，航空公司则向托运人提供一定数量的运价折扣。目前，航空公司使用的运价大多是协议运价，但是在协议运价中又根据不同的协议方式进行了细分。航空货物协议运价的构成如表 5-12 所示。

表 5-12 航空货物协议运价的构成

协议运价					
协议定价		包板（舱）		销售返还	
长期协议	短期协议	死包板（舱）	软包板（舱）	销售量返还	销售额返还

长期协议通常是指航空公司与托运人或代理人签订的 1 年期限的协议，短期协议通常是指航空公司与托运人或代理人签订的半年或半年以下期限的协议。

包板（舱）是指托运人在一定航线上包用承运人的全部或部分的舱位或集装器来运送货物。死包板（舱）是指托运人在承运人的航线上通过包板（舱）的方式运输时，托运人无论是否向承运人交付货物，都必须支付协议上规定的运费。软包板（舱）是指托运人在承运人的航线上通过包板（舱）的方式运输时，托运人在航班起飞前 72 小时如果没有确定舱位，则承运人可以自由销售舱位，但航空公司对代理人的包板（舱）的总量有一个控制和保障。

销售量返还是指如果代理人在规定期限内完成了一定的货量，则航空公司可以按一定的比例返还运费。销售额返还是指如果代理人在规定期限内完成了一定的销售额，则航空公司可以按一定的比例返还运费。

三、航空运费的计算

（一）普通货物运价的计算

普通货物运价（General Cargo Rate，GCR）一般是指除等级货物运价和指定商品运价以外的适合普通货物运输的运价。根据货物重量的不同，普通货物运价分为若干个重量分界点运价。例如，“N”表示标准普通货物运价（Normal General Cargo Rate），指的是45千克以下的普通货物运价（如无45千克以下运价时“N”表示100千克以下普通货物运价）。同时，普通货物运价还包括“Q45”“Q100”“Q300”等不同重量分界点运价。这里的“Q”表示45千克以上（包括45千克）普通货物的运价，以此类推。45千克及以上的不同重量分界点的普通货物运价均用“Q”表示。

用货物的计费重量和其适用的普通货物运价计算而得的空运运费不得低于运价手册上公布的空运运费的最低收费标准“M”。这里，代号“N”“Q”“M”等字母主要用于货运单运费计算栏中“Rate Class Commodity Item No”的填制。

普通货物运价的计算步骤如下。

（1）计算体积重量；

（2）体积重量与实际毛重比较，取其高者作为暂时的计费重量；

（3）此时，航空运费=计费重量 × 适用运价；

（4）若有重量分界点运价，且货物的计费重量接近较高重量分界点，则采用较高重量分界点作为计费重量，使用对应的较低运价进行重新计算；

（5）对两次计算出的运费进行比较，取其低者作为最终的空运运费，以对应的重量为计费重量。

以下举例说明普通货物运价的计算。

◎任务描述 5-1

路线（Routing）：BEIJING，CHINA（PEK）to TOKYO，JAPAN（TYO）

货物（Commodity）：PARTS

件数：1件

毛重（Gross Weight）：36.2 kgs

尺寸（Dimensions）：80 cm × 48 cm × 30 cm

相应的IATA运价见表5-13。

表 5-13　IATA运价（PEK to TYO）

BEIJING Y.RENMINBI	CN CNY		PEK kgs
TOKYO	JP	M N 45	230.00 37.51 28.13

◎任务要求

请结合素材计算该批货物的航空运费。

◎任务实施

步骤 1：计算体积重量。

体积（Volume）：80 cm × 48 cm × 30 cm=115200（cm^3）

体积重量（Volume Weight）：115200 cm^3 ÷ 6000 cm^3/kg=19.2（kgs）

步骤 2：查找毛重。

毛重（Gross Weight）：36.2 kgs

步骤 3：确定计费重量。

由于毛重 36.2 kgs 大于体积重量 19.2 kgs，所以这里选择毛重作为计费重量。

计费重量（Chargeable Weight）：36.5 kgs

步骤 4：查找适用运价。

适用运价（Applicable Rate）：37.51CNY/kg

步骤 5：计算运费。

航空运费（Weight Charge）：36.5 kgs × 37.51CNY/kg=1369.12CNY

步骤 6：由于计费重量接近较高重量分界点 45 kgs，因此按较高重量分界点进行再次计算。

航空运费（Weight Charge）：45 kgs × 28.13CNY/kg=1265.85CNY

步骤 7：确定应收运费。

两者比较，取运费较低者，即航空运费为 1265.85CNY

步骤 8：填写航空货运单的计费栏（见表 5-14）。

表 5-14 航空运单计费栏

No. of Pieces Rcp	Gross Weight	kg Lb	Rate Class		Chargeable Weight	Rate/ Charge	Total	Nature and Quantity of Goods (Incl.Dimension or Volume)
				Commodity Item No.				
1	36.2	K	Q		45	28.13	1265.85	PARTS DIMS: 80 cm × 48 cm × 30 cm

◎任务描述 5-2

某货物尺寸为 41 cm × 33 cm × 20 cm，毛重为 5.3 kg，公布运价见表 5-15。

表 5-15 IATA运价（SHA to PAR）

SHANGHAI Y.RENMINBI	CN CNY		SHA kgs
PARIS	FR	M	320.00
		N	52.81
		45	44.46
		300	40.93

◎任务要求

请结合素材计算此航空运费。

◎任务实施

体积（Volume）：41 cm × 33 cm × 20 cm=27060（cm^3）

体积重量（Volume Weight）：27060 cm^3 ÷ 6000 cm^3/kg=4.51（kg）

毛重（Gross Weight）：5.3 kg

由于毛重（5.3 kg）大于体积重量（4.51 kg），所以这里选择毛重作为计费重量。

适用运价（Applicable Rate）：52.81CNY

计费重量（Chargeable Weight）：5.5 kg

航空运费（Weight Charge）：5.5 kg × 52.81CNY=290.46CNY<320.00CNY（最低运价）

运费（Charge）：320.00CNY

填写航空货运单的运费栏

表 5-16　航空运单计费栏

No. of Pieces Rcp	Gross Weight	kg Lb	Rate Class		Chargeable Weight	Rate/ Charge	Total	Nature and Quantity of Goods (Incl.Dimension or Volume)
				Commodity Item No.				
1	5.3	K	M			320.00	320.00	DIMS: 41 cm × 33 cm × 20 cm

（二）指定商品运价的计算

指定商品运价（Specific Commodity Rate，SCR）是指适用于自规定始发地至规定目的地运输特定品名货物的运价。通常情况下，指定商品运价低于相应的普通货物运价。就其性质而言，该运价是一种优惠性质的运价。航空运单中，Rate Class 用“C”表示。

制定指定商品运价的原因可归纳为以下两个方面。一方面，在某个特定航线上，一些较为稳定的货主经常或定期托运特定品名的货物，托运人要求承运人提供一个较低的优惠运价。另一方面，航空公司为了有效地利用运力、争取货源，并保证飞机有较高的载运率，也倾向于向市场推出一个较有竞争力的优惠运价。有些指定商品运价也公布了不同的重量分界点，旨在鼓励货主托运大宗货物，并促使货主意识到选择空运的经济性及可行性。

在 IATA 运价中，根据货物的性质、属性及特点等，按数字顺序对货物进行分类，分为十个大组，每组又分为十个小组；同时，使用四位阿拉伯数字对其分组形式进行编号，该编号为指定商品的品名编号。

1. 常见的指定商品分组情况

常见的指定商品分组情况如表 5-17 所示。

表 5-17　常见的指定商品分组情况

编号	中文品名
0001 ～ 0999	食用动物和植物产品
1000 ～ 1999	活体动物及非食用动物和植物类产品
2000 ～ 2999	纺织品、纤维及其制品

续表

编号	中文品名
3000 ～ 3999	金属及其制品，但不包括机器、车辆及电器设备
4000 ～ 4999	机器、车辆和电器设备
5000 ～ 5999	非金属矿物质及其制品
6000 ～ 6999	化工品及有关产品
7000 ～ 7999	纸张、芦苇、橡胶及木材制品
8000 ～ 8999	科学仪器、精密仪器、器械及配件
9000 ～ 9999	其他货物

以整个国际航协来看，指定商品的代码非常多，但从中国北京始发的货物指定商品代码主要有以下几种：

0008，新鲜的水果、蔬菜；

0300，鱼（可食用的）、海鲜、海产品；

1093，沙蚕；

2199，纱、线、纤维、纺织原料、服装（包括鞋、袜）、纺织品；

7481，橡胶轮胎、橡胶管。

2.指定商品的使用规则

满足以下三个条件，才可以直接使用指定商品运价：

（1）运输始发地至目的地有公布的指定商品运价；

（2）托运人所交运的货物品名与有关指定商品运价的货物品名相吻合；

（3）货物的计费重量满足指定商品运价使用时的最低重量要求。

◎任务描述 5-3

由北京运往日本东京 20 箱芹菜共 380.0 kg，每件体积长、宽、高分别为 60 cm × 45 cm × 25 cm，计算其航空运费。运价表如表 5-18 所示。

表 5-18　IATA 运价（PEK to TYO）

BEIJING	CN		PEK
Y.RENMINBI	CNY		kgs
TOKYO	JP	M	230.00
		N	37.51
		45	28.13
	0008	300	18.80
	0300	500	20.61
	1093	100	18.43
	2195	500	18.80

◎任务要求

请结合素材计算此批货物的航空运费。

◎任务实施

查找“TACTRate Books ”的品名表，芹菜使用“0008”的指定商品运价。由于货主交运的重量符合指定商品运价使用时的最低重量要求，运费计算如下。

体积（Volume）：60 cm × 45 cm × 25 cm × 20=1350000 cm^3

体积重量（Volume Weight）：1350000 cm^3÷6000 cm^3/kg=225 kg

毛重（Gross Weight）：380 kg

由于毛重（380 kg）大于体积重量（225 kg），所以这里选择毛重作为计费重量。

计费重量（Chargeable Weight）：380 kg

适用运价（Applicable Rate）：SCR0008/Q300　18.80CNY/kg

航空运费（Weight Charge）：380 kg × 18.80CNY/kg=7144.00CNY

填写航空货运单的计费栏（表 5-19）

表 5-19　航空运单计费栏

No. of Pieces Rcp	Gross Weight	kg Lb	Rate Class		Chargeable Weight	Rate/ Charge	Total	Nature and Quantity of Goods (Incl.Dimension or Volume)
				Commodity Item No.				
20	380	K	C	0008	380	18.80	7144.00	Celery DIMS: 60 cm × 45 cm × 25 cm × 20

◎任务描述 5-4

由北京运往日本东京 14 箱芹菜，每箱 19.0 kg，每件体积长、宽、高分别为 60 cm × 45 cm × 25 cm，计算其航空运费。运价表如表 5-18 所示。

◎任务要求

请结合素材计算此批货物的航空运费。

◎任务实施

（1）按指定商品运价使用规则计算。

体积（Volume）：60 cm × 45 cm × 25 cm × 14=945000（cm^3）

体积重量（Volume Weight）：945000 cm^3÷6000 cm^3/kg=157.5（kg）

毛重（Gross Weight）：19.0 kg × 14=266（kg）

由于毛重（266 kg）小于较高重量分界点（300 kg），所以这里选择 300 kg 作为计费重量。

计费重量（Chargeable Weight）：300 kg

适用运价（Applicable Rate）：SCR0008/Q300　18.80CNY/kg

航空运费（Weight Charge）：300 kg × 18.80CNY/kg=5640.00CNY

（2）按普通运价使用规则计算。

如上计算：

体积重量（Volume Weight）：157.5 kg

毛重（Gross Weight）：19.0 kg × 14=266（kg）

由于毛重（266 kg）大于体积重量（157.5 kg），所以这里选择 266 kg 作为计费重量。

计费重量（Chargeable Weight）：266 kg

适用GCR运价（Applicable Rate）：Q45　28.13CNY/kg

航空运费（Weight Charge）：266 kg × 28.13CNY/kg=7482.58CNY

两者比较，取运费较低者，即航空运费为 5640.00 元。

填写航空货运单的计费栏（表 5–20）

表 5–20　航空运单计费栏

No. of Pieces Rcp	Gross Weight	kg Lb	Rate Class		Chargeable Weight	Rate/ Charge	Total	Nature and Quantity of Goods (Incl.Dimension or Volume)
				Commodity Item No.				
14	266	K	C	0008	300	18.80	5460.00	Celery DIMS: 60 cm × 45 cm × 25 cm × 14

思考：

如果以上案例中的货物“芹菜”是 2 箱，还能使用较为优惠的指定商品运价吗？

（三）等级货物运价的计算

等级货物运价（Commodity Classification Rates，CCR），是指在规定的业务区内或业务区之间运输特别指定的等级货物的运价。

国际航协规则规定，等级货物包括以下各种货物：活动物；贵重货物；书报杂志类货物；作为货物运输的行李；灵柩、骨灰；汽车；等等。

等级货物运价是以在普通货物运价基础上附加或附减一定百分比的形式表示，附加或附减规则公布在“TACT Rules”中，运价的使用须结合“TACT Rates Books”一同使用。

通常附加或不附加也不附减的等级货物用代号“S”（S–Surcharged Class Rate）表示。附减的等级货物用代号“R”（R–Reduced Class Rate）表示。

1. 运输区划——三大区

IATA 依据不同地区和不同经济、社会及商业条件，将全球分成三个区域，简称航协区，与我们熟悉的世界行政区划不同。

1 区（TC1）：主要包括北美洲、南美洲以及附近岛屿和海洋。美洲大陆东邻大西洋，西邻太平洋，天然阻碍了美洲与其他大洲之间的陆路交通，与其他洲的交通联系只能通过海洋运输和航空运输来实现。

2 区（TC2）：欧洲、非洲、中东及附近岛屿。

3 区（TC3）：包括亚洲（除中东所占的亚洲部分）、大洋洲及太平洋岛屿的广大地区。

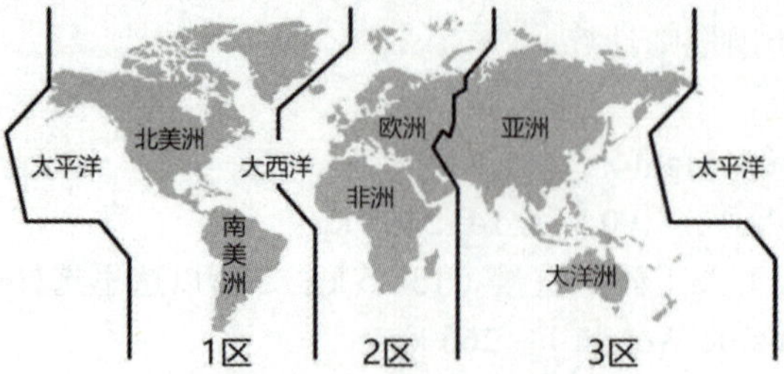

图 5–4　IATA 分区

2. 部分等级货物运价等级参考表

在等级货物运价计算中，活动物、贵重商品及等级附减货物的运价附加或附减比例如表 5-21 至表 5-23 所示。

表 5-21　活体动物运价等级

	1 区	2 区	3 区	1 区与 2 区之间	2 区与 3 区之间	3 区与 1 区之间
所有的活动物 除外： 出生 72 小时以下的家禽	175% of Normal GCR	175% of Normal GCR	150% of Normal GCR Except:1 below	175% of Normal GCR	150% of Normal GCR Except:1 below	150% of Normal GCR Except:1 below
出生 72 小时以下的家禽	Normal GCR	Normal GCR	Normal GCR Except:1 below	Normal GCR	Normal GCR Except:1 below	Normal GCR Except:1 below
注：1. 涵盖所有领域的费率，不包括 ECAA 中各国家之间的费率； 2. 在西南太平洋分区域内和分区域外：适用 GCR 的 200%； 3. 最低运费：（不包含 ECAA 国家之间）活动物的最低运费标准为 200%M。						

表 5-22　贵重商品运价等级

区域	费率
所有国际航协区域	200%of the Normal GCR
注：1. 来自法国：250%of the Normal GCR；最低运费适用 400%M。 2. 俄罗斯到所有地区（加拿大、美国除外）：300%of the Normal GCR。 3. 俄罗斯至加拿大，美国： a. 重达 1000 公斤以下的货物：300%of the Normal GCR； b. 重达 1000 公斤或以上的货物：200%of the Normal GCR。 4. 不适用于 ECAA 国家之间，从澳大利亚以及在美国和 ECAA 之间。 5. 最低运费：按普通货物最低运费的 200% 收取，即 200%M，每票不低于 50.00 美元或等值货币。 6. 来自沙特阿拉伯：最低运费为 SAR190。	

表 5-23　报纸、杂志、期刊、书籍、目录、盲文类设备和盲人有声读物运价本

区域	费率
1 区内	67%of the Normal GCR
欧洲范围内	67%of the Normal GCR
1 区和 2 区之间	67%of the Normal GCR
其他区域	50%of the Normal GCR
注：1. 来自德国和在德国内部的 LH 货运服务：applicable GCR。 2. 最低运费：按普通货物最低运费收取，M。 3. 不适用于 ECAA 国家之间，从澳大利亚以及在美国和 ECAA 之间。 4 上述物品托运需在 5 公斤或以上。	

等级货物运价的确定方法如下。

（1）当出现“the Normal GCR”时，表示使用运价表中的45公斤以下的普货运价，即N运价，此时运价的使用与货物的计费重量无关。

（2）当出现“the Normal GCR的百分比”（如200% of the Normal GCR）时，表示使用运价表中的N运价的基础上乘以这个百分比。此时，运价的使用与货物的计费重量无关。

即，适用运价=200%×N。

（3）当出现“appl.GCR”或“applicable GCR”时，表示使用运价表中的适合的普货运价。此时，运价的使用与货物的计费重量有关。

当出现“appl.GCR的百分比”（如110% of appl.GCR）时，表示在所适用的普货运价上乘以这个百分比。此时，运价的使用与货物的计费重量有关。

◎任务描述5-5

Routing:Shanghai, CHINA（SHA）to Rome,Italy（ROM）;

Commodity: pet dog;

Gross weight: 120.00 kgs;

Dimensions: 80 cm×100 cm×110 cm

公布运价如下：运价表如表5-24所示。

表5-24 IATA运价（SHA to ROM）

SHANGHAI	CN		SHA
Y.RENMINBI	CNY		kgs
ROME	IT	M	125.00
		N	16.43
		45	12.08
		100	11.08
		300	9.17
		500	7.96

◎任务要求

请结合素材计算此批货物的航空运费。

◎任务实施

体积（Volume）：80 cm×100 cm×110 cm=880000（cm^3）

体积重量（Volume Weight）：880000 cm^3÷6000 cm^3/kg=146.67（kg）

毛重（Gross Weight）：120 kg

由于毛重（120 kg）小于体积重量（146.67 kg），所以这里选择体积重量作为计费重量。

计费重量（Chargeable Weight）：147 kg

经查询活体动物运价等级表，3区到2区的活体动物，计费标准是150% of Normal，即按照普通货物“N”档运价的150%计算。

适用运价（Applicable Rate）：150%N=150%×16.43=24.645CNY/kg

航空运费（Weight Charge）：147 kg×24.645CNY/kg=3622.82CNY

填写航空货运单的运费栏（见表5-25）。

表 5-25　航空运单计费栏

No. of Pieces Rcp	Gross Weight	kg Lb	Rate Class		Chargeable Weight	Rate/ Charge	Total	Nature and Quantity of Goods (Incl.Dimension or Volume)
				Commodity Item No.				
1	120	K	S	150%N	147	24.645	3622.82	pet dog DIMS: 80 cm × 100 cm × 110 cm

◎任务描述 5-6

Routing: Beijing,China（BJS）to Boston, U.S.A.（BOS）;

Commodity: Gold Watch;

Gross weight: 32.0 kgs;

Dimensions: 61 cm × 51 cm × 42 cm × 1

公布运价如下：运价表如表 5-26 所示。

表 5-26　IATA运价（BJS to BOS）

BEIJING Y.RENMINBI	CN CNY		BJS kgs
BOSTON	US	M	630.00
		N	79.97
		45	60.16
		100	53.19
		300	45.80

◎任务要求

请结合素材计算此批货物的航空运费。

◎任务实施

体积（Volume）：61 cm × 51 cm × 42 cm × 1=130662（cm^3）

体积重量（Volume Weight）：130662 cm^3÷6000 cm^3/kg=21.78（kg）

毛重（Gross Weight）：32.0 kg

由于毛重（32.0 kg）大于体积重量（21.78 kg），所以这里选择毛重作为计费重量。

计费重量（Chargeable Weight）：32.0 kg

经查询贵重商品运价等级表，金表的计费标准是 200% of Normal，即按照普通货物"N"档运价的 200%计算。

适用运价（Applicable Rate）：200%N=200% × 79.97=159.94CNY/kg

航空运费（Weight Charge）：32.0 kg × 159.94CNY/kg=5118.08CNY

填写航空货运单的计费栏（见表 5-27）。

表 5–27 航空运单计费栏

No. of Pieces Rcp	Gross Weight	Rate Class		Chargeable Weight	Rate/ Charge	Total	Nature and Quantity of Goods (Incl. Dimension or Volume)
			Commodity Item No.				
1	32.0	S	200%N	32	159.94	5118.08	Gold Watch DIMS: 61cm × 51cm × 42cm

◎任务描述 5–7

Routing: Beijing, China（BJS）to London, UK（LON）;

Commodity: Magazines;

Gross weight: 980.0 kgs;

Dimensions: 20Pieces, 70 cm × 50 cm × 40 cm each;

公布运价如下：运价表如表 5–28 所示。

表 5–28 IATA运价（BJS to LON）

BEIJING Y.RENMINBI	CN CNY		BJS kgs
LONDON	UK	M	320.00
		N	63.19
		45	45.22
		100	41.22
		500	33.42
		1000	30.71

◎任务要求

请结合素材计算此批货物的航空运费。

◎任务实施

体积（Volume）：70 cm × 50 cm × 40 cm × 20=2800000（cm^3）

体积重量（Volume Weight）：2800000 cm^3 ÷ 6000 cm^3/kg=466.67（kg）

毛重（Gross Weight）：980.0 kg

由于毛重（980.0 kg）大于体积重量（466.67 kg），所以这里选择毛重作为计费重量。

计费重量（Chargeable Weight）：980.0 kg

经查询等级附减货物运价等级表，杂志在 3 区到 2 区之间运输的计费标准是 50% of the Normal GCR，即按照普通货物“N”档运价的 50% 计算。

适用运价（Applicable Rate）：50%N=50% × 63.19=31.595CNY/kg

航空运费（Weight Charge）：980.0 kg × 31.595CNY/kg=30963.10CNY

对于附减的等级货物，当计费重量 980.0 kg 已经接近临界点重量 1000 kg 时，允许计算下普通货物临界点重量所对应的运费，按总运费最低来办理托运。

计费重量（Chargeable Weight）：1000 kg

适用运价（Applicable Rate）：30.71CNY/kg

航空运费（Weight Charge）：1000 kg × 30.71CNY/kg=30710CNY

所以按照普通货物临界点重量办理托运划算。

填写航空货运单的计费栏（见表 5-29）。

表 5-29　航空运单计费栏

No. of Pieces Rcp	Gross Weight	kg Lb	Rate Class		Chargeable Weight	Rate/ Charge	Total	Nature and Quantity of Goods (Incl. Dimension or Volume)
				Commodity Item No.				
20	980	K	Q		1000	30.71	30710	Magazines DIMS: 70 cm × 50 cm × 40 cm, 20Pieces

任务三　航空货运代理操作流程

一、出口操作流程

广东大宇贸易有限公司（以下简称“大宇公司”）现需要向日本长崎出口一批货物，出口清单中有纺织品、银壶、仓鼠和哈密瓜，根据大宇公司和日本客商签订的合同，大宇公司要在 2025 年 5 月底前装运，目的港为日本长崎。大宇公司在 4 月已将货物准备好，并及时联系了广州银湾国际货运代理有限公司作为其货代，那么广州银湾国际货运代理有限公司该如何操作这一批航空货物呢？

（一）揽货报价

1. 揽货

承揽货物是空代业务的核心环节。货代在具体操作时，要及时向客户介绍公司的业务范围、服务项目、各项收费标准，特别是向出口公司介绍优惠运价、公司的服务优势等。

具体流程如下。

（1）接受客户询问，记录报价八要素信息，包括货物品名；重量、体积；包装；目的机场；要求时间；要求航班；运单类别；所需运输服务，并与客户确认是否需要货代代办报检报关、保险，是否有产品进出口经营权等信息。

（2）针对客户的询价要求，根据公司的报价系统，选择最佳航线和最佳承运人，争取最低运价，向客户报价。

（3）填写业务反馈信息表。

2. 报价

报价由三部分构成：航空运费、声明价值费和其他费用。

（1）航空运费。

航空运费（Weight Charge）是指承运人将一票货物自始发地机场运至目的地机场所收

取的航空运输费用。该费用根据每票货物所适用的运价和货物的计费重量计算而得。

航空运费 = 计费重量 × 适用运价

（2）声明价值附加费。

《华沙公约》中对由于承运人自身的疏忽或故意造成的货物的灭失、损坏或延迟交付规定了最高赔偿责任限额，这一金额一般被理解为每千克 20 美元或每磅 9.07 英镑或其他等值货币。如果货物的价值超过了上述值，即增加了承运人的责任，承运人要收取声明价值费。否则即使出现更多的损失，承运人对超出的部分也不承担赔偿责任。

货物的声明价值（Valuation Charges）是针对整件货物而言，不允许对货物的某部分声明价值，声明价值费的收取依据货物的实际毛重。计算公式为：

声明价值附加费 =（货物声明价值 − 货物毛重 × 20 美元 /kg）

声明价值附加费的费率通常为 0.5%。大多数航空公司在规定声明价值费率的同时还规定声明价值费的最低收费标准。如果根据上述公式计算出来的声明价值费低于航空公司的最低标准，则托运人要按照航空公司的最低标准交纳声明价值费。

（3）其他费用。

在组织一票货物自始发地至目的地运输的过程中，除航空运输外，还包括地面运输、仓储、制单、国际货物的报关等环节，提供这些服务的部门所收取的费用即为其他费用。一般只有在承运人或航空货运代理或集中托运人提供服务时才收取。包括货运单费、垫付款和垫付费、危险品处理费和运费到付手续费等。

①货运单费。

货运单费又称航空货运单工本费，为填制航空货运单的费用。货运单费应填制在货运单的“其他费用”栏中，用两字代码“AW”表示。若由航空公司来收取，则填“AWC”；如果由航空公司的代理人来收取，则填“AWA”，此项费用归销售代理人所有。中国民航规定均填“AWC”，意为此项费用归出票航空公司所有。

②垫付款和垫付费。

a. 垫付款指在始发地机场运输一票货物时发生的部分其他费用。这部分费用仅限于货物地面运输费、清关处理费和货运单工本费。此项费用填入货运单的“其他费用”栏。例如：“AWA”表示代理人填制的货运单，即上述货运单费；“CHA”表示代理人代替办理始发地清关业务；“SUA”表示代理人将货物运输到始发地机场的地面运输费。垫付款仅适用于货物费用及其他费用到付，且按目的地国家可接收的货物。垫付款由最后一个承运人向提货人收取，垫付款的数额不能超过货运单上全部航空运费总额，但可允许达到 100 美元标准。需注意，在有些国家不办理垫付款业务。

b. 垫付费是对于垫付款的数额而确定的费用。代码为“DB”，归出票航空公司所有。在货运单的“其他费用”栏中表示为“DBC”。垫付费数额为垫付款的 10%，但每一票货物的垫付费不得低于 20 USD 或等值货币。

③危险品处理费。

对于收运的危险品货物，除收取航空运费外，还应收取危险货物收运手续费，代码为“RA”。在货运单“其他费用”栏内，表示为“RAC”。自中国至 IATA 业务 1 区、2 区、3 区，每票货物的最低收费标准均为 400 元人民币。

④运费到付手续费（CC Fee）。

在运费到付时，收货人除支付货物的航空运费和其他费用外，还应支付到付货物手续费。此项费用由最后一个承运航空公司收取，并归其所有。各个国家CC Fee收费标准不同。对于运至中国的运费到付货物，到付运费手续费为货物的航空运费和声明价值附加费总和的 2%。最低收费标准为 CNY100。

空运出口报价单如表 5-30 所示。

表 5-30　空运出口报价单

<table>
<tr><th rowspan="2">航线</th><th rowspan="2">航空公司</th><th colspan="8">运费</th><th rowspan="2">报关费</th><th rowspan="2">报检费</th><th rowspan="2">文件费</th><th rowspan="2">申报费</th></tr>
<tr><th>M</th><th>N</th><th>Q</th><th>+100</th><th>+300</th><th>+500</th><th>+800</th><th>附加费</th></tr>
<tr><td></td><td></td><td></td><td></td><td></td><td></td><td></td><td></td><td></td><td></td><td></td><td></td><td></td><td></td></tr>
<tr><td></td><td></td><td></td><td></td><td></td><td></td><td></td><td></td><td></td><td></td><td></td><td></td><td></td><td></td></tr>
</table>

（二）委托运输

货代要与托运人签订国际货物托运书。国际货物托运单是托运人办理货物托运时填写的书面文件，也是据以填开航空货运单的凭据，表单上列有填制货运单所需各项内容，并印有授权于承运人或其代理人代其在货运单上签字的文字说明。它既是一份契约文件，也是货代后续工作的依据，其格式如表 5-31 所示。

表 5-31　国际货物托运书

国际货物托运书

SHIPPER'S LETTER OF INSTRUCTION

<table>
<tr><td rowspan="3">1.托运人姓名及地址
SHIPPER'S NAME AND ADDRESS</td><td rowspan="3">2.托运人账号
SHIPPER'S ACCOUNT NUMBER</td><td colspan="2">供承运人用
FOR CARRIER USE ONLY</td></tr>
<tr><td>航班/日期
FLIGHT/DAY</td><td>航班/日期
FLIGHT/DAY</td></tr>
<tr><td></td><td></td></tr>
<tr><td rowspan="2">2.收货人姓名及地址
CONSIGNEE'S NAME AND ADDRESS</td><td rowspan="2">4.收货人账号
CONSIGNEE'S ACCOUNT NUMBER</td><td colspan="2">10.已预留吨位
BOOKED</td></tr>
<tr><td colspan="2">11.运费
CHARGES</td></tr>
<tr><td colspan="2">5.代理人的名称和城市
Issuing Carrier's Agent Name and City</td><td></td><td></td></tr>
<tr><td colspan="2">6.始发站
AIRPORT OF DEPARTURE</td><td></td><td></td></tr>
<tr><td colspan="2">7.到达站
AIRPORT OF DESTINATION</td><td></td><td></td></tr>
<tr><td colspan="2">托运人声明的价值
SHIPPER'S DECLARED VALUE</td><td rowspan="2">12.保险金额
AMOUNT OF INSURANCE</td><td rowspan="2">13.所附文件
DOCUMENTS TO ACCOMPANY AIR WAYBILL</td></tr>
<tr><td>8.供运输用
FOR CARRIAGE</td><td>9.供海关用
FOR CUSTOMS</td></tr>
</table>

续表

处理情况（包括包装方式货物标志及号码等） HANDLING INFORMATION（INCLU. METHOD OF PACKING IDENTIFYING MARKS AND NUMBERS ETC.）					
14.件数 NO.OF PACKAGS	15.实际毛重（千克） ACTUAL GROSS WEIGHT（kg）	16.运价类别 RATE CLASS	17.收费重量（千克） CHARGEABLE WEIGHT（kg）	18.费率 RATE/ CHARGE	19.货物品名及数量（包括体积或尺寸）NATURE AND QUANTITY OR GOODS（INCL. DIMENSIONS OF VOLUME）

托运书的填写要规范和认真，填写要求见表 5-32。

表 5-32　国际货物托运书的填写规范

项目名称	填写要求
托运人姓名及地址、托运人账号 Shipper's name address &account number	
收货人姓名及地址、收货人账号 Consignee's name address &account number	航空运单不能转让，所以收货人一栏内不得填写“Order”或“To order of the shipper”
代理人的名称和城市 Issuing carrier's agent name and city	
始发站机场 Airport of departure	填写全称
目的地机场 Airport of destination	不知道机场时可填城市名称，重名时加上国家名
航班 / 日期 Flight/Day	可不填
供运输用的声明价值 Declared value for carriage	该价值为承运人负赔偿责任的限额。如果交运的货物毛重每千克不超过 20 美元，无须填写声明价值，可填“NVD”
供海关使用的声明价值 Declared value for customs	目的站海关据此征收关税
运单所附文件 Document to accompany air waybill	填随附到目的地的文件名称
件数和包装方式 Number and kind of packages	填该批货物总件数，并注明包装方式，没有包装注明为散装（Loose）
货物的品名及数量（包括体积及尺寸） Nature and quantity of goods (INCL.dimensions of volume)	填写货物具体名称。不得以统称填写，如电子产品、细棒、药品、电池等。对同票货物不同包装尺寸的，应分别写明包装类型和数量。本栏所填写内容应与出口报关发票和进口许可证上所列明的相符

续表

项目名称	填写要求
实际毛重量 Actual gross weight	应由承运人或其代理人称重后填入
运价类别 Rate class	本栏可空着不填，由承运人或其代理人填写
计费重量 Chargeable weight	由承运人或其代理人算出计费重量后填入
费率 Rate/charge	可不填
货运单号码 No.of air waybill	
日期 Date	托运人或其代理人交货的日期，一般情况下至少在发运前 1 个月与航空公司洽谈
托运人签字 Signature of shipper	必须签字

（三）配舱订舱

1. 预配舱

货代汇总所接受的委托和客户的预报并输入电脑，计算出各航线的件数、重量、体积，按照客户的要求和货物重、高情况，根据各航空公司不同机型对不同板箱的重量和高度要求，制订预配舱方案，并对每票货配上运单号（一般情况下，航空公司会将运单定期发放给与具有运价协议的航空货代公司）。

2. 预订舱

货代根据所制订的预配舱方案，按航班、日期打印出总运单号、件数、重量、体积，向航空公司预订舱（因为此时货物还没有入仓库，预报和实际的件数、重量、体积会有差别，留待配舱时再做调整）。

3. 配舱和订舱

核对货物的实际件数、重量、尺寸与托运书的预报数量的差别，按照机型、板箱型号进行配载，对舱位、板箱有效利用、合理搭配，预订舱单见表 5-33。

表 5-33 预订舱单

FROM：广州银湾国际货运代理有限公司

预订舱单

Tel: 24983568　17112288666　　　　联系人：张先生　Fax: 24903582

运单号	目的站	件数/数量	体积	品名	一程航班/日期	二程航班/日期

知识拓展

“包机”小贴士

对于一次批量较大，要采用包机运输的，需提前办理包机手续。一般情况下，至少需在发运前1个月与航空公司洽谈，并签订协议（以便航空安排运力、办理包机过境、入境、着陆等有关手续），如货主找空运代理办理包机，则应在货物发运前40天提出申请，并应填写“包机委托书”。

（四）接收货物、接收单证

1.接收单证

接单包括托运单、报检报关委托书、报检单、报关单、发票、箱单、合同副本等。以上单据的审核要点如下。

（1）发票、装箱单：发票盖公司章（业务科室、部门章无效），标明价格术语及价格（包括物价样品的发票）。

（2）托运书。

①货物品名栏（包括体积及尺寸），填写是否过于笼统，如“鱼罐头”不应笼统地写为食品。另外，对于危险品则应要求注明其专用名称和包装级别。

②收货人姓名和地址栏，代理人应了解收货人所在城市名称是否属于不同国家中的重名城市。

③托运人签字栏，是否有托运人的签字。

（3）报关单：注明经营单位的注册号、贸易性质、收汇方式，在申报单位处加盖公章。

（4）外汇核销单：出口单位备注栏加盖公章。

（5）许可证：合同号、出口口岸、贸易国别、有效期要符合要求，与其他单据相符。

（6）商检证：商检证、商检放行单、盖有商检放行章的报关单均可，商检证上应有海关放行单字样。

（7）进料/来料加工核销本：要审查进料/来料加工核销本上的合同号与发票是否相符。

（8）索赔/返修协议：要正本，双方盖章；外方没盖章的，签字也可以。

（9）到付保函：运费到付的，必须提供。

（10）关封：必须提供关封。

2.接收货物

接单后，由于货主要求代办国内段运输，公司安排车辆将发运的货物运送到货代公司指定的仓库，并注意检查货物。实践中，到门服务或到接货地点提取货物。

（1）基本要求。托运人的货物包装要求坚固、完好、轻便；为了不使密闭舱飞机的空调系统堵塞，不得使用带有碎屑、草末等材料做包装；包装上要详细写明收货人、通知人和托运人的姓名和地址；若包装出现轻微破损的情况，应在货运单的“Handing Information”中详细标注对包装材料的具体要求。

（2）对包装材料的具体要求。

①液体类货物。瓶装、罐装或桶装的容器内至少有 5% ～ 10%的空隙，封盖严密，每个容器的容量不得超过 500 毫升，还需外加装有内衬物和吸湿材料的木箱包装，并在木箱上加“易碎物品”标签。

②易碎物品。每件重量不超过 25kg，包装上贴“易碎物品”标签。

③精密仪器和电子管。若为多层包装，则内衬物要有一定弹性，包装上贴“易碎物品”和“不可倒置”标签。

④混运货物。若为分别包装，则不得包含贵重货物、动物、骨灰、外交信函、行李包等。

航空公司对货物的最小尺寸要求为 10 cm × 20 cm × 30 cm。

3. 标记和标签

接货后，认真检查货物是否贴有标记，没贴的补上，同时给每件货物贴上标签。

（1）标记：记号，内容包括姓名、地址、联系电话、合同号。

（2）标签。

①识别标签。说明货物的运单号码、件数、重量、尺寸、始发站、目的站的一种运输标志，分为挂签和贴签。

②特种货物标签。说明货物性质的各类识别标志，分为活体动物标签、危险品标签和鲜活易腐物品标签。

③操作标签。比如向上、保持干燥。

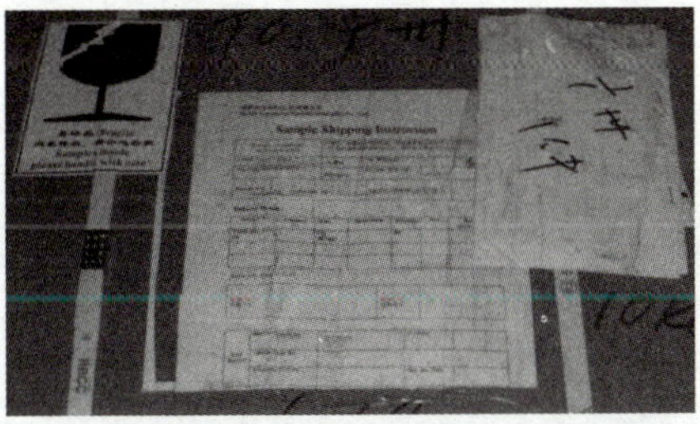

图 5–5　标记

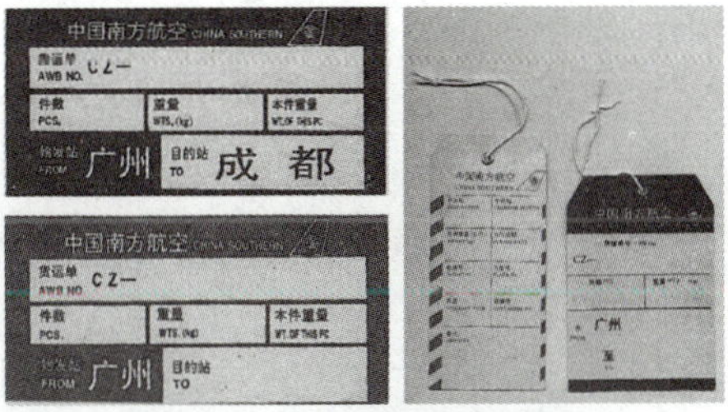

图 5–6　国内识别标签

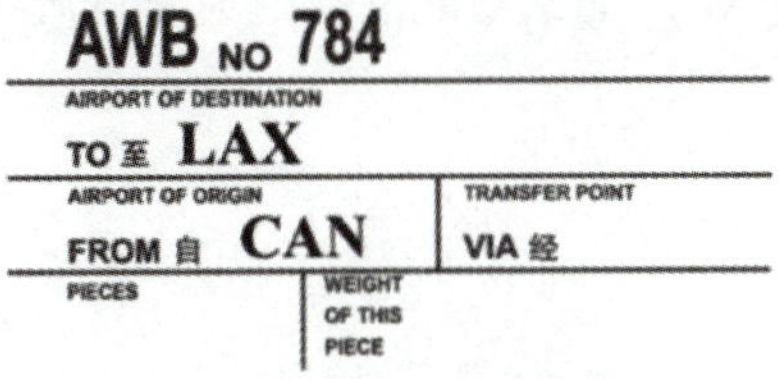

图 5–7　国际识别标签

图 5–8　鲜活易腐货物标签

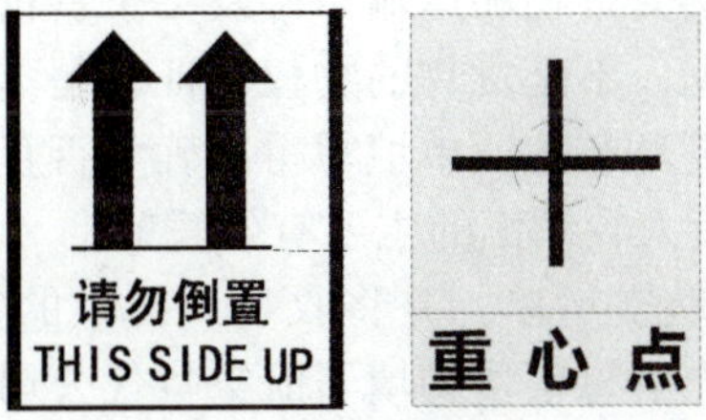

图 5–9　操作标签

知识拓展

航空货运中标签使用要求

对于一次批量较大，要采用包机运输的，需提前办理包机手续。一般情况下，至少需在发运前1个月与航空公司洽谈，并签订协议（以便航空安排运力、办理包机过境、入境、着陆等有关手续），如货主找空运代理办理包机，则应在货物发运前40天提出申请，并应填写“包机委托书”。

1. 识别标签上的各项内容应与货运单一致，字迹清晰，容易辨认。

2. 标签应由托运人粘贴（或拴挂）。承运人应协助托运人正确地粘贴（或拴挂）标签并检查，发现错漏或位置不当时，应立即纠正。

3. 所有货物标签应粘贴（或拴挂）在与收货人姓名、地址相邻的位置。

4. 托运人使用旧包装时，必须清除原包装上的残旧标签。

5. 每件货物至少应牢固地粘贴（或拴挂）一个识别标签。如果一个包装件超过0.4立方米，应在包装件上粘贴（或拴挂）2个识别标签。当一件货物需粘贴（或拴挂）两个或两个以上标签时，应在包装两侧对称部位粘贴（或拴挂）。

6. 因货物包装材料或其他限制原因，不能保证货物标签在运输过程中不会脱落时，应将货运单号码、始发站、目的站写在货物的外包装上。

7. 包装形状特殊的货物，应根据情况将标签粘贴（或拴挂）在明显部位。

8. 特种货物应粘贴（或拴挂）特种货物标签。

9. 用玻璃瓶作为内包装的货物和精密易损、质脆易碎的货物，必须粘贴（或拴挂）易碎物品标签、谨防潮湿或者向上标签。

10. 含有液体的货物外包装上必须粘贴向上标签。

11. 标签应粘贴（或拴挂）在货物的侧面，不得粘贴（或拴挂）在货物的顶部或底部。

12. 标签不得粘贴（或拴挂）在捆扎材料上。

13. 在装卸、仓储保管过程中要注意保持标签的完整。遇有脱落或辨认不清的，应根据货运单及时核对补齐。

资料来源：陈彩凤. 国际货运代理［M］. 北京：北京交通大学出版社，2010.

（五）填制运单

1. 航空运单

航空运单是承运人签发给发货人，表示已收妥货物接受托运的货运单据，是航空货物运输的凭证，是订立契约、接受货物和运输条件及关于货物的重量、尺码、包装和件数等的初步证据。它只是一种收据，不是货物的物权凭证，是不可转让的运输单据。填制航空运单是空运出口业务的最重要环节，运单填写得准确与否直接关系到货物能否及时、准确到达目的地。航空运单是发货人收结汇的主要有效凭证。

直接运输的货物，填制航空运单，并将收货人提供的货物随机单据钉在航空运单后面；集中托运的货物，必须先为每票货物填开航空货代公司的分运单，然后再填开航空公司的主运单，所有分运单与随行单据装入一个信封，钉在主运单后面。

2. 性质和作用

航空运单是承托双方的运输合同，本身不能代表其项下的货物，也不是货物所有权的证明通常不具有可转让性。

航空运单的主要作用表现在以下几个方面：

（1）是承托双方之间缔结货物运输契约的凭证；

（2）承运人接收货物的证明文件；

（3）是运费结算凭证和运费收据；

（4）是国际进出口货物办理报关的必备单证；

（5）可作为保险证书；

（6）是承运人组织货物运输的依据。

航空运单各联及使用如表 5-34 所示。

3. 航空运单的填制

航空运单有主运单和分运单。航空主运单是由航空公司签发的货运单。航空分运单是由航空货运代理公司或集中托运人（航空货代）签发的航空运单。

表 5-34　航空运单各联及使用

航空运单组成	各联数名称	航空运单分发对象	颜色
三联正本	Original 1（正本 1）	交出票航空公司	浅绿色
	Original 2（正本 2）	给收货人	粉红色
	Original 3（正本 3）	给托运人	浅蓝色
六联副本	Copy 4（副本 4）	提取货物依据	浅黄色
	Copy 5（副本 5）	给目的地机场	白色
	Copy 6（副本 6）	给第三承运人	白色
	Copy 7（副本 7）	给第二承运人	白色
	Copy 8（副本 8）	给第一承运人	白色
	Copy 9（副本 9）	给代理人	白色
三联额外副本	Extra Copy 1（额外副本）	供承运人使用	白色
	Extra Copy2（额外副本）	供承运人使用	白色
	Extra Copy3（额外副本）	供承运人使用	白色

航空运单有正面、背面条款之分，虽然不同航空公司有自己的航空运单格式，但各航空公司所使用的航空运单大多借鉴IATA所推荐的标准格式，差别并不大（见表 5-28）。填制基本要求如下。

（1）航空运单要求用英文大写字母打印，各栏内容必须准确、清楚、齐全，不得随意涂改。

（2）航空运单已填内容在运输过程中需要修改时，必须在修改项目的近处盖章，注明修改货运单的空运企业名称、地址和日期。

（3）航空运单的各栏目中，有些栏目有阴影。其中，有标题的阴影栏日仅供承运人填写：没有标题的阴影栏目一般不需要填写，除非承运人有特殊需要。

表 5-35 航空运单样本

<table>
<tr><td>1A</td><td>1</td><td>1B</td></tr>
</table>

<table>
<tr><td rowspan="2">Shipper's Name and Address
2</td><td>Shipper's Account Number
3</td><td colspan="2">NOT NEGOTIABLE

Air Waybill
Issued by UTi (HK) LIMITED
14/Floor, COL Tower,
World Trade Square,
123 Hoi Bun Road, Kwun Tong,
Kowloon, H.K.
Tel: 2751 8380 Fax: 2795 4849</td></tr>
<tr><td></td><td colspan="2">Copies 1, 2 and 3 of this Air Waybill are originals and have the same validity.</td></tr>
<tr><td>Consignee's Name and Address
4</td><td>Consignee's Account Number
5</td><td colspan="2">It is agreed that the goods described herein are accepted in apparent goods order and condition

(except as noted) for carriage</td></tr>
<tr><td colspan="2">Issuing Carrier's Agent Name and City
6</td><td colspan="2" rowspan="3">Accounting Information:

10</td></tr>
<tr><td>Agent's IATA Code
7</td><td>Account No.
8</td></tr>
<tr><td colspan="2">Airport of Departure (Addr. of First Carrier) and Requested Routing
9</td></tr>
</table>

<table>
<tr><td rowspan="2">To

11A</td><td rowspan="2">By First Carrier

11B</td><td rowspan="2">to

11C</td><td rowspan="2">by

11D</td><td rowspan="2">to

11E</td><td rowspan="2">by

11F</td><td rowspan="2">Currency

12</td><td rowspan="2">CHGS Code

13</td><td colspan="2">WT/VAL</td><td colspan="2">Other</td><td rowspan="2">Declared Value for Carriage

16</td><td rowspan="2">Declared Value for Customs

17</td></tr>
<tr><td>PPD

14A</td><td>COLL

14B</td><td>PPD

15A</td><td>COLL

15B</td></tr>
</table>

<table>
<tr><td>Airport of Destination

18</td><td colspan="2">Flight/Date</td><td>Amount of Insurance

20</td><td rowspan="2">INSURANCE: If Carrier offers insurance, and such insurance is requested in accordance with the conditions thereof, indicate amount to be insured in figures in box marked "Amount of Insurance."</td></tr>
<tr><td></td><td>19A</td><td>19B</td><td></td></tr>
</table>

续表

Handling Information	
21	SCI 21A

No.of Pieces RCP	Gross Weight	kg lb	Rate Class	Commodity Item No.	Chargeable Weight	Rate / Charge	Total	Nature and Quantity of Goods (incl. Dimensions or Volume)
22A	22B	22C	22D	22E	22F	22G	22H	22I
22J	22K						22L	

Prepaid	Collect	
Weight Charge		23
24A	24B	
Valuation Charge		
25A	25B	
Tax		
26A	26B	
Total Other Charges Due Agent		Shipper certifies that the particulars on the face hereof are correct and that insofar as any part of the consignment contains dangerous goods, such part is properly described by name and is in proper condition for carriage by air according to the applicable Dangerous Goods Regulations.
27A	27B	
Total Other Charges Due Carrier		
28A	28B	30
Total Prepaid 29A	Total Collect 29B	Signature of Shipper or his Agent
Currency Conversion Rates 32A	CC Charges in Dest. Currency 32B	31A　31B　31C Executed on (date)　at(place)　Signature of Issuing Carrier or its Agent
For Carrier's Use only at Destination	Charges at Destination 32C	Total Collect Charges 32D

航空运单的填制规范：

航空运单与海运提单有很大不同，却与国际铁路运单相似。它是由承运人或其代理人签发的重要的货物运输单据，是承托双方的运输合同，其内容对双方均具有约束力。航空运单不可转让，持有航空运单也并不能说明可以对货物要求所有权。

航空运单与海运提单类似，也有正面、背面条款之分，不同的航空公司也会有自己独特的航空运单格式。所不同的是，航运公司的海运提单可能千差万别，但各航空公司所使用的航空运单则大多借鉴IATA所推荐的标准格式，差别并不大。

1. 始发站机场

需填写IATA统一制定的始发站机场或城市的三字代码，这一栏应该和11栏相一致。

1A：IAIA统一编制的航空公司代码。

1B：运单号。由八位数字组成，前七位为顺序号，第八位为检查号。

例如：COS 00129536

JTB 03161319

2. 托运人姓名和地址（Shipper's Name and Address)

填写托运人的全名，地址填写国家名称、城市、街道的名称、门牌号码、邮政编码和电话号码。

3. 托运人账号（Shipper's Account Number)

根据承运人的需要，填写托运人账号。

4. 收货人姓名及地址（Consignee's Name and Address)

填写收货人的全名，地址填写国家名称、城市、街道的名称、门牌号码、邮政编码和电话号码。收货人的姓名要与其有效身份证件相符，地址要详细，邮政编码和电话号码要清楚准确。与海运提单不同，因为空运单不能转让，所以此栏内不可填写“凭指示”之类的字样。

5. 收货人账号（Consignee's Account Number)

根据承运人的需要，填写收货人账号。

6. 承运人代理的名称和所在城市（Issuing Carrier's Agent Name and City)

填写制单代理人的名称及其所在的城市，应清楚、详细。

7. 代理人的IATA代号（Agent's IATA Code)

在NON-CASS系统区，必须填写IATA七位数字的代号；在CASS系统区，还应填写三位数字的地址代码及检查号。

8. 代理人账号（Account No.)

根据承运人的需要，填写代理人账号。

9. 始发站机场及所要求的航线［Airport of Departure (Addr. of First Carrier) and Requested Routing］

填写货物始发站的机场的名称，应填写英文全称，不得简写或使用代码。这里的始发站应与第1栏填写的一致。

10. 结算注意事项（Accounting Information)

填写与结算有关的注意事项。

此栏只有在采用特殊付款方式时才填写：

（1）以现金或者支票支付货物运费，应予注明。

（2）以旅费证支付货物运费，仅限于作为货物运输的行李，填写旅费证的号码及应支付的金额，填写“客票及行李票”号码、航班、日期等。

（3）以政府提单支付货物运费，填写政府提单的号码。

（4）因无法交付而退回始发站的货物，在新的货运单的此栏内填写原货单号码。

11A. 至（To)

填写目的站或者第一中转站机场的IATA三字代码。

11B. 第一承运人（By First Carrier)

填写第一承运人的全称或者IATA两字代码。

11C. to

填写目的站或者第二中转站机场的IATA三字代码。

11D. by

填写第二承运人的全称或者IATA两字代码。

11E. to

填写目的站或者第三中转站机场的IATA三字代码。

11F. by

填写第三承运人的全称或者IATA两字代码。

12. 币种（Currency)

填写始发站所在国家的货币的三字代码（由国际标准化组织，即ISO规定）。除（33A）至（33D）栏外，货运单上所有货物运费均应以此币种表示。

13. 付款方式（CHGS Code)

填写货物运费的支付方式。

CA：Partial Collect Credit-Partial Prepaid Cash，部分到付信用卡—部分预付现金。

CB：Partial Collect Credit-Partial Prepaid Credit，部分到付信用卡—部分预付信用卡。

CC：All Charges Collect，全部货物运费到付。

CG：All Charges Collect by GBL，全部货物运费到付政府提单。

CP：Destination Collect Cash，目的站到付现金。

CX：Destination Collect Credit，目的站到付信用卡。

NC：Charge，免费。

PC：Partial Prepaid Cash— Partial Collect Cash，部分预付现金—部分到付现金。

PD：Partial Prepaid Credit—Partial Collect Cash，部分预付信用卡—部分到付现金。

PG：All Charges Prepaid by GBL，全部货物运费预付政府提单。

PP：All Charges Prepaid by Cash，全部货物运费预付现金。

PX：All Charges Prepaid by Credit，全部货物运费预付信用卡 。

14. 运费及声明价值费（WT/VAL)

此时可以有两种情况：预付（PPD，Prepaid）或到付（COLL，Collect)。如预付，在（14A）中填入“x”，否则填在（14B）中。需要注意的是，航空货物运输中运费与声明价值费支付的方式必须一致，不能分别支付。

15. 其他费用（Other)

有预付和到付两种支付方式。

16. 供运输用声明价值（Declared Value for Carriage)

填写托运人向承运人办理货物声明价值的金额。托运人未办理货物声明价值，必须填写“NVD”（No Value Declaration）字样。

17. 供海关用声明价值（Declared Value for Customs)

填写托运人向海关申报的货物价值。托运人未办理此声明价值，必须填写“NCV”（No Value Declaration）字样。

18. 目的地机场（Airport of Destination)

填写货物最终目的地的机场的名称，应填写英文全称，不得简写或使用代码。如有必要，填写该机场所属国家、州的名称或城市的全称。

19. 航班/日期（Flight/Date)

填写货物所搭乘航班及日期。

20. 保险金额（Amount of Insurance)

只有在航空公司提供代保险而客户也有此需要时才填写。

21. 操作信息（Handling Information)

一般填写货物在仓储和运输过程中所需要注意的事项。

例如：

（1）对于危险物品，填写“详见随附货运单的危险物品申报单”或者“仅限货机”等。

（2）对于危险物品中包含有非危险物品，填写危险物品的件数。

（3）填写货物标志、数码以及货物包装方式等。

（4）填写除（4）栏以外的其他在目的地的被通知人的名称、地址以及联系方式等。

（5）填写随附货运单的文件的名称。

（6）填写需要作特殊说明的其他情况。

但必须注意，这些事项不能超过承运人的仓储、运输能力。

21A. 海关信息（SCI)

填写海关信息，仅在欧盟国家之间运输货物时使用。

22A. 货物件数和运价组成点（No. of Pieces RCP)

填写货物包装件数，如果所使用的货物运价种类不同时，应分别填写，并将总件数填写在（22J）内。如果货物运价系分段相加运价，则将运价组成点（运价点）的IATA三字代码填写在件数下面。

22B. 毛重（Gross Weight)

与件数相对应，填写货物的毛重，如果分别填写时，将总毛重填写在（22K）栏内。

22C. 重量单位（kg/lb)

填写货物毛重的计量单位，“K”或者“L”分别表示“千克”或者“磅”。

22D. 运价等级（Rate Class)

填写所采用的货物运价等级代号。针对不同的航空运价共有6种代码：

M——Minimum，起码运费。

N——Normal，45公斤以下货物适用的普通货物运价。

Q——Quantity，45公斤以上货物适用的普通货物运价。

C——Specific Commodity Rates，特种运价。

R——Reduced，低于普通货物运价的等级货物运价。

S——Surcharge，高于普通货物运价的等级货物运价。

22E. 商品代码（Commodity Item No.）

在使用特种运价时需要在此栏填写商品代码。

使用指定商品运价时，填写指定商品代号。（22D）填写“C”。

使用等级货物运价时，填写所适用的普通货物运价的代号及百分比数。（22D）填写“R”或“S”。

根据从低原则使用重量分界点运价时，填写重量分界点运价代号及分界点重量。

22F. 计费重量（Chargeable Weight）

填写航空公司据以计算航空运费的计费重量，该重量可以与货物毛重相同也可以不同。

22G. 费率（Rate/Charge）

填写所适用的货物运价。

22H. 航空运费（Total）

填写根据货物运价和货物计费重量计算出的航空运费额。如果分别填写时，将航空运费总额填写在（22L）内。

22I：货物的品名、数量，含尺码或体积［（Nature and Quantity of Goods (incl. Dimensions or Volume)］

填写货物的具体名称及数量。货物品名不得填写表示货物类别的统称，如：不能填写电器、仪器、仪表等；鲜活易腐物品、活体动物等不能作为货物品名。托运人托运危险物品应填写其标准学术名称。作为货物运输的行李应填写其内容和数量，或随附装箱清单。

货物的尺码应以厘米或英寸为单位，尺寸分别以货物最长、最宽、最高边为基础。体积则是上述三边的乘积，单位为立方厘米或立方英寸。

23. 其他费用（Other Charges）

指除运费和声明价值附加费以外的其他费用。在始发站发生的其他费用，应全部预付或者到付；也可以填写在运输过程中或目的站发生的其他费用，应全部预付或者到付，未在此栏内列明的其他费用见（33C）；其他费用可以用下列代号表示。

AC——Animal Container，动物容器费。

AS——Assembly Service fee，集装服务费。

AW——Air Waybill fee，货运单费。

CD——Clearance and Handling-Destination，目的站办理海关手续和处理费。

CH——Clearance and Handling，始发站办理海关手续和处理费。

DB——Disbursement fee，货物运费到付手续费。

FC——Charge Collect fee，货物运费到付手续费。

GT——Government Tax，政府税。

IN——Insurance Premium，代办保险手续费。

LA——Live Animal，活体动物处理费。

MA——Miscellaneous-Due Agent，代理人收取的杂项费。

MC——Miscellaneous-Due Carrier，承运人收取的杂项费。

MO——Miscellaneous，杂项费，如牛栏、马厩的租用费。

MZ——Miscellaneous-Due Issuing Carrier，制单承运人收取的杂项费。

PK——Packaging，货物包装费。

PU——Pick-Up，货物提取费。

RA——Dangerous Goods fee，危险物品处理费。

SD——Surface Charge-Destination，目的站地面运输费。

SO——Storage-Origin，始发站仓储费。

SR——Surface Charge-Origin，始发站地面运费。

SU——Storage-Destination，目的站仓储费。

TR——Transit，过境费。

TX——Taxes，税款。

UH——ULD-Handling，集装设备处理费。

在相应的其他费用代号后加“C”表示该项费用由承运人（Carrier）收取，加“A”表示该项费用由代理人（Agent）收取。

24. 航空运费（Weight Charge）

填写（22H）或（22L）中的航空运费总额，可以预付或者到付，根据付款方式分别填写。

25. 声明价值附加费（Valuation Charge）

填写按规定收取的声明价值附加费，可以预付或者到付，根据付款方式分别填写。

26. 税款（Tax）

填写按规定收取的税款额，可以预付或者到付，根据付款方式分别填写，但是，必须同（24A）和（25A）或（24B）和（25B）同时全部预付或者同时全部到付。

27. 交代理人的其他费用总额（Total Other Charges Due Agent）

填写交代理人的其他费用总额，可以预付或者到付，根据付款方式分别填写。

28. 交承运人的其他费用总额（Total Other Charges Due Carrier）

填写交承运人的其他费用总额，可以预付或者到付，根据付款方式分别填写。

29A. 全部预付货物费用的总额（Total prepaid）

24A、25A、26A、27A、28A 合计的预付货物运费的总额。

29B. 全部预付货物费用的总额（Total Collect）

24B、25B、26B、27B、28B 合计的到付货物运费的总额。

30. 托运人或其代理人签字、盖章（Signature of Shipper or his Agent)

由托运人或其代理人签字、盖章。

31A. 填开日期［Executed on（date）］

填写货运单的填开日期，年、月、日。

31B. 填开地点［ at（place）］

填写货运单的填开地点。

31C. 制单承运人或其代理人签字、盖章（Signature of Issuing Carrier or its Agent）

由填制货运单的承运人或其代理人签字、盖章。

32A. 汇率（Currency Conversion Rates）

目的地国家的币种和汇率。

32B. 到付货物运费（CC Charge in Dest. Currency）

填写根据（32A）中的汇率将（29B）中的到付货物运费换算成的金额。

32C. 目的站其他费用额（Charges at Destination）

填写在目的站发生的货物运费额。

32D. 到付费用合计（Total Collect ChargeTotal Collect Charge）

填写（32B）和（32C）的合计金额。

注意：以上所有内容不一定要全部填入空运单。IATA并不反对在运单中写入其他所需的内容。但这种标准化的单证对航空货运经营人提高工作效率，促进航空货运业向电子商务的方向迈进有着积极的意义。

（六）报检、报关和装板箱

1. 报检、报关

将发货人提供的出口货物报关单内容录入电脑，并在报关单上加盖报关单位的报关专用章，然后将报关单与有关发票、装箱单、货运单随附有关证明文件备齐向海关申报。海关审核无误后在用于发运的货运单正本上加盖放行章、出口收汇核销单和出口报关单上加盖放行章。

2. 签发运单

货运单盖好放行章后还需到航空公司签单。航空公司的地面代理规定，只有签单确认后才允许将单、货交给航空公司。

3. 编制出仓单

配舱方案制定后就可以开始编制出仓单。出仓单主要载明出仓单日期、承运航班的日期、装载板箱形式及数量、货物进仓顺序编号、总运单号、件数、重量、体积、目的地三字代码和备注。

4. 提板箱，装板箱

航空货运主要以集装箱、集装板的形式装运。订妥舱位后，航空公司吨控部门根据货量发放"航空集装板、箱"的凭证。货代凭此证向航空公司箱、板管理部门领取箱、板，同时领取塑料薄膜和网。

航空货代一般将 2 m^3 以下的货物交由航空公司拼装：大于 2 m^3 的大宗货物或集中托运拼装货物，一般均由货代自己装板箱。

提板箱时要注意：

不要用错集装箱、板，不要超装箱板尺寸，货物要垫衬，封盖好塑料纸，封装整齐，结构稳定，对于大宗货物或集中托运货物，尽可能将整票货物装一个或几个箱板内运输，多余的货物也尽可能装一个箱、板，防止散乱、遗失。

（七）交接发运和费用结算

1. 交接发运

（1）交单

交给航空公司的单据包括主运单和分运单、航空货物清单、出库仓单、装箱单、国际货物交接清单。

在实际操作中，航空货代一般在航班时间内向航空地面代理交接。

（2）交货

把与单据相符的货物交给航空公司，交货前必须粘贴或拴挂货物标签，根据标签清点和核对货物，填制"国际货物交接清单"。

大宗货和集中托运货以整箱、整板称重交接：零散小货按票称重，计件交接。

航空公司审单验货后，在交接签单上验收，将货物存入出口仓库，单据交吨控部门，以备配舱。

2. 信息跟踪

航空货代从接受委托开始，一直到将货物交收货人的整个过程，应始终与委托人及有关人员保持密切的信息往来。

货物装机后，货代即向买方发出装运通知，以便对方准备付款、赎单、办理收货等，直至完成货物运输。单、货交接给航空公司后，航空公司会因种种原因，如航班取消、延误、溢载、故障、改机型、错运、倒垛或装板不符规定等，未能按预定时间出运，所以货运代理公司从单、货交给航空公司后就需对航班、货物进行跟踪。

需要联程中转的货物，在货物出运后，要求航空公司提供二、三程航班的中转信息。有些货物事先已预订了二、三程，也还需要确认中转情况。有时需直接发传真或电话与航空公司的海外办事处联系货物中转情况，及时将上述信息反馈给客户，以便遇到不正常情况及时处理。

3. 费用结算

一般是货代公司与发货人、承运人、机场地面代理、国外代理人之间进行费用结算。

（1）与航空公司结算费用：支付航空运费及代理费，同时收取代理佣金。

（2）机场地面代理结算费用：向机场地面代理支付各种地面杂费。

（3）与发货人结算费用：向发货人收取航空运费、地面杂费、各种服务费和手续费。

（4）与国外代理人结算费用：国外段运费和利润分成。

二、进口操作流程

（一）代理预报、交接单货业务

1. 代理预报

代理预报是指在国外发货之前，由国外代理公司将运单、航班、件数、重量、品名、实际收货人及其地址、联系电话等内容通过传真或电子邮件发给目的地代理公司，也称到货预报。

注意事项：航班信息和分批货物。

2. 交接单、货

航空公司的地面代理人（航空货运代理公司）向货代公司交接的有国际货物交接清单总运单、随机文件（发票和装箱单）、货物。

注意事项：

交接时做到单单核对，即交接清单与总运单核对；单货核对，即交接清单与货物核对。核对后，出现问题的处理方式如表 5-36 所示。

表 5-36　交接单、货时出现问题的处理方式

总运单	清单	货物	处理方式
有	无	无	总运单退回
有	无	有	清单上加上总运单号

续表

总运单	清单	货物	处理方式
无	有	有	总运单后补
无	有	无	清单上画去
有	有	无	总运单退回
无	无	有	货物退回

发现货物短缺、破损或其他异常情况，应向航空公司索要事故记录，作为实际收货人交涉索赔事宜的依据。

货运代理公司请航空公司开具商务事故证明的情况通常有以下几种。

（1）包装货物受损；

（2）裸装货物受损；

（3）木箱或精密仪器上防震、防倒置标志泛红；

（4）货物件数短缺。

（二）理货与仓储、理单与到货通知业务

1. 理货与仓储

理货的主要内容如下。

（1）逐一核对每票件数，再次检查货物破损情况；

（2）按大货、小货、重货、轻货、单票货、混载货、危险品、贵重品、冷冻品、冷藏品分别堆存、进仓；

（3）登记每票货储存区号，并输入电脑。

仓储注意事项如下。

（1）各类别货物入库前需录入空港机场货物查询系统，以种类区别储存到各个仓库；

（2）上述货物的仓储，无论是在航空公司货站、机场货站，还是在航空货代的仓库，都是海关的监管仓库。

2. 理单与到货通知

（1）理单

①集中托运，总运单项下拆单：将集中托运进口的每票总运单项下的分运单整理出来，审核与到货情况是否一致，并制成清单输入电脑。将集中托运进口总运单项下的分运单输入海关电脑，以便实施按分运单分别报关、报检、提货。

②理单分类方法：按进口代理人理单，按货主理单，按寄送发运单、自取运单客户理单。

③编配各类单证：货代人将总运单、分运单与随机单证、国外代理人先期寄达的单证（发票、装箱单、合同副本、装卸、运送指示等）、国内货主或经营到货单位预先交达的各类单证等进行编配。

（2）发到货通知（尽早、尽快、尽妥）

到货通知应向货主提供到达货物的以下内容：运单号、分运单号、货过代理公司编号；件数、重量、体积、品名、发货公司、发货地；运单、发票上已编注的合同号，随机已有单证数量及尚缺的报关单证；运费到付数额，货运代理公司地面服务收费标准；货运

代理公司及仓库的地址、电话、传真、联系人；提示货主海关关于超过 14 天报关收取滞报金及超过 3 个月未报关货物上交海关处理规定。

3. 报检与报关

此过程与出口报关报检相同。

4. 收费发货

与货主结算完成费用后，将货物送至货主指定的仓库。

练一练

一、单项选择题

1. 航空货物体积重量的折算标准为每（　　）立方厘米折合 1 千克。

A.3000　　B.4000　　C.5000　　D.6000

2. 航空运输中托运人在承运人的航线上通过包板舱的方式运输时，托运人无论向承运人是否交付货物，都必须支付协议上规定的运费。这种包板舱方式称为（　　）。

A. 死包板舱　　B. 活包板舱

C. 软包板舱　　D. 硬包板舱

3. 航空运价代号 M 表示（　　）。

A. 最低运费　　B. 普通货物运价

C. 等级货物运价　　D. 指定商品运价

4. 航空运价代号 S 表示（　　）。

A. 最低运费　　B. 普通货物运价

C. 等级货物运价　　D. 指定商品运价

5. 航空运价代号 C 表示（　　）。

A. 最低运费　　B. 普通货物运价

C. 等级货物运价　　D. 指定商品运价

6. 航空货运中“N”表示标准普通货物运价，是指（　　）千克以下的普通货物运价。

A.45　　B.50　　C.55　　D.60

7. 航空货运中对于 45 千克以上的不同重量分界点的普通货物运价均用（　　）表示。

A.S　　B.C　　C.Q　　D.M

8. 航空普通货物运价简称（　　）。

A.GCR　　B.SCR　　C.KGS　　D.NCR

9. 航空指定商品运价简称（　　）。

A.GCR　　B.SCR　　C.KGS　　D.NCR

10. 航空货运中，General Cargo Rate 表示的中文含义是（　　）。

A. 普通货物运价　　B. 指定商品运价

C. 等级货物运价　　D. 比例运价

11.（　　）是指航空运输中适用于自规定的始发地至规定的目的地运输特定品名货物的运价。

A. 最低运费　　B. 普通货物运价

C. 等级货物运价　　D. 指定商品运价

12. 航空运输指定商品品名编号中 0001 ～ 0999 代表的产品是（　　）。

A. 可食用的动植物产品

B. 活动物及非食用的动植物产品

C. 纺织品、纤维及其制品

D. 金属及其制品

13. 航空运输指定商品品名编号中 0008 代表产品是（　　）。

A. 科学仪器

B. 活动物及非食用的动植物产品

C. 新鲜的水果、蔬菜

D. 鱼（可食用的）、海鲜、海产品

14.（　　）是指在规定的业务区内或业务区之间运输特别指定的等级货物的运价。

A. 最低运费　　B. 普通货物运价

C. 等级货物运价　　D. 指定商品运价

15. 根据IATA的规定，下列货物中不是等级货物的是（　　）。

A. 活动物　　B. 贵重货物

C. 书报杂志类货物　　D. 非金属材料

16. 航空贵重货物的最低运费按公布最低运费的（　　）收取，同时不低于 50 美元或等值货币。

A.100%　　B.150%　　C.200%　　D.250%

17. 在航空货运单中，危险品处理费代码表示为（　　）。

A.AWA　　B.CHA　　C.RAC　　D.SUA

18. 航空货物的指定商品品名编号在 1000 和 1999 之间的代表（　　）。

A. 机器、汽车和电器设备

B. 可食用动植物产品

C. 活动物和非食用动植物产品

D. 纺织品、纤维及其制品

19. 自中国至IATA业务 1 区、2 区、3 区，每票货物的危险品处理费最低标准均为（　　）元人民币。

A.100　　B.200　　C.300　　D.400

20. 在中国，CC Fee最低收费标准为（　　）。

A.CNY100　　B.CNY150

C.CNY200　　D.CNY250

二、多项选择题

1. 货物的航空运费主要由两个因素组成，即（　　）。

A. 货物适用的运价　　B. 货物的实际重量

C. 货物的计费重量　　D. 货物的等级运价

2. 航空货物的计费重量可以是（　　）。

A. 货物的实际净重　　B. 货物的实际毛重

C. 货物的体积重量　　D. 较高重量分界点的重量

3. 目前国际航空货物运价按制定的途径划分，主要分为（　　）。

A. 法定运价　　B. 协议运价

C. 国际航协运价　　D. 各国航空运价

4. 按照IATA货物运价公布的形式划分，国际航空货物运价可分为（　　）。

A. 公布直达运价　　B. 协议运价

C. 国际航协运价　　D. 非公布直达运价

5. 根据国际货物运价IATA的运价手册，公布直达运价包括（　　）。

A. 普通货物运价　　B. 指定商品运价

C. 等级货物运价　　D. 集装货物运价

6. 运输始发地和运输目的地可以直接使用指定商品运价的航空运输货物必须满足的条件是（　　）。

A. 运输始发地至目的地之间有公布的指定商品运价

B. 托运人所交运的货物，其品名与有关指定商品运价的货物品名相吻合

C. 货物的计费重量满足指定商品运价使用时的最低重量要求

D. 货物的计费重量大于45千克

7. 根据国际货物运价IATA的运价手册，非公布直达运价包括（　　）。

A. 比例运价　　B. 指定商品运价

C. 等级货物运价　　D. 分段相加运价

8. 在航空运输中属于附减的等级货物包括（　　）。

A. 活动物　　B. 贵重货物　　C. 书报、杂志

D. 作为货物运输的行李　　E. 尸体、骨灰

9. 货运单费的代码包括（　　）。

A.AW　　B.AWC　　C.AWA　　D.RA

10. 等级货物代号S表示（　　）。

A. 附加的等级货物　　B. 不附加的等级货物

C. 附减的等级货物　　D. 一般的等级货物

三、判断题

1. 各国货物的航空运价一般以美元公布。（　　）

2. 航空国际货物的计费重量以0.5千克为最小单位，重量尾数不足0.5千克的，按0.5千克计算；0.5千克以上不足1千克的，按1千克计算。（　　）

3. 航空货物按其适用的航空运价与其计费重量计算所得的航空运费，应与货物最低运费相比，取低者。（　　）

4. 随着运输重量的增加，运价越来越高，这实际上是使用定价原则中的数量折扣原则。（　　）

5. 在我国航空货运中，45千克以上运价一般由民航总局统一规定，按标准运价的80%执行。（　　）

6. 通常情况下，指定商品运价高于相应的普通货物运价。（　　）

7. 航空等级货物运价是在普通货物运价的基础上附加一定的百分比的形式构成。（　　）

8. 航空运输中运输动物所用的笼子等容器、饲料、饮用水等重量应包括在货物的计费

重量内。 (　　)

9. 在航空主运单上，填写的运价不可以是协议运价。 (　　)

10. 货物的航空运费是指将一票货物自始发地机场运输到目的地机场所应收取的航空运输费用，不包括其他费用。 (　　)

➡任务训练页

综合训练一　航空业务报价

一、训练目标

1. 了解国际航空运价体系；
2. 能够按照客户需求计算航空运费；
3. 能够按照要求填制报价明细。

二、任务情景

广东大宇贸易有限公司（以下简称“大宇公司”）现需要向日本长崎出口一批货物，出口清单中有纺织品、银壶、仓鼠和哈密瓜，根据大宇公司和日本客商签订的合同，大宇公司要在2025年5月底前装运，目的港为日本长崎。广州银湾国际货运代理有限公司与大宇公司有着紧密的合作关系，作为其货代，请以广州银湾国际货运代理有限公司航空业务部经理Jiessie的身份，向大宇公司提供合理报价。

大宇公司询价邮件如下。

亲爱的Jiessie：

感谢您为我们深圳到大阪的空运提供了很好的服务。我们现在有一批新的货物要运输，请贵公司报价。货物信息如下。

路线：中国广州（CAN）至日本长崎（NGS）

商品1：布匹

毛重：每卷25千克，共48卷

尺寸：每卷直径37厘米，高160厘米

商品2：银壶

毛重：每件4.18千克，共50件

尺寸：88厘米 × 35厘米 × 35厘米 × 50

商品3：哈密瓜

毛重：每件36.25千克，共8件

尺寸：75厘米 × 25厘米 × 45厘米 × 8

商品4：仓鼠

总重：每件20千克，共3件

尺寸：120厘米 × 54厘米 × 54厘米 × 3

请以人民币报价，有关费用详情寄给我。

谢谢您的帮助。
致以最诚挚的问候。

Mrs. Lucy
Guangdong Dongcheng Trading Co.Ltd
No.66 Nanjing Road, Nanshan District, Shenzhen , Guangdong, China
phone: +86−755−88855788
E−mail: lucy@dongcheng.com

相关资料如下。

资料 1：

广州银湾国际货运代理有限公司

GUANGZHOU SILVER GULF FREIGHT TRANSPORTATION CO.,LTD
No.20, East Huifu Road, Yuexiu District, Guangzhou, Guangdong, China
Tel: +86−20−83306789　Fax: +86−20−83306799

Airway Bill charges（运单费）：CNY 50.00
Fuel Surcharge（燃油附加费）：CNY 9.00 / kg chargeable weight
Security Surcharge（安全附加费）：CNY 1.20 / kg chargeable weight
利润：
1. 普通货物收取 0.50 CNY /kg chargeable。
2. 活动物收取 3 CNY /kg chargeable weight。
3. 贵重商品收取 5 CNY /kg chargeable weight。

资料 2：

活体动物运价等级如表 5−37 所示。

表 5−37　活体动物运价等级表

	1 区	2 区	3 区	1 区与 2 区之间	2 区与 3 区之间	3 区与 1 区之间
所有的活动物 除外： 出生 72 小时以下的家禽	175% of Normal GCR	175% of Normal GCR	150% of Normal GCR Except:1 below	175% of Normal GCR	150% of Normal GCR Except:1 below	150% of Normal GCR Except:1 below
出生 72 小时以下的家禽	Normal GCR	Normal GCR	Normal GCR Except:1 below	Normal GCR	Normal GCR Except:1 below	Normal GCR Except:1 below

注：1. 涵盖所有领域的费率，不包括 ECAA 中各国家之间的费率；
2. 在西南太平洋分区域内和分区域外：适用 GCR 的 200%；
3. 最低运费：（不包含 ECAA 国家之间）活动物的最低运费标准为 200%M。

资料 3：

指定商品编号

0007，水果、蔬菜；
0008，水果、蔬菜（新鲜的）；
0300，鱼（食用）、海鲜；
0850，蘑菇类；
1093，沙蚕；
2865，地毯；
2195 A，纱线、线、纤维、布料（未进一步加工或加工）：仅捆、螺栓、件；
B，可供穿着的服装、纺织品；
2199 A，纱、线纤维、纺织原料；
B，纺织品；
C，服装（包括鞋、袜）；
2211，纱线、线、纤维（未进一步加工或加工）；
7481，橡胶轮胎、橡胶管。

资料 4：

公布的运价本见表 5-38。

表 5-38　公布的运价本

NGS	NAGASAKI	JP	M	230.00
			N	25.67
			45	19.25
		0008	300	18.80
		0300	500	20.61
		1093	100	14.72
		2195	300	18.80

三、工作任务

请为广州银湾国际货运代理有限公司航空业务部经理 Jiessie 制作航空报价表。

四、任务实施

步骤 1：核算货物航空运价，完成下表。

货物名称				
体积重量（kg）				
毛重（kg）				
计费重量（kg）				

续表

货物名称				
适用运价（CNY/kg）				
航空运费（CNY）				
运单费（CNY）				
燃油附加费（CNY）				
安全附加费（CNY）				
利润（CNY）				
小计（CNY）				
合计				

步骤 2：填制报价表。

<table>
<tr><td colspan="7">一、报价信息</td></tr>
<tr><td>有效期</td><td colspan="6"></td></tr>
<tr><td>是否集中托运</td><td></td><td>始发机场</td><td></td><td>目的机场</td><td colspan="2"></td></tr>
<tr><td colspan="7">二、费用信息</td></tr>
<tr><td>商品名称</td><td>计费重量</td><td>航空运费</td><td>运单费</td><td>燃油附加费</td><td>安全附加费</td><td>小计</td></tr>
<tr><td></td><td></td><td></td><td></td><td></td><td></td><td></td></tr>
<tr><td></td><td></td><td></td><td></td><td></td><td></td><td></td></tr>
<tr><td colspan="6">合计</td><td></td></tr>
<tr><td colspan="7">注：1.如发生通关费用、仓储费用、提送货费用等，实报实销；
2.结果保留两位小数。</td></tr>
</table>

五、任务评价

<table>
<tr><td>班级</td><td></td><td colspan="2">任务名称</td><td>姓名</td><td colspan="2"></td></tr>
<tr><td>学号</td><td></td><td colspan="2">航空业务报价</td><td>组别</td><td colspan="2"></td></tr>
<tr><td>评价项目</td><td>评价标准</td><td>小组自我评价（20%）</td><td>交互评价（30%）</td><td>教师评价（50%）</td><td>分值</td><td>得分</td></tr>
<tr><td rowspan="2">职业能力</td><td>团队合作、分工明确</td><td></td><td></td><td></td><td>10</td><td></td></tr>
<tr><td>有独立工作能力，完成质量好</td><td></td><td></td><td></td><td>10</td><td></td></tr>
</table>

续表

班级		任务名称		姓名		
学号		航空业务报价		组别		
评价项目	评价标准	小组自我评价（20%）	交互评价（30%）	教师评价（50%）	分值	得分
专业能力	货物性质分析、是否集中托运选择正确，理由充分，每正确一项得 1 分，共计 12 分				12	
	核算货物运价中，体积重量、毛重、计费重量、适用运价、航空运费每正确一项得 1 分，共计 20 分				20	
	核算航空费用中，运单费、燃油附加费、安全附加费、利润、合计等内容，每正确一项得 1 分，共计 21 分				21	
	报价表中每填写错误 1 项扣 1 分，扣完为止，共计 27 分				27	
个人总结与反思				成绩合计	100	
				指导老师综合评价		

➡任务训练页

综合训练二　航空运单填制

一、训练目标

1. 了解航空运单的结构及作用；
2. 掌握航空货运单的填写规范；
3. 能够根据客户要求进行运输方案的选择。

二、任务情景

航空货代公司的Elena收到一封邮件，请根据客户需求，代Elena完成一份航空运单的填制。

客户邮件如下。

亲爱的Elena：

朗潮集团股份有限公司已接受我们的空运报价。请根据报价信息和以下航班信息填写航空运单：

航班：CZ458

始发地机场：SHANGHAI（PVG）

目的地机场：NEW YORK（JFK）

贸易术语：DPU

ETD：08:05,2024.11.21

ETA：07:25,2024.11.22

无运输用声明价值

无海关声明价值

出单日期：2024.11.20

祝工作顺利！

John

SHANGHAI HUANYU FREIGHT TRANSPORTATION CO., LTD.

Address：No. 1 Tonghui Road, Nanhui Xincheng Town, Pudong New District, Shanghai, China

Tel: +400-7600018 Fax: +400-7600019

John @outlook.com

相关资料如下。

资料 1：装箱单

LANGCHAO GROUP LTDINSPUR GROUP CO., ITD

PACKING LIST

Shipper: LANGCHAO GROUP LTDINSPUR GROUP CO., ITD

NO: 2025112001

Address: 1036 INSPUR ROAD, HIGH-TECH ZONE, LIXIA DISTRICT, JINAN CITY, SHANDONG PROVINCE, CHINA

CONTACT: LI MING

Tel: +86-0531-23229999

Consignee: GOOGLE

Address: 111 8TH AVE, NEW YORK, NY 10011, USA

CONTACT: LARRY PAGE

Tel: +1212-6499-383

NO.	Name of commodity	Quantity	N.W(kg)	G.W(kg)	Dimension
1	CLOUD SERVER CHIP	100 CTNS	180 KGS	200 KGS	30 cm × 20 cm × 15 CM
TOTAL		100 CTNS	180.00 KGS	200.00 KGS	0.90 CBM

资料 2：

表 3-39　中国南方航空（CZ）运价单

<table>
<tr><th rowspan="2">DESTINATION</th><th colspan="5">WT. BREAK (CURRENCY CNY)</th></tr>
<tr><th>MIN/N</th><th>N</th><th>+45</th><th>+300</th><th>+500</th></tr>
<tr><td colspan="6">WEST ASIA & PACIFIC RIM</td></tr>
<tr><td>AMD/CCU/TRV/COK/CCJ</td><td></td><td>26.60</td><td>24.60</td><td>23.60</td><td>22.60</td></tr>
<tr><td>PEW/ISB/LHE/SKT/MUX</td><td></td><td>25.60</td><td>23.60</td><td>22.60</td><td>21.60</td></tr>
<tr><td>BOM/DEL/MAA/BLR/HYD/KHI/DAC</td><td></td><td>22.60</td><td>20.60</td><td>18.60</td><td>17.60</td></tr>
<tr><td>MLE/CMB</td><td></td><td>24.60</td><td>22.60</td><td>19.60</td><td>18.60</td></tr>
<tr><td>KBL/OAI</td><td></td><td>28.60</td><td>27.60</td><td>26.60</td><td>25.60</td></tr>
<tr><td colspan="6"></td></tr>
<tr><td>BRE/NUE/MRS/LIL/HEL/BLL/GOT/MST/HAJ/VLC/OPO</td><td></td><td>28.00</td><td>27.00</td><td>25.00</td><td>24.00</td></tr>
<tr><td>MMA/BOD/SXB/SNN/BFS/ORK/PIK/RTM/CGN/STR/TLS/NTE</td><td rowspan="2"></td><td rowspan="2">34.00</td><td rowspan="2">32.00</td><td rowspan="2">31.00</td><td rowspan="2">30.00</td></tr>
<tr><td>SOU/STN/VRN/INN/GRZ/LNZ/BER/BRS</td></tr>
<tr><td>ANR/EIN/ENS/SCN/FMO/LEJ/MLH/BRN/ABZ</td><td rowspan="2"></td><td rowspan="2">33.00</td><td rowspan="2">31.00</td><td rowspan="2">30.00</td><td rowspan="2">30.00</td></tr>
<tr><td>EDI/EMA/LBA/MME/LPL/BSL/CWL</td></tr>
<tr><td colspan="6"></td></tr>
<tr><td>ALC/BIO/ORY/NRK/GNB/LUG/OST/SXF/VIT/AGP</td><td></td><td>33.50</td><td>31.50</td><td>30.50</td><td>29.50</td></tr>
<tr><td>BTS/BRQ/LJU/ZAG/BEG/OSR/KSC/KRK/RIX/VNO/TLL</td><td></td><td>36.00</td><td>34.00</td><td>33.00</td><td>32.00</td></tr>
<tr><td>FLR / TRN / PSA</td><td></td><td>X</td><td>X</td><td>X</td><td>32.50</td></tr>
<tr><td>SKP/MSQ/SOF</td><td></td><td>X</td><td>X</td><td>X</td><td>34.00</td></tr>
<tr><td colspan="6">S.AMERICA</td></tr>
<tr><td>GRU/EZE(BUE)/GIG</td><td></td><td>40.50</td><td>38.50</td><td>37.50</td><td>36.50</td></tr>
<tr><td>VCP</td><td></td><td>41.50</td><td>39.50</td><td>38.50</td><td>37.50</td></tr>
</table>

续表

DESTINATION	WT. BREAK (CURRENCY CNY)				
	MIN/N	N	+45	+300	+500
N.AMERICA					
JFK/YYZ/IAH/SFO/LAX/DFW/ ORD/ MCO/BOS/MEX		41.00	40.50	39.50	38.50
AUSTRALIA AND NEW ZEALAND					
AKL/BNE/MEL/PER/SYD/CHC		41.00	39.50	38.50	38.50

附加费用

Airway bill charges		CNY100.00
Fuel surcharge		CNY8.00/kg chargeable weight
Security surcharge		CNY1.50/kg chargeable weight

三、工作任务

请为上海华宇货运有限公司的Elena制作航空运单。

四、任务实施

步骤1：分析客户需求，完成下表。

货物名称	体积重量	毛重	计费重量	适用运价	航空运费

步骤2：核算航空费用

货物名称	航空运费	运单费	燃油附加费	安全附加费	合计

步骤3：请在以下空白处填写航空运单内容。

1234 5678

Shipper´s Name and Address [1]	Shipper´s Account Number	Not Negotiable **Air Waybill** Issued b
		Copies 1, 2 and 3 of This Air Waybills are originals and have the same validity
Consignee´s Name and Adress [2]	Consignee´s Account Number	It is agreed that the goods described herein are accepted in apparent good order and condition (except as noted) for carriage SUBJECT TO THE CONDITIONS OF CONTRACT ON THE REVERSE HEREOF. THE SHIPPER´S ATTENTION IS DRAWN TO THE NOTICE CONCERNING CARRIER´S LIMITATION OF LIABILITY. Shipper may increase such limitation of liability by declaring a higher value for carriage and paying a supplemental charge of required.
Issuing Carrier´s Agent Name and City		Accounting Information K.C. - spx Validation No.: EX-UUUZZTT-08 GZ: BMVIT-77.000/0088-II/L4/2008
Agent´s IATA Code	Account No.	
Airport of Departure (Addr. of First Carrier) and Requested Routing [3]		

To	By First Carrier	Routing and Destination	to	by	to	by	Currency	CHGS Code	WT / VAL PPD	WT / VAL COLL	Other PPD	Other COLL	Declared Value for Carriage	Declared Value for Customs
[4]	[5]						[6]		[7]		[8]		[9]	[10]

Airport of Destination	Flight/Date	For Carrier Use Only	Flight/Date	Amount of Insurance	INSURANCE - If Carrier offers insurance, and such insuranceis requested in accordance with conditions on reverse hereof, indicate amount to be insured in figures in box marked „Amount of Insurance"
[11]	[12]		[13]	XXX	

Handling

STATUS X

No of Pieces RCP	Gross Weight	kg lb	Rate Class	Commodity Item No.	Chargeable Weight	Rate / Charge	Total	Nature and Quantity of Goods (incl. Dimensions or Volume)
[14]	[15]		[16]		[17]	[18]	[19]	[20]

Prepaid	Weight Charge	Collect	Other Charges
	[21]		[24]
	Valuation Charge		
	Tax		
	Total Other Charges Due Agent		Shipper certifies that the particulars on the face hereof are correct and that insofar as any part of the consignment contains dangerous goods, such part is properly described by name and is in proper condition for carriage by air according to the applicable Dangerous Goods Regulations.
	Total Other Charges Due Carrier [22]		[25] Signature of Shipper or his Agent
Total Prepaid [23]		Total Collect	
Currency Conversion Rates		CC Charges in Dest. Currency	[26] [27] [28] Executed on (date) at (place) Signature of Issuing Carrier or its Agent
For Carrier´s Use only at Destination		Charges at Destination	Total Collect Charges

五、任务评价

<table>
<tr><td>班级</td><td></td><td colspan="2">任务名称</td><td>姓名</td><td colspan="2"></td></tr>
<tr><td>学号</td><td></td><td colspan="2">航空运单填制</td><td>组别</td><td colspan="2"></td></tr>
<tr><td>评价项目</td><td>评价标准</td><td>小组自我评价（20%）</td><td>交互评价（30%）</td><td>教师评价（50%）</td><td>分值</td><td>得分</td></tr>
<tr><td rowspan="2">职业能力</td><td>团队合作、分工明确</td><td></td><td></td><td></td><td>10</td><td></td></tr>
<tr><td>有独立工作能力，完成质量好</td><td></td><td></td><td></td><td>10</td><td></td></tr>
<tr><td rowspan="3">专业能力</td><td>能够分析客户需求，体积重量、毛重、计费重量、适用运价、航空运费，每正确一项得 2 分，共计 12 分</td><td></td><td></td><td></td><td>12</td><td></td></tr>
<tr><td>核算航空费用中，运单费、燃油附加费、安全附加费、合计等内容，每正确一项得 2 分，共计 12 分</td><td></td><td></td><td></td><td>12</td><td></td></tr>
<tr><td>航空运单中每填写错误 1 项扣 2 分，扣完为止，共计 56 分</td><td></td><td></td><td></td><td>56</td><td></td></tr>
<tr><td rowspan="2">个人总结与反思</td><td colspan="3" rowspan="2"></td><td>成绩合计</td><td>100</td><td></td></tr>
<tr><td>指导老师综合评价</td><td></td><td></td></tr>
</table>

项目六

国际货代铁路联运业务操作

➡任务目标

◇ 知识目标	1. 了解国际铁路联运基础知识； 2. 了解国际铁路联运公约与协定； 3. 掌握国际铁路联运的单证及业务流程； 4. 掌握国际铁路联运运费核算规则； 5. 掌握国际铁路联运货物运输的价格体系及费用构成。
◇ 能力目标	1. 能够根据客户需求，完成国际铁路联运的出口操作业务； 2. 能够根据客户需求，完成国际铁路联运运费的计核，并合理报价。
◇ 思政目标	1. 使学生树立职业道德观； 2. 培养学生的专业性、责任心，以及成本意识，提升货运代理专业技能。

➡任务情景

跨越山海奔赴“新里程”

2024 年 5 月 28 日上午，新疆霍尔果斯口岸，满载镍钴锰酸锂、汽车配件、百货、液晶显示板等货物的 X8157 次中欧班列在此通关出境并换装，预计 12 天后抵达波兰马拉舍维奇。

这是累计开行的第 9 万列中欧班列，25 日从西安国际港站开出。运输时效越来越快、线路辐射越来越广、货品种类越来越多……近年来，中欧班列开行保持强劲增长态势。中国国家铁路集团有限公司最新数据显示，自 2020 年 5 月起，中欧班列已连续 48 个月单月开行数量保持在千列以上。

国铁集团不断加强国内国际协调合作，创新运输组织模式，持续提升中欧班列运行品质和效率，加速推进数字口岸建设，全程通关效率和便利化水平明显提升。

新疆乌鲁木齐国际陆港区（见图 6-1），龙门吊林立，集装箱装卸作业正在进行，一派繁忙景象。“运输时效有保障，中欧班列的稳定开行极大增强了客户信心。”新疆国际陆港（集团）有限责任公司班列事业部总经理郑巍国说。

图 6-1　新疆乌鲁木齐国际陆港区

中欧班列以其便利快捷、安全稳定、绿色经济等物流优势和强大的运输体系成为众多企业的选择。

“2024 年 4 月，我们首次开行至意大利的跨里海、黑海南通道中欧班列新线路，大约 35 天到达目的地，运输时间相比海运节省一半以上。”新疆天顺供应链股份有限公司董事长丁治平说，中欧班列大幅缩短了在途时间，为企业降低了物流成本，贸易量随之大幅增加。

2023 年以来，电动汽车、锂电池、光伏产品“新三样”成为中欧班列运量新的增长点。中欧班列正助力更多“中国制造”走向世界。

在西安国际港，即将搭乘中欧班列出口的新能源汽车整齐排列在特货作业区。“每列 JSQ6 型运输专用车可容纳 261 辆新能源汽车。之前每月发送 1 列至 2 列，今年已增加到每月 5 列至 8 列。”中铁特货西安分公司汽车物流部负责人曹屏说。

陕西康佳智能家电有限公司的智能车间内，平均每 20 秒就有一台洗碗机组装完成。这批产品将搭乘中欧班列销往德国、法国、意大利、西班牙等欧洲国家。公司总经理陈钊告诉记者，截至 2024 年 4 月，康佳已累计发运 30 列白色家电专列，出口量达 13.5 万台。

汽车配件、电子产品等发出去，木材、粮油等运回来。受益于中欧班列的稳定开行，一家总部位于俄罗斯莫斯科的物流公司业务量实现较快增长，并于 2022 年在陕西西安成立分公司，总经理苏鲁是一位哈萨克斯坦姑娘。

“中国和中亚国家的经贸关系越来越紧密。”苏鲁说，短短两年时间，分公司员工从 3 人增加到 20 多人，每个月中欧班列的发送数量从 10 列增加到 70 列左右。

目前，中欧班列累计开行超 9 万列，共发送货物超 870 万标箱、货值超 3800 亿美元，通达欧洲 25 个国家 223 个城市，连接 11 个亚洲国家超过 100 个城市，服务网络基本覆盖欧亚全境。深化互联互通，促进合作共赢。新丝路上的“钢铁驼队”正奔赴更加美好的“新里程”。

➡任务驱动

1. 什么是国际铁路联动？

2. 中欧班列在国际货物运输中有哪些优势，为何会增长这么快？

➡任务知识

任务一　国际铁路联运

一、国际铁路联运概述

（一）国际铁路联运概念及特点

国际铁路联运是指货物在两个及两个以上国家的铁路的运送过程中，使用一份铁路联运票据，只使用铁路一种运输方式，并且参与国承担连带责任的运输方式。国际铁路联运具有以下特点。

1.仅使用铁路一种运输方式

国际铁路联运不涉及其他运输方式的参与，因而在具备铁路运输一般特点的基础上，该种运输方式在国际运输的连贯性、持续性等方面有其特有的优势，货物甚至不经换装就可以实现长距离的陆上跨国运输而运抵目的地。

2.货物必须由两个及以上国家的铁路参加运送

由于各参与国铁路的设备条件、运输组织方式和相关的法规制度不尽相同，有关国际联运的规章条款繁多复杂，从而决定了该项业务具有较大的复杂性，在办理国际铁路货物联运时，所涉及的铁路联运票据、货物、车辆及有关单证都必须符合有关规定和一些国家的正当要求。

3.使用一份铁路联运票据

在国际铁路联运中，参加联运的铁路作为统一的承运人使用一份铁路联运票据办理从一国铁路始运站至另一国铁路终点站的全程运输。即使在由一国铁路向另一国铁路移交货物时，其交接工作也纯属参与国铁路之间的内部作业。

4.参与国铁路承担连带责任

参与国铁路系共同承运人，应对发货人或收货人承担连带运输责任，从而可以更加有效地保护发货人与收货人的利益。

（二）铁路集装箱

1.铁路集装箱分类

（1）按箱型分为1吨箱、5吨箱、10吨箱、20英尺箱、40英尺箱。

（2）按类型分为通用集装箱、专用集装箱。通用集装箱适用多种普通件杂货的运输专用集装箱适用各种状态或特殊性质货物的运输。

（3）按所有人分为铁路集装箱、自备集装箱。

2.集装箱适用货物

通用集装箱以装运贵重、易碎和怕湿的货物为主，如家电、仪器、仪表、小型机械、玻璃陶瓷、建材、工艺品、文化体育用品、医药、卷烟、酒、食品、日用品、化工产品、针纺织品、小五金和其他适合集装箱运输的货物。

专用集装箱分别用于特殊性质的液体、汽车或需要通风、冷藏等货物的运输。

（三）铁路口岸

铁路口岸是供人员、货物、物品和交通工具直接出入国境（关境、边境）的铁路跨境通道场所。铁路口岸通常设有口岸联检大楼、海关监管仓库、停车场及集装箱堆场及其他服务设施。

在铁路口岸中，除郑州、哈尔滨、佛山等内陆口岸外，还包括国境站，即办理由一国铁路向另一国铁路移交或接收货物和机车车辆作业的车站，主要有满洲里、绥芬河、珲春、二连浩特、阿拉山口、丹东、图们、集安、凭祥等，它们与俄罗斯、蒙古国、哈萨克斯坦、朝鲜和越南等国家的铁路相连通，开办国际铁路货物联运，并通过上述国家实现与中亚和欧洲其他国家的货物联运。表 6-1 显示了我国与邻国的边境铁路车站的站名及邻接轨距。

表 6-1　我国与邻国的边境铁路车站的站名及邻接轨距

国界	我国国境站的站名	邻国国境站的站名	中国轨距 /mm	邻国轨距 /mm
中俄	满洲里	后贝加尔斯克	1435	1520
	绥芬河	格罗迭科沃	1435	1520
	珲春	卡梅绍娃亚	1435	1520
中蒙	二连浩特	扎门乌德	1435	1524
中哈	阿拉山口	多斯特克	1435	1520
中朝	丹东	新义州	1435	1435
	集安	满浦	1435	1435
	图们	南阳	1435	1435
中越	凭祥	同登	1435	1435/1000
	山腰	新铺	1000	1000

目前，我国铁路对外运输的通道主要集中在以下五个出境口岸。

1. 经满洲里口岸到俄罗斯的路线

满洲里站是滨洲线的终点站，与我国满洲里相邻的是俄罗斯的后贝加尔斯克。经满洲里站到俄罗斯后贝加尔斯克站，再上行连接西伯利亚铁路网络至欧洲各国。由于两国铁路轨道宽度不同，进出口货物需要在国境站换装后才能转运。我国出口货物在后贝加尔斯克站换装，进口货物则在满洲里站换装。

2. 经我国阿拉山口口岸到中亚五国的路线

阿拉山口口岸是我国仅次于满洲里的第二大陆路口岸，是我国对哈萨克斯坦等独联体国家开展经济贸易的重要口岸，也是欧亚大陆桥上重要的交通运输枢纽。与阿拉山口口岸相邻的是哈萨克斯坦的多斯特克。经北疆线终点阿拉山口站到哈萨克斯坦的国境站多斯特克站，进而可连接中亚国家运输网络。中哈两国的铁路轨距不同，我国出口货物在多斯特克站换装，进口货物则在阿拉山口站换装。

3. 经我国二连浩特口岸到蒙古国的路线

二连浩特站是集二线的终点站，经集二线终点站二连浩特站可直达蒙古国，进而到达欧洲。集二线是我国通往蒙古国的重要铁路干线，也是我国通往欧洲各国的铁路干线。从北京经二连浩特到莫斯科比经满洲里到莫斯科缩短了 1141 千米的路程。由于目前俄蒙边境口岸通行能力不足等原因，从中国至俄罗斯的货物大多仍是经满洲里口岸出运。

4. 经我国丹东口岸到朝鲜的路线

丹东站是沈丹线的终点站，相邻的是朝鲜的新义州。中朝两国铁路轨距相同，车辆可原车过轨，货物无须在国境站换装。

5. 经我国凭祥口岸到越南的路线

凭祥站是我国铁路对越南货物运输的国境交接站，与凭祥相邻的是越南的同登。同登站与我国凭祥站连接的铁路为通用标准轨道和米轨（1000 毫米轨距）混合轨，车辆可以直接过轨，所以货物无须换装即可运送。

二、国际铁路联运公约及规章

（一）国际公约

目前，国际铁路货物运输公约主要有两个：一个是由奥地利、法国、德国、比利时等国家签订的《国际铁路货物运送公约》；另一个是由苏联、波兰、捷克斯洛伐克（1993 年捷克、斯洛伐克分别独立）、匈牙利、罗马尼亚等国家签订的《国际铁路货物联运协定》。

1.《国际铁路货物运送公约》

《国际铁路货物运送公约》（*Convention Concerning international Carriage of Goods by Rail*，以下简称《国际货约》）是在 1890 年制定的《国际铁路货物运送规则》（也称《伯尔尼公约》）的基础上发展起来的。1961 年 2 月 25 日由奥地利、法国、联邦德国、比利时等国在瑞士伯尔尼对《国际货约》进行了修订，1970 年 2 月 7 日又一次进行了修订，修订后的《国际货约》于 1975 年 1 月 1 日生效，1980 年对该公约进行了较大的修订（此版本简称"COTIF"）。

《国际货约》分为 6 个部分，共 70 条和 4 个附件。第 1 部分是公约的目的和适用范围；第 2 部分是运输合同；第 3 部分是责任和法律诉讼；第 4 部分是各种规定；第 5 部分是特殊规定；第 6 部分是最终规定。4 个附件为《危险物品铁路运输国际规章》《国际铁路运输中央事务局规章》《修订委员会和专家委员会规则》《仲裁规则》。

参加《国际货约》的国家主要有德国、奥地利、瑞士、法国、意大利、比利时、荷兰、西班牙、葡萄牙、土耳其、芬兰、瑞典、挪威、丹麦、匈牙利、波兰、保加利亚、罗马尼亚、捷克、斯洛伐克等。

2.《国际铁路货物联运协定》

国际铁路货物联运协定（*Agreement Concerning International Carriage of Goods by Rail*，以下简称《国际货协》）是关于国际铁路联运的多边条约，1951 年由苏联、罗马尼亚、匈牙利、波兰等国家签订。中国、朝鲜、蒙古国于1953年7月加入《国际货协》。后来，越南和古巴也加入《国际货协》。《国际货协》自签订之日起至1971年先后经过多次修改和补充。现行的是1971年4月经铁路合作组织核准，并从1974年7月1日起生效的文本。《国际货协》分为8章，共41条和若干个附件。第1章为总则；第2章为运输合同的缔结；第3章为运输合同的履行；第4章为运输合同的变更；第5章为铁路的责任；第6章为赔偿请求、诉讼、赔偿请求时效；第7章为各铁路间的清算，第8章为一般规定。

《国际货协》的附件主要有《危险货物运送规则》《敞车类货车货物装载和加固规则》《铁路集装箱运送规则》《国际铁路联运易腐货物运送规则》《国际铁路联运托盘货物运送规则》《不属于铁路车辆运送规则》等。此外，还有有关各种轨距铁路的装载限界、运单格式、表示牌和标记样式等的附件。

目前，《国际货协》的签约国有中国、俄罗斯、白俄罗斯、保加利亚、阿塞拜疆、阿尔巴尼亚、越南、格鲁吉亚、伊朗、哈萨克斯坦、朝鲜、吉尔吉斯斯坦、拉脱维亚，立陶宛、摩尔多瓦、蒙古国、波兰、塔吉克斯坦、土库曼斯坦、乌兹别克斯坦、乌克兰和爱沙尼亚等。

（二）其他相关协定

1.《国际铁路货物联运统一过境运价规程》

《国际铁路货物联运统一过境运价规程》(以下简称《统一货价》)规定了签订了《统一货价》的国家的铁路，按照《国际货协》的条件运送过境货物时，办理货物运送的手续过境运送费用的计算、货物品名分等表、过境里程表和货物运费计算表等内容，对铁路发货人与收货人都适用。新的《统一货价》于1991年7月1日起实施。

2.《国境铁路协定》

《国境铁路协定》是两个相邻国家铁路部门签订的协定，规定了办理联运货物交接的国境站、车站及货物的交接条件和方法，交接列车和机车运行办法及服务方法等。我国分别与朝鲜、越南、蒙古国等国签订有《国境铁路协定》。

（三）国内相关规章与法律适用

1. 国内相关规章

我国颁布的国内相关规章主要有《铁路危险货物运输管理规则》《铁路鲜活货物运输规则》《铁路超限超重货物运输规则》《铁路货物装载加固规则》《铁路货物运输计划管理暂行办法》《铁路集装箱运输规则》《铁路货物保价运输办法》《铁路货物运输杂费管理办法》，有关的文件有《国际铁路货物联运协定》。

2. 法律适用

在法律适用上，凡《国际货协》有规定而国内相关规章也有规定时，无论两者是否相同，应适用《国际货协》的规定。但是在两个邻国铁路间有特殊规定时，应按其特殊规定的条件办理。《国际货协》中没有规定的事项，适用国内铁路规章。

任务二　国际铁路联运实务

一、国际铁路联运单证

（一）国际铁路联运运单的种类与选择

国际铁路联运运单包括国际货约运单和国际货协运单两种。这两种运单分别适用于《国际货约》签约国和《国际货协》签约国。根据组织联运运输方法的不同，国际铁路联运的范围可以分为以下三类，因而有时也会同时使用这两种单证。

1. 我国与《国际货协》签约国之间的铁路货物联运

我国与其他《国际货协》签约国之间的铁路货物联运，是使用始发站的一份《国际货协》运送票据，由铁路直接或通过第三国铁路将货物运往最终到达站交付收货人。

2. 我国与未签约《国际货协》签约国之间的铁路货物联运

我国向未签约《国际货协》的国家出口货物时，一般采用《国际货协》运单办理至《国际货协》签约国的最后一个过境出口国境站，然后由国境站站长或发货人在该站委托的代理人根据运送票据上的有关记载，以发货人的全权代理人的身份，负责填制《国际货约》运单（如果后续区段为《国际货约》签约国的话）或其他货运单证（如果后续区段非《国际货约》签约国，应使用该国铁路认可的单据）并附原运单，将货物发送至最终到达站。我国通过未签约《国际货协》的国家的铁路进口货物时，与上述办理程序相反。

3. 我国通过《国际货协》签约国的港口向其他国家运送货物

如果我国通过波兰或德国等国港口向芬兰等国发货，此种运输方式为铁海联运，称为欧洲流向。发货人采用《国际货协》运送票据将货运送至过境铁路港口，然后由发货人在港口站委托的代理人办理海运至最终到达站。

如果邻国利用我国港口向日本、东南亚等国家和地区发货，此种运输方式为海铁联运称为东南亚流向。发货人在过境铁路港口站委托的代理人，以发货人的全权代理人的身份负责填制国际货协运单，将货物发送至最终到达站。

（二）国际货协运单及其使用

国际货协运单是《国际货协》签约国之间在开展联运时采用《国际货协》统一格式制作的、用以证明承托双方的运输合同和承运人收到货物的凭证。显然，国际货协运单具有运输合同证明和货物收据的功能，但是与海运提单不同，它并不具有物权凭证的功能，不具有流通性。因此，国际货协运单中的收货人一栏必须是记名的。国际货协运单由 5 联组成。表 6–2 显示了国际货协运单的构成、功能及其周转程序。

表 6–2　国际货协运单的构成、功能及周转程序

联别与名称	主要功能	票据周转程序
运单正本	运输合同证明	发货人→发站→到站→收货人

续表

联别与名称	主要功能	票据周转程序
运行报单	各承运人间交接、划分责任的证明	发货人→发站→到站→到达铁路
运单副本	承运人接收货物的证明，发货人凭此结汇等	发货人→发站→发货人
货物交付单	承运人合同履行的证明	发货人→发站→到站→到达铁路
货物到达通知单	收货人存查	发货人→发站→到站→收货人

二、国际铁路联运代理业务流程

（一）国际铁路联运代理出口流程

1. 接受委托书并确定托运类别和运输线路

国际货运代理人接受委托书后应仔细审核委托书内容，明确委托事项，判断整车运输、零担运输等托运类别，并确定运输线路，尤其是发送路、过境路和到达路。

2. 确定运费

国际货运代理人应向铁路部门和国外代理分别询问国内运输段、过境段及国外运输的运价，与客户明确各项费用，必要时还要签订委托代理协议。国际铁路联运运费由发路、到达路、过境路运费三部分构成。

3. 托运装箱

具体的托运装箱事项应从制订集装方案和装车方案开始，国际铁路联运一般使用铁路部门统一提供的集装箱。托运人如果需要用集装箱则须在提箱前 3 天提出用箱申请，获得提箱单后，托运人可凭提箱单到指定铁路车站提空箱到站外货主处装箱，或安排货主货至指定车站装箱，装箱后应及时将箱号通知铁路部门，以便装车出境。按规定，铁路部门给予一定的集装箱免费使用期限，如出口免费使用 2 天，超期按天计收延期使用费。一般而言，出口发货从提空箱日到返重箱日（出口），进口到货按车站保持天数计为集装箱使用时间。此外，托运人也可自备集装箱。

4. 填制国际货协运单

国际货运代理人在落实装车计划后要填写国际铁路联运运单，并交给客户确认。《国际货协》签约国使用的铁路联运运单是统一格式的国际货协运单，它是承运人与托运人之间缔结的运输契约，是货物收据，但不具有物权凭证的功能，不能转让，一般由 5 联组成。

（1）运单正本（运输合同证明，随同货物至到站，并连同第 5 联和货物一起交给收货人）。

（2）运行报单（各承运人间交接、划分责任的证明，随同货物至到站，并留存至到达铁路）。

（3）运单副本（交给发货人，证明货物已由承运人承运，发货人可凭运单副本向收货人结算货款，向承运人提出变更和/或索赔要求）。

（4）货物交付单（承运人合同履行的证明，随同货物至到站，并留存至到达铁路）。

（5）货物到达通知单（收货人存查，随同货物至到站，并连同第1联和货物一起交收货人）。

《国际货协》规定，国际货协运单分为快运和慢运两种，在运单左侧标注清楚，两种运单格式相同，均用白纸印制，快运运单带有红边以示区别。挂运旅客列车的货物用快运运单托运。国际货协运单一般使用发送国文字并附俄文、德文翻译，往越南、中国、朝鲜、蒙古国及相反方向，以及过境中国铁路发送货物时，运单和运单副本中记载的事项只译成俄文。实践中，中朝、中越之间的运单可只用本国文字填写，我国经满洲里、绥芬河发往俄罗斯的运单可只用中文填写。

5.代理报关

国际铁路联运的出口报关可以在发货地申报，通关后将报关单、发票、装箱单、合同关封等单据与国际铁路联运运单一起随车到国境站；若时间紧急或不方便，也可将报关资料快递给国境站代理公司，在国境站口岸办理报关。

若在国境站口岸报关，须办理主管地海关的注册证书编号在口岸海关的海关异地备案核转注册手续，口岸报关所需文件须在发运前10个工作日准备好，包括装箱单、发票、正本合同、出口退税核销单、出口货物明细单、检验检疫出境货物通关单或换证凭单、相关批文、原产地证等，必须单单一致、项项一致、单货一致。假设一批货物从北京站始发经满洲里过境运往俄罗斯，可以在北京或满洲里报关。以在满洲里报关为例，作业流程如下。

（1）先通过北京海关报关权办理异地备案到满洲里；

（2）缮制每一批货物的中俄文对照的装箱单、发票、合同；

（3）将合同、装箱单、发票、出口退税核销单及相应的检验检疫证一并寄给报关地（满洲里口岸）的代理；

（4）货物到达或发运前，凭所有寄到的报关单据向海关申报；

（5）报关完毕出境后，及时从报关地海关取出已报关后退给进出口经营商的黄色、白色报关单各一份和出口退税核销单用于核销退税。

6.货交车站装车发运

国际货运代理人应将货物妥善装箱并交到起始站指定堆场，等待货物通关后，由铁路部门负责装车发运和货到国境站的换装事宜，代理人传递信息给国境站及目的站代理或联系单位。

7.发运后事项

国际货运代理人在发运后对此单业务进行归档登记，并将运输信息通知客户、国境站代理和国外代理，与客户、国内外代理结算费用。最后将报关单的核销联、客户交来的核销单退还客户，以便其办理核销退税。

（二）国际铁路联运代理进口流程

1.接受货主委托

国际货运代理人接受货主委托，与收货人沟通运输线路、方式、货物性质等细节，收货人应提出确切的到达站的车站名称和到达路局的名称，并注明货物经过的国境站。

2. 明确费用、编制唛头

国际货运代理人应及时向铁路部门和国外代理询问相关费用并与客户沟通，必要时还要与客户签订代理协议。按照我国联运进口货物的规定，应在订货工作开始前，由国家统一编制向国外订货的代号，作为收货人的唛头，进口商必须按照统一规定的收货人唛头对外签订合同。

3. 办理报关

国际货运代理人应及时将发票、装箱单、合同、核销单等报关单据寄送国境站代理，委托国境站代理办理报关、换装、运输等事宜。

4. 到货交接

货到目的站后安排提货并交付给客户，并与客户、国境站代理结算费用。

三、国际铁路联运运费计核

国际铁路联运运费包括货物运费、押运人乘车费、杂费和其他费用。国际铁路联运运费的计算和核收，必须遵循《国际货协》《统一货价》《铁路货物运价规则》的规定。

（一）国际铁路联运国内段运费的计算

根据《国际货协》的规定，我国通过国际铁路联运的进出口货物，其国内段运费的核收应按照我国《铁路货物运价规则》进行计算。运费计算的程序如下。

（1）根据货物运价里程表确定从发站至到站的国内段运价里程；

（2）根据运单上填写的货物品名查找货物品名检查表，确定适用的运价号；

（3）根据运价里程和运价号，在货物运价率表中查出相应的运价率；

（4）按《铁路货物运价规则》确定计费重量与该批货物适用的运价率相乘，算出该批货物的运费。

运费计算公式为：

$$\text{整车货物每吨运价（运价率）}=\text{发到基价}+\text{运行基价}\times\text{运价里程}$$

$$\text{总运费}=\text{运价率}\times\text{计费重量}$$

重量以吨为单位，吨以下四舍五入。

注意，计费重量的确定：

整车货物：货车标记载重量计算运费，如果货物重量超过标记载重量的，按货物重量计算。计算重量单位以吨表示，吨以下四舍五入。

零担货物：按货物重量计算，计费重量以 10 千克为单位，不足 10 千克时，进为 10 千克。

（5）铁路建设基金、新路新价均摊运费、电气化附加费、杂费以及特定区段运价费等，查表后计算可得。

（6）上述各项费用最后相加即为费用总额。

◎任务描述 6-1

广安门发包头车站灯管 4 件，重 46 千克，货物每件长 1 米，宽 0.35 米，高 0.16 米。计算运费。请计算本批散货运费。

◎任务要求

请计算本批散货运费。

◎任务实施

步骤 1：经查询货物运价率。

办理类别	运价号	基价 1		基价 2	
		标准	单位	标准	单位
整车	1			0.525	元/吨·公里
整车	2	9.50	元/吨	0.086	元/吨·公里
整车	3	12.80	元/吨	0.091	元/吨·公里
整车	4	16.30	元/吨	0.098	元/吨·公里
整车	5	18.60	元/吨	0.103	元/吨·公里
整车	6	26.00	元/吨	0.138	元/吨·公里
整车	机械冷藏车	20.00	元/吨	0.140	元/吨·公里
零担	21	0.22	元/10 千克	0.00111	元/10 千克·公里
零担	22	0.28	元/10 千克	0.00155	元/10 千克·公里
集装箱	20 英尺箱	440.00	元/箱	3.185	元/箱·公里
集装箱	40 英尺箱	532.00	元/箱	3.357	元/箱·公里

步骤 2：分析货物情况。

广安门—包头车站里程 798 km。查货物检查表，灯管运价号为 22，查运价率表，运价号 22 号的发到基价为 0.28 元/10 千克，运行基价为 0.00155 元/10 千克·公里。

零担货物计费重量以 10 千克为单位，不足 10 千克进为 10 千克；零担货物按货物重量或货物体积折合重量择大计费，即每立方米重量不足 500 kg 的轻浮货物，按每 1 立方米体积折合重量 500 千克计算，起码运费 2.00 元。

步骤 3：计算国内段铁路运费。

体积重量=1 × 0.35 × 0.16 × 4 × 500=112（千克）

计费重量为 120 kg

每吨运价（运价率）= 发到基价 + 运行基价 × 运价里程

每吨运价（运价率）= 0.28+0.00155 × 798

=1.5169 元/10 千克

运费 = 货物运价率 × 计费重量

=1.5169 × 120/10=18.20（元）

◎任务描述 6–2

从郑州北站发往广州东站一批原木，重 52.6 吨，用一辆 60 吨的厂车装运，计算其运费。已知：从郑州北站到广州东站的运费里程为 1638 千米。原木整车运价号为 5，零担运价号为 21。

◎任务要求

请计算铁路运费。

◎任务实施

步骤 1：经查询货物运价率。

办理类别	运价号	基价 1		基价 2	
		标准	单位	标准	单位
整车	1			0.525	元/轴·公里
整车	2	9.50	元/吨	0.086	元/吨·公里
整车	3	12.80	元/吨	0.091	元/吨·公里
整车	4	16.30	元/吨	0.098	元/吨·公里
整车	5	18.60	元/吨	0.103	元/吨·公里
整车	6	26.00	元/吨	0.138	元/吨·公里
整车	机械冷藏车	20.00	元/吨	0.140	元/吨·公里
零担	21	0.22	元/10 千克	0.00111	元/10 千克·公里
零担	22	0.28	元/10 千克	0.00155	元/10 千克·公里
集装箱	20 英尺箱	440.00	元/箱	3.185	元/箱·公里
集装箱	40 英尺箱	532.00	元/箱	3.357	元/箱·公里

步骤 2：分析货物情况。

整车运价号为 5 的货物，基价 1 为 18.6 元/吨，基价 2 为 0.103 元/吨·公里。

步骤 3：计算国内段铁路运费。

每吨运价（运价率）= 发到基价 + 运行基价 × 运价里程

=18.6+1.103 × 1638

=1825.31（元/吨）

运费 = 货物运价率 × 计费重量

=1825.31 × 60

=109518.6（元）

即这批原木从郑州北站到广州东站的铁路运费是 109518.6 元。

（二）国际铁路联运的过境运费

国际铁路联运的过境运费按《统一货价》的规定计算，其计算程序如下。

1. 根据运单上载明的运输路线，在过境里程表中查出各通过国的过境里程。

2. 确定运价等级和货物计费重量。

（1）零担货物计费重量单位为百千克，整车货物计费重量单位为吨，零担货物或整车货物的计费重量均最小化为整 100 千克，集装箱货物计费重量单位为箱。

（2）整车货物用四轴车装运时，其车辆装载最低计费重量标准为：1 等货物 20 吨，2 等货物 30 吨。

（3）一张运单中只有单一货物，则直接查询运价等级和统计计费重量。但一张运单中有准许混装的名称不同的货物（合装货物）时，运价等级按以下方式确定。

①整车货物。首先按照这批合装货物的总重量和按这批货物中最大重量货物的运价等级计算，但不得少于该等级的装车计费重量标准。如果有两种或数种相同最大重量的货物时，应按照其中最高运价等级的货物计算。对整车合装货物，发货人必须在运单中记载每种货物名称的重量。属于同一运价等级的不同名称的货物，作为同一品种的货物；为了确定最大重量，应将这些货物的实际重量加总计算。如未记载合装货物中每种货物的重量时，应按照该批货物最高等级和按该批的总重量（但不得少于该运价等级的计费重量标准）计算运费。

②运价等级不同的零担货物。首先如果分别注明每种货物的重量，而且货物又是分别包装时，根据每种货物的货品名查找运价等级，最后将各等级的运费相加。如果仅注明总重量或者这些货物包装为一件时，根据货物的实际总重量，按照定有最高运价等级的货物的费率计算运费。

3. 在慢运货物运费计算表中，根据货物运价等级和总的过境里程查出适用的运费率。

4. 基本运费额 = 货物运费率 × 计费重量。

5. 运费总额 = 基本运费额 ×（1+加成率）。

加成率是指运费总额应按托运类别在基本运费额基础上增加的百分比。慢运零担货物加成率为 50%，快运货物运费加成率为 100%，快运零担货物加成率为 150%，挂运旅客列车的整车货物加成率为 200%。

◎任务描述 6–3

广西某贸易公司经手一票经我国运往朝鲜的整车快运合装货盘，该票货从蒙古国铁发运经二连浩特—集安过境中国运抵朝鲜铁路。所装货物品名、重量和运价等级如表 6–3 所示。请根据表 6–4、表 6–5 计算该票货物在我国的过境运费（1 瑞士法郎 =8.1729 人民币）。

表 6–3　货盘明细

货物品名	运价等级	重量/t
缓冲器	2	3
轴承	2	5
传送带	1	7
绳	1	6.5

表 6–4　中国铁路过境里程表（部分）

<table>
<tr><td rowspan="3">中国—俄罗斯
中国—朝鲜
中国—越南
中国—蒙古国
中国—哈萨克斯坦
之间的各起讫国境站和海港站</td><td colspan="8">下列国家之间的国境站</td></tr>
<tr><td colspan="2">中—俄之间</td><td colspan="3">中—朝之间</td><td>中—越之间</td><td>中—蒙之间</td><td>中—哈之间</td></tr>
<tr><td>中铁：满洲里
俄铁：后贝尔加斯克</td><td>中铁：绥芬河
俄铁：格罗迭科沃</td><td>中铁：丹东
朝铁：新义州</td><td>中铁：集安
朝铁：满浦</td><td>中铁：图们
朝铁：南阳</td><td>中铁：凭祥
越铁：同登</td><td>中铁：二连浩特
蒙铁：扎门乌德</td><td>中铁：阿拉山口
哈铁：多斯特克</td></tr>
</table>

续表

	公 里							
	2	3	4	5	6	7	8	9
中铁：二连浩特 蒙铁：扎门乌德	2403	2376	1854	1873	2117	3459	—	3661

表 6–5 整车货物运价费率

里程/公里	每吨运费/瑞士法郎	每轴运费/瑞士法郎	
	等 级		
	1	2	3
1650 ～ 1749	78.30	39.20	83.91
1750 ～ 1849	83.10	41.40	88.86
1850 ～ 1949	87.60	44.00	93.78
1950 ～ 2049	92.30	46.20	99.39

◎任务要求

请计算该批货物的国际铁路联运过境运费。

◎任务实施

步骤 1：经查询《统一货价》中从蒙古国铁发运经二连浩特—集安过境中国的过境里程为 1873 公里。

步骤 2：根据货物名称确定运价等级。

经计算该车 1 等货物重量为 7+6.5=13.5 t，视为 14 t，2 等货物的重量是 3+5=8 t，运价等级按重量最大货物的运价等级确定为 1 等。

由于该车货物计费重量为 22 t，大于 1 等货物最低计费重量材料 20 t，计费重量为 22 t。

步骤 3：确定过境运费率。

在表 6–5 中的整车货物运价费率表中查询到，过境里程 1873 公里时，1 等货物的基本运费率是 87.6 瑞士法郎/吨。

步骤 4：计算基本运费。

该车基本运费=87.6×22=1927.2（瑞士法郎）

步骤 5：计算总运费。

由于是整车快运，需要在整车货物运价基础上，加成 100%

因此，该车总运费=1927.2×（1+100%）

=3854.4（瑞士法郎）

练一练

一、单项选择题

1. 国境站阿拉山口—多斯特克分属（　　）国家。

A. 中国—越南　　B. 中国—吉尔吉斯斯坦

C. 中国—尼泊尔　　D. 中国—哈萨克斯坦

2. 中国铁路国际集装箱的管理和经营人是（　　）。

A. 中铁集装箱运输中心　　B. 各铁路分局

C. 交通部　　D. 商务部

3. 下列口岸中，（　　）是中国对蒙古国的边境口岸。

A. 满洲里　　B. 二连浩特　　C. 图们　　D. 凭祥

4. 下列口岸中，（　　）是中朝过境运输的公路口岸。

A. 畹町　　B. 丹东　　C. 二连浩特　　D. 珲春

5. 中国过境朝鲜的铁路运输费用采取（　　）核收方式。

A. 代理结算制　　B. 货主结算制

C. 铁路结算制　　D. 铁路、代理混合结算制

6. 哈萨克斯坦和乌兹别克斯坦的主要城市分别是（　　）。

A. 扎门乌德和莫斯科　　B. 扎门乌德和平壤

C. 阿拉木图和塔什干　　D. 杜尚别和阿克什

7. 中国西部走向的主要口岸有（　　）。

A. 霍尔果斯　　B. 阿拉山口

C. 二连浩特　　D. 绥芬河

二、多项选择题

1. 我国下列国境站中，（　　）是我国与俄罗斯邻接的国境站。

A. 满洲里　　B. 绥芬河　　C. 图们　　D. 凭祥

2. 下列各项中属于公路货物运输的优势的是（　　）。

A. 适应性强　　B. 机动灵活

C. 运输成本高　　D. 快速、及时性

3. 下列货物中，（　　）必须整车运输。

A. 服装　　B. 矿石　　C. 石油　　D. 冻鱼

4. 目前，国际铁路货物运输公约主要有（　　）两个公约。

A.《国际铁路货物运送公约》

B.《国际铁路货物联运统一过境运价规程》

C.《国境铁路协定》

D.《国际铁路货物联运协定》

5. 国际铁路联运运输费用由（　　）构成。

A. 发送站运输费用　　B. 到达站运输费用

C. 装卸费用　　D. 过境站运输费用

6. 与我国接壤的陆地国家有（　　）。

A. 巴基斯坦　　B. 乌兹别克斯坦

C. 阿富汗　　D. 土库曼斯坦

E. 吉尔吉斯斯坦

三、计算题

1. 广西某贸易公司经手一票经我国运往朝鲜的零担慢运合装货盘，该票货从蒙古国铁发运经二连浩特—集安过境中国运抵朝鲜铁路。所装货物品名、重量和运价等级见表 6–6。请根据表 6–7、表 6–8 试计算该票货物在我国的过境运费。

表 6–6　货盘明细

运价等级	货物品名	重量/kg
1	铁制桶	700
1	铁制槽	893
2	扁钢锭	1800

表 6–7　中国铁路过境里程表（部分）

中国—俄罗斯 中国—朝鲜 中国—越南 中国—蒙古国 中国—哈萨克斯坦 之间的各起讫国境站和海港站	下列国家之间的国境站							
	中—俄之间		中—朝之间			中—越之间	中—蒙之间	中—哈之间
	中铁：满洲里 俄铁：后贝尔加斯克	中铁：绥芬河 俄铁：格罗迭科沃	中铁：丹东 朝铁：新义州	中铁：集安 朝铁：满浦	中铁：图们 朝铁：南阳	中铁：凭祥 越铁：同登	中铁：二连浩特 蒙铁：扎门乌德	中铁：阿拉山口 哈铁：多斯特克
	公　里							
	2	3	4	5	6	7	8	9
中铁：二连浩特 蒙铁：扎门乌德	2403	2376	1854	1873	2117	3459	—	3661

表 6–8　零担慢运货物的运费计算表

里程/公里	每百公斤运费/瑞士法郎	
	等　级	
	1	2
1650 ～ 1749	11.75	5.88
1750 ～ 1849	12.47	6.21
1850 ～ 1949	13.14	6.60
1950 ～ 2049	13.85	6.93

2. 有下列两批快运整车合装货物（其货物品名、重量和运价等级见表 6–9），经天津港进入中国铁路后运至阿拉山口国境站，再继续运往哈萨克斯坦铁路。请根据表 6–9、

表 6-10 计算这两批货物在我国的过境运费，并记录完整的计算过程。

表 6-9　货盘 1 明细

运价等级	货物品名	重量/t
2	编织制品	5
2	席子	4.8
1	软木	3
2	木门框	6
1	塑料门框	5

表 6-10　货盘 2 明细

运价等级	货物品名	重量/t
1	抛光皮革	3
1	皮运动手套	2.8
1	软木	5
2	木门框	6
1	塑料门框	8

表 6-11　中国铁路过境里程表（部分）

单位：km

中国—俄罗斯 中国—朝鲜 中国—越南 中国—蒙古国 之间的各起讫国境站和海港站	中国海港站						
	中铁：大连北（大连港）	中铁：新港（天津港）	中铁：青岛（青岛港）	中铁：中云（连云港）	中铁：何家湾（上海军公路港）	中铁：下元（黄埔新港）	中铁：湛江（湛江港）
中铁：阿拉山口 哈铁：多斯特克	5033	3974	4342	4071	4529	4951	5151

表 6-12　慢运货物运费计算表（部分）

里程/km	每吨运费/瑞士法郎		
	等 级		
2050 ～ 3549	1	2	3
3550 ～ 3649	165.90	83.10	177.71
3650 ～ 3749	170.60	85.40	182.64
3750 ～ 3849	175.10	87.60	187.56
3850 ～ 3949	179.90	89.90	192.51
3950 ～ 4049	184.40	92.30	197.45
4050 ～ 4149	188.90	94.50	202.40
4150 ～ 4249	193.50	96.80	207.32

续表

里程/km	每吨运费/瑞士法郎		
	等 级		
4250 ~ 4349	198.00	99.00	212.25
4350 ~ 4449	202.80	101.30	217.20
4450 ~ 4549	207.30	103.80	222.12

请自行计算国际铁路联运过境运费。

➡ 任务训练页

综合训练一　中欧班列报价

一、训练目标

1. 掌握国际铁路联运费用的计算方法；
2. 能够按照客户需求计算报价并填制报价明细。

二、任务情景

某货代公司收到客户一封需求邮件，邮件如下。

From: Mike.marketing@TT.com

Sent: 2025 年 7 月 27 日 11:17

To: Zoe.Yu@gf-forwarding.com

Hi Zoe Yu,

Hope you are fine.

Thanks for your company always transportation support. We invite you to our new tender of new project, detail as below:

Pickup address: Starocernska 226, 53002 Pardubice, the Czech Republic

Delivery address: AnQing,AnHui, China 安徽安庆

Transportation Mode: via China Express Rail

Vol. estimate: 200 FEU/year

Tender validity: till end of 2025.

There will be only import on this project. Looking forward to hearing from you the comprehensive door to door solution.

Best regards,

Mike
Marketing
T&T Co.,Ltd.
Email: Mike.marketing@TT.com

三、工作任务

请根据材料为货代Zoe完成投标任务中的报价单。

相关资料如下。

表 6-13　ABC国际货运代理有限公司报价单（来自铁路部门）

Service Scope	Lane	Door	Country	Departure	Arrival Terminal	Lead Time (days)	Rate Non-bonded (USD)	Unit Type	Special Remarks
Pre-carriage	YXO	53002 Pardubice, Czech	Czech	Prague	\	1	920	40HC	
Pre-carriage	YXO	53002 Pardubice, Czech	Poland	Malaszewicze	\	2	1950	40HC	
Pre-carriage	ChangAn	53002 Pardubice, Czech	Poland	Malaszewicze	\	2	1950	40HC	
Pre-carriage	Yiwu	53002 Pardubice, Czech	Czech	Prague	\	1	920	40HC	
Pre-carriage	Yiwu	53002 Pardubice, Czech	Poland	Malaszewicze	\	2	1950	40HC	
On-carriage	YXO	安徽安庆	China	\	Chongqing	3	1500	40HC	
On-carriage	ChangAn	安徽安庆	China	\	Xi'an	3	1400	40HC	
On-carriage	Yiwu	安徽安庆	China	\	Yiwu	1	800	40HC	
EU T1 clearance						\	100	Entry	
China clearance						\	100	Entry	

表 6-14　运到时限表

China Train Lane	Origin terminal handling&customs (days)	Rail Transport,T-T (days)	Destination terminal handling&customs (days)	Payload Limited (tons/cntr)
ChangAn	2	TBA	3	23
YXO	2	TBA	2	23
Yiwu	2	TBA	3	23

表 6–15 中欧班列价格表

Flow	Train Platform	Origin Terminal	Routing	Dest Terminal	Service Scope	Lead–Time (Day)	Payload Limited (ton)	Container Type	Cost (USD)	Valid From	Valid To
W	YXO	Chongqing	S1 Line	MALASZEWICZE	T–T	12	23	40HQ(COC)	3000	2020/4/1	2021/12/30
W	YXO	Chongqing	S1 Line	Duisburg	T–T	15	23	40HQ(COC)	3500	2020/4/1	2021/12/30
W	YXO	Chongqing	S1 Line	Prague	T–T	16	23	40HQ(COC)	3700	2020/4/1	2021/12/30
E	YXO	DUISBURG	S1 Line	Chongqing	T–T	20	23	40HQ(COC)	1500	2020/4/1	2021/12/30
E	YXO	Prague	S1 Line	Chongqing	T–T	21	23	40HQ(COC)	1700	2020/4/1	2021/12/30
E	YXO	MALASZEWICZE	S1 Line	Chongqing	T–T	17	23	40HQ(COC)	1000	2020/4/1	2021/12/30
W	ChangAn	Xi'an	S3 Line	MALASZEWICZE	T–T	13	23	40HQ(COC)	2000	2020/4/1	2021/12/30
W	ChangAn	Xi'an	S3 Line	Duisburg	T–T	16	23	40HQ(COC)	2450	2020/4/1	2021/12/30
W	ChangAn	Xi'an	S3 Line	Hamburg	T–T	17	23	40HQ(COC)	2300	2020/4/1	2021/12/30
E	ChangAn	DUISBURG	S3 Line	Xi'an	T–T	21	23	40HQ(COC)	600	2020/4/1	2021/12/30
E	ChangAn	Hamburg	S3 Line	Xi'an	T–T	20	23	40HQ(COC)	600	2020/4/1	2021/12/30
E	ChangAn	MALASZEWICZE	S3 Line	Xi'an	T–T	18	23	40HQ(COC)	500	2020/4/1	2021/12/30
W	Yiwu	Yiwu	S3 Line	MALASZEWICZE	T–T	15	23	40HQ(COC)	3300	2020/4/1	2021/12/30
W	Yiwu	Yiwu	S3 Line	Duisburg	T–T	18	23	40HQ(COC)	3700	2020/4/1	2021/12/30
W	Yiwu	Yiwu	S3 Line	Prague	T–T	19	23	40HQ(COC)	3900	2020/4/1	2021/12/30
E	Yiwu	DUISBURG	S3 Line	Yiwu	T–T	21	23	40HQ(COC)	1600	2020/4/1	2021/12/30
E	Yiwu	Prague	S3 Line	Yiwu	T–T	23	23	40HQ(COC)	1900	2020/4/1	2021/12/30
E	Yiwu	MALASZEWICZE	S3 Line	Yiwu	T–T	19	23	40HQ(COC)	1200	2020/4/1	2021/12/30

四、任务实施

步骤 1：完成报价表。

<table>
<tr><th rowspan="2">Lane</th><th rowspan="2">Origin</th><th rowspan="2">Destination</th><th rowspan="2">Departure</th><th rowspan="2">Arrival Terminal</th><th>Pre-carriage Rate (USD)</th><th>T-T Rate (USD)</th><th>On-carriage Rate (USD)</th><th>EU T1 Export clearance (USD)</th><th>China Import clearance (USD)</th><th rowspan="2">All in DTD Rate (USD)</th></tr>
<tr><th>Per container</th><th>Per container</th><th>Per container</th><th>Per Entry</th><th>Per Entry</th></tr>
<tr><td></td><td></td><td></td><td></td><td></td><td></td><td></td><td></td><td></td><td></td><td></td></tr>
<tr><td></td><td></td><td></td><td></td><td></td><td></td><td></td><td></td><td></td><td></td><td></td></tr>
<tr><td></td><td></td><td></td><td></td><td></td><td></td><td></td><td></td><td></td><td></td><td></td></tr>
</table>

步骤 2：完成运到时限表。

<table>
<tr><th rowspan="2">Lane</th><th rowspan="2">Origin</th><th rowspan="2">Destination</th><th rowspan="2">Departure</th><th rowspan="2">Arrival Terminal</th><th colspan="6">Trasit time</th></tr>
<tr><th>Pre-carriage, D-T</th><th>Origin terminal handling/customs</th><th>Rail Transport, T-T</th><th>Destination terminal handling/customs</th><th>On-carriage, T-D</th><th>ALL</th></tr>
<tr><td></td><td></td><td></td><td></td><td></td><td></td><td></td><td></td><td></td><td></td><td></td></tr>
<tr><td></td><td></td><td></td><td></td><td></td><td></td><td></td><td></td><td></td><td></td><td></td></tr>
<tr><td></td><td></td><td></td><td></td><td></td><td></td><td></td><td></td><td></td><td></td><td></td></tr>
</table>

五、任务评价

<table>
<tr><td>班级</td><td></td><td colspan="2">任务名称</td><td>姓名</td><td colspan="2"></td></tr>
<tr><td>学号</td><td></td><td colspan="2">中欧班列报价</td><td>组别</td><td colspan="2"></td></tr>
<tr><td>评价项目</td><td>评价标准</td><td>小组自我评价（20%）</td><td>交互评价（30%）</td><td>教师评价（50%）</td><td>分值</td><td>得分</td></tr>
<tr><td rowspan="2">职业能力</td><td>团队合作、分工明确</td><td></td><td></td><td></td><td>10</td><td></td></tr>
<tr><td>有独立工作能力，完成质量好</td><td></td><td></td><td></td><td>10</td><td></td></tr>
<tr><td rowspan="3">专业能力</td><td>货物性质分析、是否集中托运选择正确，理由充分，每正确一项得 1 分，共计 14 分</td><td></td><td></td><td></td><td>14</td><td></td></tr>
<tr><td>报价表中每填写错误 1 个扣 1 分，扣完为止，共计 33 分</td><td></td><td></td><td></td><td>33</td><td></td></tr>
<tr><td>运到时限表中每填写错误 1 个扣 1 分，扣完为止，共计 33 分</td><td></td><td></td><td></td><td>33</td><td></td></tr>
<tr><td rowspan="2">个人总结与反思</td><td colspan="3" rowspan="2"></td><td>成绩合计</td><td>100</td><td></td></tr>
<tr><td>指导老师综合评价</td><td colspan="2"></td></tr>
</table>

项目七

国际货代风险防范与异常业务处理

➡任务目标

◇ 知识目标	1. 了解国际货物运输中的事故种类； 2. 了解海上保险的险别，区分相关概念； 3. 掌握货运事故的处理方法； 4. 掌握货运代理风险预防的方法。
◇ 能力目标	1. 能够根据国际货运中的不同事故，分析其原因，确定事故责任； 2. 根据不同的货运代理工作场景，分析货代风险，并进行风险防范； 3. 能够根据客户需求进行异常业务处理。
◇ 思政目标	1. 培养学生的专业服务精神、责任心，以及风险防范意识，提升货运代理专业技能； 2. 提升货运代理诚信、遵章守纪、责任心等职业道德，具有法律意识。

➡任务情景

货物代理业务员Elena接到客户邮件，出口到澳大利亚的货物早上到达，有很大一部分货物已经受潮，无法使用。客户很生气，请尽快调查原因。

➡任务驱动

根据任务情景，请代Elena尽快给予答复。

➡ 相关知识

任务一　国际货代业务风险防范

一、国际货代业务风险的具体表现及特点

（一）国际货代业务风险的具体表现

1. 托运与订舱环节

托运与订舱环节的风险主要表现为：订舱业务不规范，很少签订书面合同；货主未如实申报品名、未妥善包装；承运人擅自更改航线和甩柜，空运货物误收危险品或隐瞒申报等。

2. 提单环节

提单环节的风险主要表现为：单证员制单出现差错；提单批注不合理；客户签发提单的要求不合理；改单或补单带来风险等。

3. 码头场站环节

码头场站环节的风险主要表现为：选箱不当；监装不力；码头或场站经营人未核实提单或无单放货等。

4. 财务款项环节

财务款项环节的风险主要表现为：托运人拖欠运费、拒付运费；运费欺诈；保函使用不当等。

（二）国际货代业务风险的特点

1. 海运业务风险的特点

（1）涉及部门多。国际海运物流业务通常涉及船公司，船舶代理，港口装卸、外轮理货部门，场站，陆运与空运承运人、托运人、收货人，货运代理，引航、船检、轮驳、监管查验部门（一关三检、港监、边检部门），银行，保险部门等。这些部门之间不仅信息交换十分频繁，而且涉及从贸易合同签订开始，到发货地装运货物出口、目的地进口卸货，直到收货人提货的整个过程。每个环节都必须实施有效的控制，以便有效降低海运业务风险。

（2）中间环节多。海运业务中间商较多，包括船舶代理、货运代理、租船经纪人、无船承运人等，而中间环节越多，产生风险的可能性也就越高。

（3）单证操作风险大。在海运业务操作中，既有涉及诸如托运、箱管及交付等环节的业务单证，更有区别于其他运输方式的、具有物权凭证功能的海运提单，因而大量的风险出自单证操作不当。

（4）易产生货损、货差风险。海上运输的货物具有种类多、数量大等特点，加之海上运输受天气等不良情况的影响较大，因而易产生货损、货差风险。

（5）人员失误风险较多。海运是国际贸易运输的主要方式，国际贸易货物的80%是通过海运进行的。海运从业人员具有数量多、构成复杂、业务水平参差不齐等特点，因而与人员失误有关的风险也较为常见。

（6）责任风险防范与处理的特殊性。国际海运涉及较多的国际海运公约与法规，并且在载运工具适航、责任基础、责任期间、责任限额、诉讼时效等方面存在有别于其他运输方式的规定，因而承运人责任风险防范与处理有其特殊性。

（7）方便旗船盛行导致海事欺诈增多。挂方便旗是一种行业做法，指的是船东不一定将船舶注册在他们自己的国家，这种做法有助于规避他们国家的规则与条例。近年来，很多国家对船舶实行开放式登记，许多不适航船也就能够参与海上运输，加之海运方式下的国际贸易大部分以银行跟单信用证的方式结汇，从而使伪造的提单也可能顺利结汇。可以说，诈骗者钻了信用证制度和船舶登记制度的空子，使海事欺诈的风险增加。

2. 空运业务风险的特点

（1）延迟风险易发生。航空运输的承运对象主要是一些容易受损、货价较高的货物，如海鲜、服装、鲜花、精密仪器、邮件等，因而对时间要求较为严格。航空运输受天气环境等方面的影响较大，因而货物延误现象发生的概率较高。

（2）存在危险品误报风险。航空危险品运输有严格的限制，托运人或货运代理时常因误报、瞒报而招致退舱，甚至罚款。

（3）违规风险加大。因受飞机机型、载重量及货物种类等方面的限制，与其他运输方式相比，航空运输行业针对承运货物的种类、价值、重量和尺寸、运费支付方式、舱位预订、包装、运输单证制作与签发、运费计算与收取等制定了较为严格的规定。如果有关各方违反了这些规定不仅无法托运这些货物，还需要承担相应的责任。

（4）因盗窃而使货物灭失的风险增加。由于航空货物具有价值高、体积小、重量轻的特点，因而更易诱发盗窃事件。

（5）集中托运业务带来复杂性风险。在实际业务中，许多空运代理公司开展集中托运业务，这不仅使空运代理公司承担了从收取货物开始至交付货物为止的全程运输责任，而且因为增加了诸如海外代理人、航空分运单的制作与签发等环节，使其操作复杂化，风险增加。

二、国际货代业务风险的原因分析

（一）企业自身方面的原因

1. 人员素质方面的原因

例如，员工操作不规范、发生违法行为（员工内部欺诈、内外勾结）和越权行为、泄露公司商业秘密、跳槽、业务骨干流失等。

2. 设施设备方面的原因

主要是指因国际货代企业拥有的设施设备出现问题而带来风险，包括运输车辆、装卸搬运工具及计算机系统等方面的问题。

3. 制度与流程方面的原因

主要是指因管理制度不健全、岗位设置不合理、内部流程不健全、流程执行随意、控制和报告不力、文件或服务合同存在缺陷、抵押担保管理不当、服务产品存在缺陷、服务质量不规范等而带来的风险。

4.代理人角色定位方面的原因

很多国际货运代理人在开展业务的过程中，开始自行经营或以自己的名义为货主提供仓储、内陆运输、场站服务等，以赚取这些增值服务的利润。这时国际货运代理人兼有代理人和物流经营人（当事人的一种体现）的身份，向货主收取仓储费、内陆运费等，除需要承担代理人的法律责任外，还需要承担物流经营人的法律责任。

实践中，有国际货代企业因超越代理权限或未尽代理职责而产生风险，如有些国际货代企业出于舱位、成本或时间等考虑，可能超出委托权限行事，如在货主不知情的情况下垫付额外费用、签发各类保票、拼装混装货物、更改托运资料等；也有些国际货代企业未尽到合理谨慎义务，如对集装箱未尽检查义务，对特殊货物（如危险品、冷藏冷冻品、易碎货物等）未采取必要的特别防护和照料等。

（二）企业外部方面的原因

1.托运人方面的原因

托运人（货主）方面可能给国际货代企业带来的常见风险，包括货主为偷逃关税假报进出口货物名称或虚报数量；货主在自装集装箱情况下偷运违禁货物；货主虚假出口或虚开增值税发票骗取退税等。货主违法或欺诈行为一经海关发现，作为其国际运输尤其是报关业务的代理人，国际货代企业首当其冲地会遭受调查和处罚。

此外，托运人拖欠运费带来的坏账风险也非常显著，实践中很多协议客户会找各种借口延长付款周期。

2.转包方的原因

由于国际货代企业资源有限，它有时并不直接完成客户的所有委托事项，而是将客户委托事项的部分或全部转包（转委托），如将代报关业务转包给专业报关行，将内陆运输业务转包给专业运输公司，租用其他公司的仓库或将订舱事宜转委托给另外一家更具优势的国际货代企业。

关于转委托的责任，《中华人民共和国民法典》关于委托代理合同的章节有明确规定“代理人需要转委托第三人代理的，应当取得被代理人的同意或者追认。转委托代理经被代理人同意或者追认的，被代理人可以就代理事务直接指示转委托的第三人，代理人仅就第三人的选任以及对第三人的指示承担责任。转委托代理未经被代理人同意或者追认的，代理人应当对转委托的第三人的行为承担责任；但是，在紧急情况下代理人为了维护被代理人的利益需要转委托第三人代理的除外。”实践中，很多时候国际货代企业是以自己的名义转包的，客户并不知道这层关系，这时国际货代企业即便在选择转包方时已经恪尽职守，也必须就转包方的行为或疏忽给客户带来的损失承担责任。

三、国际货代业务风险的防范对策

（一）制度方面的防范对策

在制度方面，主要通过完善内部制度、制定详细的操作风险管理细则来防范国际货代业务风险。除员工风险意识低外，管理制度的不完善也是容易造成风险事故的关键因素。因而规范操作流程，在报价、订舱、放单等关键环节加强监控，能够有效防范内部原因引起的风险。信息化是规范化、标准化操作流程的一个重要手段，目前多数中型以上国际货代企业已推行信息化管理。

（二）员工方面的防范对策

各个职能部门日常工作中的很多操作都可能带来风险事故，比较突出的如销售部门，可能因报价或协议签订中的疏忽，造成利润损失或错误指示操作；操作部门可能因单据填写错误，造成额外改单费用甚至延迟运输；财务部门可能因对应收账款监控不力，造成财务周转风险等。应该通过内部培训和各种宣传手段，让员工树立并增强风险意识，让员工认识到，风险管理不仅是管理层和客户服务部门的问题，清楚地认知自己的哪些操作可能造成风险事故。此外，还要培养员工共同的价值观，增强其操作风险意识和防范的自觉性；通过知识和技能的培训，使管理层和业务执行层的每个员工都能够清楚地认知，该业务可能产生的风险点、企业内部的风险控制措施、对风险的容忍度及违规可能造成的成本，从而提升操作风险控制行为的针对性。

（三）风险控制方面的防范对策

在风险控制方面，可设计完善的风险控制程序，包括风险识别、评估、分析、控制、监督和报告等环节。在每个环节，都有必要判定具体的实施程序和步骤，以增强流程的可操作性。例如，关于风险的监督，要建立一套操作风险的监控程序，尤其要为操作风险建立衡量标准，以确保重大风险事件的相关信息被传递至适当的管理层。

（四）具体业务管理方面的防范对策

在具体业务管理方面，可以采取以下两种措施。

1. 完善委托代理服务协议

国际货代企业需要完善与客户签订的委托代理服务协议，谨慎审核协议条款内容，是防范客户方风险和自身责任风险的一个重要手段。例如，明确各方提供的服务项目和收取的费用明细、在协议后附详细的报价表或费用明细、明确甲乙双方的权利与义务，可防范因甲方不作为、过失或信用低而带来的风险；完善付款条款，明确付款周期、付款条件、拖延付款责任等，可防范客户拖欠运杂费的风险；完善免责条款，明确免责事项、赔偿限额等，可降低货代事故承担责任的风险等。

2. 加强对转包方的管理和考核

国际货代企业的转包方包括转委托的同行企业、船公司的代理、报关行、集装箱车队或运输企业、租用的仓库等。防范转包方带来的风险，应在事前选择、协作过程、考核评价三个阶段谨慎作为。事前选择时应谨慎调查转包方资质，签订规范的合作协议；协作过程中应注意规范和留存往来业务文本，正确指示并加强沟通；考核评价时应建立考核体系并明确考核指标，定期考评。

（五）风险转移方面的防范对策

在风险转移方面，购买保险是一个有效手段。目前国内保险公司可以承保针对仓储货物或运输货物货损、货差的保险，这属于财产险的范畴，而针对国际货代企业或第三方物流经营人的责任保险尚未成熟。像欧美这样的保险业和国际物流业较为成熟的区域，已经广泛应用国际货代企业责任保险，承保因国际货代企业本身的过失或其分包方过失带来的风险，比如：

（1）迟延报关或报关单内容缮制有误；

（2）发运到错误的目的地；

（3）选择运输工具有误；

（4）选择承运人有误；

（5）仓库保管中的疏忽（包括国际货代企业自己拥有的仓库或租用、委托、暂存其他单位的仓库、场地）；

（6）监卸、监装和储存保管工作中代运的疏忽过失；

（7）在与港口储运部门或内地收货单位各方交接货物时发生的数量短少、残损等，由国际货代企业承担的责任；

（8）延迟发运；

（9）港口提货不及时；

（10）未及时通知收货人提货；

（11）违反指示交货或未经授权发货等。

目前，中国人民财产保险股份有限公司、中国太平洋财产保险股份有限公司、中国平安财产保险股份有限公司等国内大型保险公司推出“协会条款”，承保国际货运代理人责任险和提单责任险。国际货代企业还可以投保国外保险公司相关险种，或通过加入国际性行业组织，如世界货运联盟（World Cargo Alliance，WCA）投保其向会员提供的代理人责任险（Freight Services Liability Insurance. FSL ）。

（六）团队精神方面的防范对策

有效地操作风险管理取决于风险管理部门、业务部门、内部审计部门等团队的良好协作关系。在团队精神方面可以采取的防范对策，一是风险管理部门从营运环境中提取必要的风险信息；二是各业务部门各司其职，负责执行政策、管理风险；三是内部审计部门定期审核，以建立有效的横向制约机制，确保操作风险管理过程的统一性，并且确保其按适当的控制程序进行。

任务二　异常业务处理

一、海运业务投诉处理

（一）海运投诉类型

海运时间长、航线长，各环节业务多且繁杂，各环节都有可能出现问题。一般情况下，海运投诉类型主要分为以下六类。

1.服务态度

客服人员说话或接待时的举止不得当，引发客户不满。服务态度是客户很看重的一点，客户需要的是有问题能够及时解决，并得到相应的尊重。

2.运输时间延误

送（提）货时不能按客户要求操作。海上运输不稳定因素较多，可能中途由于天气、战争、罢工、事故等造成延误、损失。

3.结算价格与所报价格有差别

出于某些原因可能会导致结算价格有差异（如贸易战），价格变动后未能尽快通知客户并解释原因，引发客户严重不满，特别是拼箱货物，没有提前将所有费用都说明，客户可能会感觉受到欺骗。

4.单据制作不合格

例如，货运代理人员为进口货物办理报关手续后，发现报关单上境内目的地填写错误。一般的解决方案是及时向货主说明情况，向货主表达歉意；填报“进出口货物报关单修改/撤销申请表”，并提交相应单证给海关申请改单等待海关批复通过后重新申报。

5.货损、货差

海运货损指的是货物在运输、装卸以及保管过程中发生数量上的损失或质量上的损失。如货物落水、受潮、水湿、浪损、污染、变质、变形、毁坏、碰撞破裂、被盗、遗失以及大宗散装货物超过正常途耗减量。

货差包括两项：一是到货件数多于运单显示件数；二是到货件数少于运单显示件数。

6.货物包装破损

导致货物外包装受损的原因如下。

（1）包装原因。与不适合混装的货物一同装载导致外包装损坏，装箱后没有加固措施，在运输途中震荡，导致货物外包装受损。

（2）人为因素。检查集装箱铅封时，有明显的开箱迹象等。

（二）海运异常及处理

1.海运异常的几种情况

（1）到货件数多于提单显示件数。发现实际到达货物件数多于提单上显示的件数时，提货员应立即转告进出港联络员，联络员即刻通知上一环节的操作单位，请其重改提单件数，并将电报号转告本集散中心进出港联络员，以便及时提出货物。

（2）到货件数少于提单显示件数。发现实际到达货物件数少于提单上显示的件数时，提货员须与船公司的服务人员积极配合，仔细寻找各库区及异常货物堆放区域有无本公司的货物；同时通过进出港联络员，请其向上一操作单位确认应到货数量，如果数量有误而又搜寻无果，则先将已到货物全部提出，再针对缺少的货物在提货时要求相关部门开立异常情况货物证明并加盖公章，同时向上级汇报该情况。

（3）货物破损。发现货物破损，应立即要求提货处开具异常情况货物证明或货物破损证明，须详细描述货物状况并加盖公章。对已破损的货物合理安排装车，轻拿轻放，避免再次受到挤压或碰撞：对疑似丢失货物要清点货物内装件数，回站后将情况通知上级和内场操作员，在上级监督下对实物拍照，并对包装进行修补或加固。

（4）货物受潮。发现货物受潮，应立即要求提货处填写异常情况货物证明或货物受潮证明，须详细描述货物状况，并加盖公章。对于受潮严重的货物，回站后要将情况通知上级和内场操作员，在上级监督下对实物拍照，然后将货物晾干或擦干并更换外包装。

货物受潮一般有以下几个原因：集装箱自带水分、货物自身产生水分、运输途中温差导致水汽凝结、淡水淋湿、海水打湿。

一般淡水、海水原因导致货物受损，会在提单上或货物交接文件中有标注，若投诉时相关文件没有不清洁记录，可排除该原因的可能性。

（5）货物丢失。发现货物丢失，应立即要求提货处填写异常情况货物证明或货物丢失证明，须详细描述货物状况并加盖公章。

（6）海关、商检系统异常。报关人员发现海关、商检系统异常，无法进行正常申报。相关负责人（报关人员）发现系统异常，到第一现场了解情况。情况属实，通知客服；客服汇报领导，并邮件通知客户，描述系统异常发生时间、目前状态、解决方案、预计解决时间、对操作货物造成的影响，持续跟踪并将结果告知客户。

（7）海关、商检查验。进出口中，遇到海关例行查验或随机布控查验。相关负责人（报关人员）收到海关、商检查验通知，第一时间通知客服人员，客服邮件通知客户，并等待客户指示，根据指示积极准备查验货物到达查验地点。查验完成后，恢复包装，客服人员同时将查验报告发送给客户。

（8）删改单。指错误申报导致的删改单。相关责任人发现报关单证申报错误后应第一时间通知客服人员。客服人员调查清楚错误原因，根据货物的紧急程度，决定解决方案；将删改单情况汇报领导，等待指示操作。确定删改单后，单证人员准备申请报告给海关，并跟进修改进程。客服人员分析总结错误原因，并提出改进方案。如果是供应商原因则进行绩效KPI扣分。

（9）甩货。由于爆仓、通关不及时等原因造成的货物无法上船或集装箱无法放箱等异常情况。

甩柜的常见处理方法有以下两点：①改配。第一时间通知货主甩柜事实，向货主表达歉意。向船公司索要未上船证明。持未上船证明至海关处注销原报关单。制订改配计划，将改配操作环节及所需要的时间和成本告知客户。制订更换运输方案计划，将运输方案变更后操作环节及需要的时间和成本告知客户。权衡两种方式所对应的时间和成本，帮助客户做出合理的选择。执行改配或改变运输方式方案。直接改配应向船公司订舱，订舱后重新报关，并在港区重新做运抵，等待海关及港口放行；更改运输方式则持退关单将货物从港口运出并送至新的运输方式指定的集货地点，重新订舱后报关，并在新的集货地做运抵，等待海关及对应口岸放行。及时向客户汇报货物发货最新情况。②漏装改配。向船公司申请做漏装。第一时间通知货主甩柜事实，并告知货主已申请做漏装处理，向货主表达歉意。告知货主下一航期时间及最终预计到达目的港的时间。持船公司漏装说明、新旧运单及报关单据，至海关处填写漏装改配申请表请海关修改船名、航次信息，获取新的退税单。及时关注下一航次情况，定时向货主汇报货物最新情况。

2.海运异常处理的一般流程

首先，货代要诚恳道歉，安抚客户。

其次，要分析事件发生的原因，还原事实真相，根据事件的发展过程，调查不同节点的人员及部门相关领导，确保调查数据的客观性。

再次，进行损失估计，根据损失造成原因采取相应的解决方案，完成补偿或弥补工作。

最后，还要进行后续客户维护工作。

（三）海运索赔流程

（1）发出索赔通知。

（2）提交索赔函（索赔申请书、索赔清单）。索赔函是索赔人向承运人正式要求赔偿的书面文件。索赔函的提出意味着索赔人正式向承运人提出赔偿要求。

（3）提起诉讼和仲裁。因为不投保而在货损之后获得的赔偿数额与投保相比不一致，可以通过当事人双方协调和协商，或通过第三人调停予以解决，也可以提起诉讼和仲裁。

二、海运保险理赔

海运保险理赔流程如下。

1.损失通知

当发生保险事故或保险责任范围内的损失时，被保险人应立即通知保险人。在船舶保险中，如事故在国外，还应通知距离最近的保险代理人。

2.查勘检验

保险人或其代理人获悉损失通知后应立即开展保险标的损失的查勘检验工作。主要有以下两个步骤。

（1）港口联合检验。货物抵达目的港后发现货损时，收货人应及时通知保险公司，向商检部门申请联检，共同查明致损原因、损坏数量和程度，并编制港口联检报告或情况记录。

（2）异地联合检验。当货运转至内陆收货人时，无论货物在港口卸货是否发现损坏，只要货物运抵目的地，发现有保险责任范围的短缺残损时，收货人可通过当地保险公司进行联合检验并编制联检报告。通过货物检验后，理赔人员应据此确定货损责任的归属。货物“原残”是发货人的责任，属于保险条款的险外责任，保险人不负责赔偿：“船残”“工残”或其他外来原因造成的损失，只要在承保期间内发生均属保险责任，保险人应予赔偿。

检验申请人向保险人或其指定检验代理人申请检验时应提供如下的必要单证：申请检验表、海运提单、货物发票、海事报告、保险单证、装箱单、理货单、货物的重量单等。

3.核实保险案情

通过相关部门检验后，认定保险案情的存在及案情的大小。

4.分析理赔案情，确定责任

保险人应判断原因是否属保险责任，是否发生在保险期限内，索赔人是否具有可保利益；审查有关单证如保险单证、事故检验报告、保险事故证明、保险标的施救和修理等方面的文件。

5.计算赔偿金额，支付保险赔偿

保险人通常依据索赔清单计算赔偿金额。保险赔偿金额的计算可以由保险人进行也可由其代理人计算或委托海损理赔人理算。

◎任务描述

货物代理业务员Elena接到客户邮件，出口到澳大利亚的货物早上到达，有很大一部分货物已经受潮，无法使用。客户很生气，请尽快调查原因。

◎任务要求

依据任务描述内容，尽快给予答复。

◎任务实施

步骤 1：确定货物装运前状态。

首先，查找资料确定货物装船前的状态。查到本票货物的理货报告，内容见表 7-1。

表 7-1　理货报告

中国外轮理货总公司

装/拆箱理货单

编号：20170505

（装/拆）

船名：大通南京　航次：1436　装/拆箱地点：东运集装箱码头公司

开始工作时间：2025 年 05 月 03 日 08:00

工作结束时间：2025 年 05 月 03 日 16:00

箱号	TCFU1368410	备注
尺寸	20	
铅封号	2831953	
提单/提货单号	80905134	
标志	N/M	
包装	箱	
计数 1	170	
计数 2	0	
小计	170	
残损情况		
理货员： 交接人员：		

理货报告无任何说明，证明货物出口处于完好状态。

步骤 2：查询交接记录。

装运详情如下。

（1）整箱货物。

（2）110% 的货物保险额，由客户投保。

（3）商品价值 1340000 USD。

（4）集装箱被密封，密封完好。

（5）收货人签署 POD 封条完好，集装箱交付。

交接记录证明货物密封完好。

步骤 3：业务处理。

理货报告和交接记录证明出口状态完好，密封完好，建议客户找保险公司调查原因，进行货物理赔。

步骤 4：备案。

通过核查集装箱铅封、产品外箱包装情况，判断有无中途开箱痕迹或包装纸箱二次封箱痕迹。同时将事情经过、现场查看结果、照片等发送给该项目相关人员及客户相关负责人员做备案和事后分析，将问题货物作出明确标识进行区分，防止误发。

三、空运业务异常处理

（一）空运异常业务类型

国际空运虽然起步较晚，但发展异常迅速，受到现代化企业管理者的青睐，原因之一在于它具有其他运输方式所不能比拟的优越性，如运送速度快、时效性强、安全准确等。但是空运受天气影响较大，容易出现延误等情况。那么，在国际空运中可能产生哪些异常情况呢？

空运异常中最常见的为空运延迟，货损、货差等情况也时常出现。另外，还会发生水渍、挤压、重新绑扎、箱体凹痕、箱体破洞、胶带脱落、油污、货物丢失等情况。

1. 空运延迟

空运延迟主要原因有恶劣天气、航空管制、机场保障、航空公司等。

（1）恶劣天气。由于恶劣天气使得航班延误是最常见的一种情况。飞机起降的机场一旦遇到雾、雪、雨、云和风等天气，跑道能见度低于一定标准时，航班便无法起降，严重时甚至会关闭机场。有时飞机起飞时出发地机场天气晴朗，但由于经停或目的地机场天气恶劣，也会造成航班延误。

（2）航空管制。空中交通管制造成的航班延误也较常见。主要有两个原因：一是流量控制，出于要确保国防安全等原因，对空域实行严格控制。二是空军活动，遇到该情况没有起飞的飞机只能在地面等待，在空中的飞机或返航或就近降落其他机场等待。

（3）机场保障。机场保障原因主要有三种：一是机务原因，机场机务保障部门保障不及时，可能造成航班延误。二是场区环境，机场上空出现干扰因素是造成航班延误的重要原因。一般来说，如果飞机故障为航空公司基地，则处理故障较快；若为外站，情况则可能较复杂。三是商务原因，其中包括货物舱单和平衡图送达不及时等。

（4）航空公司。航空公司原因主要包含飞机晚到、调配原因、机械故障等，这些都会造成飞机延误。有时也会因为航空公司操作人员失误，导致货物延迟送达，比如货物要运往中国（CHINA），工作人员将货物运输地点看成智利（CHILE），结果货物运错地点导致货物延迟交付。

2. 空运货损、货差

空运之前要将托运的货物按照托运要求进行包装、打托等操作，保证货物在机舱内货损概率最小。有时会托运汽车、机械等大型设备，此时就要求做好装机前的包装工作。一旦在货物交接时发现货物损坏、数量短少时，要在相关交接文件上做批注，以备后续追偿。

（二）索赔处理

1. 承运责任期间

航空货物运输所承运的货物，由托运方交承运方起，承运方即对所运货物负有责任，直至承运方将货物交收货方为止，这一段时间称为承运责任期间。

2. 延迟处理

（1）调查交付记录。交付记录（航空公司与地面、地面操作人员通知文件与对接人），一般航空公司地面服务工作人员审单验货后，需要交接人在交接签单上签字验收。

（2）确定责任划分。空运最终的损失承担者可能有航空公司、货运代理公司、保险公司、收货人、发货人，具体责任的划分要根据事件发生的过程界定责任人。

（3）承担责任。责任出现在某个环节，由相对负责人承担责任，对应运费由该责任人负责。

①由航空公司承担的为航空公司责任，一般包含航空公司人员操作失误（分拨）取消航班、舱位有限等，运费由航空公司承担。

②由货运代理承担责任即为货运代理责任，一般为货运代理操作员操作失误运费由货运代理公司承担。

③由收货人、发货人承担责任即为收货人、发货人责任，一般包括海关检验出现问题、运单信息出现问题等，运费由收货人、发货人承担。

◎任务描述

货运代理业务员Elena收到一封客户邮件，请尽快解决。

亲爱的Elena:

你好！

根据货物运输反馈，我的货物还没到达。

请让我们了解这票货的航班时间。

Jack

◎任务要求

根据客户的要求，查询原因，给予客户反馈。

◎任务实施

步骤1：查询航班信息。

业务员登录航空公司网站查询，得到以下航班信息。

tracking report:

AWB-Nr.	from	to	pckgs.	departure	planned arrival day	arrival time	arrived	Remarks
020-3787-2100	LHR	BER	4	2018/1/14	2018/1/15	5:30		
020-3787-2101	LHR	MUC	3	2018/1/14	2018/1/15	6:00	yes	
020-3787-2102	DUB	DUI	4	2018/1/14	2018/1/15	5:50	yes	
020-3787-2103	HAM	VIE	2	2018/1/14	2018/1/15	6:00	yes	
020-3787-2104	BER	MUC	43	2018/1/14	2018/1/15	7:30	yes	
020-3787-2105	VIE	SVO	5	2018/1/14	2018/1/15	8:35	yes	

续表

tracking report:								
AWB–Nr.	from	to	pckgs.	departure	planned arrival day	arrival time	arrived	Remarks
020–3787–2106	VIE	SVo	4	2018/1/14	2018/1/15	10:10	yes	
020–3787–2107	VIE	MUC	45	2018/1/14	2018/1/15	10:35	yes	
020–3787–2108	SBZ	BER	3	2018/1/14	2018/1/15	7:00	yes	
020–3787–2109	GRZ	LHR	2	2018/1/14	2018/1/15	10:15	yes	
020–3787–2110	HOH	SYD	1	2018/1/14	2018/1/15	13:40		
020–3787–2111	HOH	MEL	22	2018/1/14	2018/1/15	20:20		
020–3787–2112	AMS	PKK	3	2018/1/14	2018/1/15	10:15	yes	
020–3787–2113	Svo	BUE	7	2018/1/14	2018/1/15	9:10	no	RIO
020–3787–2114	Svo	BUE	45	2018/1/14	2018/1/15	9:10	no	RI0
020–3787–2115	TSN	BUE	3	2018/1/14	2018/1/15	9:10	no	RIO
020–3787–2116	SVo	BUE	4	2018/1/14	2018/1/15	9:10	no	
020–3787–2117	Svo	RIO	23	2018/1/14	2018/1/15	9:00	yes	
020–3787–2118	SVO	BKK	112	2018/1/14	2018/1/15	16:10		

步骤 2：调查原因。

查询航班的离港和到港时间后，查看该航班航空公司的公告，内容如下。

ATTENTION

Dear customer ,

Due to bad weather in Argentina all our flights have to be routed to Rio de Janeiro.

For on forwarding flight informations please check our tracking system.

We regret the inconvinience.

Thank you for understanding.

查询到原因是恶劣天气导致的航班延误。基于此，要尽快给客户一个答复，避免客户的其他损失。

步骤 3：解决问题。

查询原因后，要尽快联系客户，安抚客户情绪，将原因告知客户，避免情绪升级，并将解决方案告知客户。内容如下。

Jack:

我们查询了该航班的行程和航空公司公告，现在由于阿根廷天气恶劣，所有的航班都要飞往里约热内卢。我们将为您时刻关注这批货物状态，若您着急，我们将为您更改其他运输方式。

Elena

练一练

一、单项选择题

1.（　　）是对货物运输、装卸过程中货物残损所做的实际记录，受损方依据责任方签署的货物残损单提出索赔。

A.货物残损检验证书　　B.货物溢短单

D.货物残损单　　C.过驳清单

2.国际货代事故发生后，最简便易行的解决方法是（　　）。

A.协商索赔　　B.调解

C.仲裁　　D.诉讼

3.（　　）是对货物件数或其他有疑问时，承运人要求复查而做的单证，是复查结果的证明文件。

A.检验报告　　B.卸货记录

C.残损记录　　D.重理单

二、多项选择题

1.货代事故按照其性质的不同可分为（　　）。

A.全部损失　　B.部分损失

C.货损　　D.货差

2.货损、货差中，确定或证明责任方负有赔偿责任的文件通常有（　　）。

A.提货单　　B.检验报告

C.交货记录　　D.场站收据

3.在保险理赔处理中，审核索赔方提出的索赔内容是一项仔细且重要的工作，归纳起来，应审核的主要内容包括（　　）。

A.索赔单证、证书、文件是否齐全

B.单证上的内容记载是否相符

C.货损是否发生在承保责任范围内

D.提单上有无批注

三、判断题

1.货损、货差是最常见的国际货代事故。（　　）

2.被保险的货物一旦发生货损事故，被保险人应对货物采取必要的施救措施，以防损失进一步扩大。（　　）

3.海运业务的风险具有涉及的部门多、中间环节多等特点。 (　　)

四、案例分析

有一套流水线设备空运到新加坡，由于设备尺寸较大，需要使用6个箱子，每个箱子重量50kg，计费重量340kg。整套设备的价值是7000美元，没有申报声明价值。所有包装在出发时都状况良好，收货人在目的地机场收到货物时，发现一个箱子有裂缝。经检查，一箱损坏，其余5箱完好。请针对这个案例进行分析，应该由谁进行赔偿？赔偿金额是多少？

任务训练页

综合训练一　海运异常业务处理

一、训练目标

1.识别海运业务中客户投诉的诉求并追查投诉的原因；
2.合理处理客户投诉，给予回复并安抚。

二、任务情景

某船公司在运输途中临时改变停靠码头，未及时将船舶改靠信息通知货运代理公司，导致货物未能及时装船，由此而产生堆存费，引起客户投诉。

三、工作任务

针对任务描述内容，妥善解决问题，满足客户需求，提高客户满意度。

四、任务实施

步骤1：接受客户投诉，此时应注意：

步骤2：寻求解决办法

步骤3：分析事件过程，确定责任人

步骤4：完善作业机制

五、任务评价

班级		任务名称		姓名		
学号		海运异常业务处理		组别		
评价项目	评价标准	小组自我评价（20%）	交互评价（30%）	教师评价（50%）	分值	得分
职业能力	团队合作、分工明确				10	
	有独立工作能力，完成质量好				10	
专业能力	从事件分析角度确认投诉信息正确				10	
	海运异常处理的解决流程正确				10	
	熟悉索赔流程				10	
工作组织与管理	能够与海运公司取得联系				10	
	能够与客户取得联系并安抚客户情绪				10	
	能够尽快将投诉解决方案告知客户				20	
	课堂交流中沟通语言表达清晰				10	
个人总结与反思				成绩合计	100	
				指导老师综合评价		

综合训练二　海运货损处理

一、训练目标

1. 熟悉索赔和理赔流程；
2. 能够针对货损和货差给予理赔。

二、任务情景

某国内公司以CIF向鹿特丹出口食品1000箱。双方约定的付款方式为即期L/C付款，货物装运后，凭已装船清洁提单和已投保一切险及战争险的保险单向银行交单然后承兑付款。货到目的港后经进口商复验发现下列情况。

1. 该批货物共10个批号，抽查20箱，发现其中2个批号涉及200箱内含沙门氏菌，含量超过进口国标准。

2. 实收998箱，少2箱。

3. 有15箱货物外表情况良好，但箱内货物共少60 kg。

三、工作任务

针对任务描述，分析进口商的损失应该向谁索赔，并说明理由。

四、任务实施

基于任务描述内容，分别对三种情况进行问题分析和解决。

第一种情况：
第二种情况：
第三种情况：

五、任务评价

班级		任务名称		姓名		
学号		海运货损处理		组别		
评价项目	评价标准	小组自我评价（20%）	交互评价（30%）	教师评价（50%）	分值	得分
职业能力	团队合作、分工明确				10	
	有独立工作能力，完成质量好				10	
案例还原	出运货物信息整理正确				10	
	第一种情况分析正确				10	
	第二种情况分析正确				10	
	第三种情况分析正确				10	

续表

班级		任务名称		姓名		
学号		海运货损处理		组别		
评价项目	评价标准	小组自我评价（20%）	交互评价（30%）	教师评价（50%）	分值	得分
工作组织与管理	能够与承运人取得联系寻求索赔				10	
	能够与保险公司取得联系寻求索赔				10	
	能够与出口商取得联系寻求索赔				10	
	课堂交流中沟通语言表达清晰				10	
个人总结与反思				成绩合计	100	
				指导老师综合评价		

综合训练三　海运保险理赔

一、训练目标

1. 熟悉国际海运保险范围；
2. 能够针对货物损失情况进行处理。

二、任务情景

货代业务员Lucky收到客户的咨询邮件，内容如下。

> Dear Lucky:
>
> 您好！
>
> 之前委托贵公司帮我办理一批出口货物，货物按CIF条件出口，我们公司购买了一切险，不幸的是载货船舶经苏伊士运河曾一度搁浅，后经拖轮施救起浮继续航行，至马六甲海峡又遇暴风巨浪，交运的2000箱货物中有400箱货物遭不同程度的海水浸湿。我要咨询一下：拖轮费用和400箱货损都要谁承担赔偿责任？
>
> 请尽快回复！
>
> Li Jiaxin

三、工作任务

根据客户咨询内容给予正确的答复。

四、任务实施

步骤 1：分析原因

步骤 2：回复邮件

五、任务评价

班级		任务名称		姓名		
学号		海运货损处理		组别		
评价项目	评价标准	小组自我评价（20%）	交互评价（30%）	教师评价（50%）	分值	得分
职业能力	团队合作、分工明确				10	
	有独立工作能力，完成质量好				10	
案例还原	对不同保险范围较为熟悉				10	
	针对案例情况，分析正确				10	
	能够指向明确的责任人				10	
工作组织与管理	商务邮件格式正确，内容无不当之处				10	
	能够安抚客户情绪				10	
	条理清楚，能够指导客户进行异常处理，原因分析正确				30	
个人总结与反思				成绩合计	100	
				指导老师综合评价		

参考文献

［1］陈言国.国际货运代理实务［M］.北京：电子工业出版社，2021.

［2］王玉芳，沈静芳，倪兴平.国际货运代理［M］.成都：电子科技大学出版社，2020.

［3］苏兆河.货运代理［M］.北京：中国劳动社会保障出版社，2021.

［4］赵加平，张鸿琨.国际货运及代理实务［M］.北京：中国海关出版社，2014.

［5］杨鹏强.国际货运代理实务［M］.北京：电子工业出版社，2021.

［6］朱岩，白春柳.国际货运代理实务［M］.杭州：浙江工商大学出版社，2017.

［7］黎侨，徐斌华，李琨.国际货运代理实务［M］.北京：清华大学出版社，2017.

［8］陈彩凤.国际货运代理［M］.北京：北京交通大学出版社，2010.

［9］许丽洁.国际物流与货运代理从入门到精通［M］.北京：人民邮电出版社，2020.

［10］谢燕青,易君丽,李妮,等.物流单证实务［M］.重庆：重庆大学出版社，2023.

［11］姚大伟.国际货运代理与实务［M］.北京：中国商务出版社，2007.

［12］胡成琳.国际货运代理［M］.北京：中国人民大学出版社，2018.